# 城市型应用型大学创新创业人才教育教学改革与创新

CHENGSHIXING YINGYONGXING DAXUE CHUANGXIN CHUANGYE RENCAI JIAOYU JIAOXUE GAIGE YU CHUANGXIN

杨 冰 ◎ 主编

知识产权出版社
全国百佳图书出版单位

图书在版编目（CIP）数据

城市型应用型大学创新创业人才教育教学改革与创新/杨冰主编. —北京：知识产权出版社，2018.5

ISBN 978-7-5130-5570-3

Ⅰ. ①城… Ⅱ. ①杨… Ⅲ. ①高等学校—人才培养—教学改革—研究—中国　Ⅳ. ①G642.0②G649.2

中国版本图书馆 CIP 数据核字（2018）第 098725 号

内容提要

本书对城市型、应用型大学创新创业人才教育教学改革与创新进行了深入探索，为城市型、应用型本科经管类管理者与教师的教育教学改革与创新提供理论指导，对提升城市型、应用型本科高校的教书育人能力具有重要意义。

责任编辑：韩　冰　　　　　　责任校对：谷　洋
封面设计：邵建文　　　　　　责任出版：孙婷婷

## 城市型应用型大学创新创业人才教育教学改革与创新
杨冰　主编

| | | | | |
|---|---|---|---|---|
| 出版发行： | 知识产权出版社有限责任公司 | 网　址： | http://www.ipph.cn | |
| 社　址： | 北京市海淀区气象路 50 号院 | 邮　编： | 100081 | |
| 责编电话： | 010-82000860 转 8126 | 责编邮箱： | hanbing@cnipr.com | |
| 发行电话： | 010-82000860 转 8101/8102 | 发行传真： | 010-82000893/82005070/82000270 | |
| 印　刷： | 北京九州迅驰传媒文化有限公司 | 经　销： | 各大网上书店、新华书店及相关专业书店 | |
| 开　本： | 720mm×1000mm　1/16 | 印　张： | 18.5 | |
| 版　次： | 2018 年 5 月第 1 版 | 印　次： | 2018 年 5 月第 1 次印刷 | |
| 字　数： | 300 千字 | 定　价： | 79.00 元 | |

ISBN 978-7-5130-5570-3

出版权专有　侵权必究
如有印装质量问题，本社负责调换。

# PREFACE 序言

根据国家统计局和教育部发布的数据显示，2017年全国高校毕业生总数达到795万人，而2018年全国高校毕业生人数预计上升至820万人，再创近10年毕业生人数新高。

教育部《关于做好2018届全国普通高等学校毕业生就业创业工作的通知》，强调促进毕业生到新兴领域就业创业。各地各高校要结合建设科技强国、质量强国、航天强国、网络强国、交通强国、数字中国、智慧社会的要求，引导毕业生到高技术产业、战略性新兴产业、先进制造业和现代服务业等领域就业创业。深入挖掘互联网、大数据、人工智能和实体经济深度融合创造的就业机会，在共享经济、现代供应链、人力资本服务等领域拓展就业新空间，同时深化高校创新创业教育改革。各地各高校要把创新创业教育改革作为高等教育综合改革的重要突破口，在培养方案、课程体系、教学方法和管理制度等方面将改革持续向纵深推进，促进专业教育与创新创业教育有机融合，将创新创业教育贯穿人才培养全过程。强化创新创业实践，办好各级各类创新创业竞赛，着力培养学生的创新精神和创造能力。

"互联网+"是创新2.0下的互联网发展的新业态，是知识社会创新2.0推动下的互联网形态演进及其催生的经济社会发展新形态。"互联网+"的时代呼唤创新创业人才培养模式、教学模式及教学方式的蜕变。为此，城市型、应用型高校应不断进行教育教学改革与创新，贯彻教育教学品质提升计划，持续推进高素质应用型人才培养模式改革。

本书精选了以北京联合大学教师为代表的城市型、应用型本科经济管理人才教育教学研究与改革学者在当前环境下，在创新创业人才培养、课程改革、教学模式改革、教学方法改革、教学环境改善、教师队伍建设与学生教育管理等方面取得的最新研究成果，对提升城市型、应用型本科高校教书育人能力具有重要意义。

# 目 录

## 第一部分　创新创业人才培养

国外高校创新创业教育发展分析 …………………………………… 杨　冰／3
浅谈双创教育在教育教学改革和人才培养中的作用 ………………… 谭　兵／13
应用型大学工商管理专业创新创业教育的目标定位 ……… 朱晓妹　龚秀敏／19
互联网+背景下创新创业人才培养途径创新与
　　实践 ………………………………………… 薛万欣　裴一蕾　郭建平／24
应用型大学经管类专业大学生创新创业研究 ………………………… 王　顼／29
以学科竞赛为载体的大学生创新创业能力培养的实践探讨
　　——以北京联合大学管理学院为例 ……………………………… 陈芊锦／33
双创教育视角下的校企合作探析 ……………………………………… 刘来玉／38
双型大学经管专业人才培养校企合作模式研究 ……………………… 温　强／43
项目管理理论下的高校大学生创新创业活动管理探索 ……………… 徐　娟／49
健康概念学生创业项目在高校的可行性研究
　　——以在我校开设健身餐为例 …………………………………… 廖　祎／54
双创教育的多元化发展模式与现状分析 ……………………………… 徐　燕／57
大学生创业问题的思考与对策 ………………………………………… 田小兵／61
电子商务专业学生美工能力问题的探讨 ……………………………… 任广文／65

## 第二部分　课程改革

互联网背景下翻转课堂实施中的问题与对策研究
　　——以管理经济学课程为例 ……………………………… 陈　琳　龚秀敏／73

西方经济学流派课程教学思考 …………………………………… 王 娜 / 79
基于移动信息化的人力资源管理课程体系
　　改革研究 ………………………………… 杜 辉　杨 冰　朱晓妹 / 83
电子商务专业电子商务法课程教学改革探讨 ………………… 常金平 / 87
高校开设伦理诚信课程的思考 ………………………………… 俞 娜 / 93
经管类高校学生创新创业实践教学体系构建的初步思考 …… 王 耀 / 97

## 第三部分　教学模式改革

京津冀协同发展背景下双型大学专业设置的
　　思考 ……………………………………… 李锡玲　胡艳君　孙德红 / 105
创新创业背景下财务管理专业培养模式的思考 ……………… 王永萍 / 110
MOOCs 背景下金融学专业教学模式改革的文献综述 ……… 李雅宁 / 115
企业战略管理课程 workshop 教学模式研究 ………………… 李新城 / 120
城市型应用型大学电子商务专业毕业论文"双导师制"
　　指导模式探析 …………………………… 裴一蕾　薛万欣　李丹丹 / 125
翻转课堂模式在移动商务课程中的应用研究与实践 …… 李立威　王晓红 / 130
搜索引擎技术与应用课程教学模式的研究与探索 …………… 赵森茂 / 134
电子商务专业第二课堂活动设计与实施 ……………………… 王晓红 / 140
高校中青年教师新开设课程集体备课研究 …………………… 兰昌贤 / 145
教学效果评价与质量改进研究 ………………………………… 于丽娟 / 149

## 第四部分　教学方法改革

管理学课程教学方法探讨与设计 ……………………… 龚秀敏　陈 琳 / 155
管理学平台课程统考分析与教学改进 ………………………… 李英爽 / 161
应用型高校创新思维方法课程的教学思考 …………………… 王晓芳 / 167
创新思维方法课程设计的思考 ………………………………… 胡艳君 / 171
商务谈判课程教学法研究 ……………………………………… 张选伟 / 177

目　录

研究型教学方法在宏观经济学教学中的应用……………………………杨艳芳 / 181
西方经济学教学中应注意的几个问题……………………………………白云伟 / 185
财务管理课程 PBL 教学法研究……………………………………………李秀芹 / 190
贯穿式案例教学法在 Web 信息系统开发课程中的应用………………王艳娥 / 195
信息管理与信息系统专业认识实习改革与实践……………董 爽　赵森茂 / 200
论因材施教在大学生就业指导课程中的应用………………谢飞雁　郝卫峰 / 204
基于蓝墨云班课的移动信息化教学改革初探……………………………刘 成 / 210
客户关系管理课程教材建设的创新探讨…………………………………田 玲 / 217

## 第五部分　教学环境改善

虚拟仿真实验资源公共云平台构建与运行机制研究……………………董 焱 / 225
大学生创新创业平台项目模块构建探讨…………………………………郭 峰 / 230
教学资源建设在大学生创新创业教育中的作用探讨……………………陈 晨 / 235
浅谈创新创业教育下的开放性实验教学项目……………………………周晓璐 / 240

## 第六部分　教师队伍建设与学生教育管理

论高校教师的师德隐忧和重构策略………………………………………陈 浩 / 247
应用型高校创新创业教育师资队伍建设研究……………………………周春丽 / 253
"双创"背景下大学生创业精神培育研究
　　——以应用型大学为例………………………………………………詹小冷 / 259
浅谈大学生创业心理素质的培养…………………………………………孙 旸 / 264
浅析大学生网络思想政治教育存在的问题及对策………………………陈芊锦 / 268
微信公众平台用于高校思想政治教育工作的机遇与挑战………………徐 娟 / 272
高校创业型勤工助学模式研究……………………………………………郭开宇 / 278
大学生创新学分实施中出现的问题及对策研究…………………………吴印玲 / 284

# 第一部分

# 创新创业人才培养

# 国外高校创新创业教育发展分析

■ 杨 冰

21世纪是一个以知识、信息和技术为基础、以创新创业为动力的知识经济时代。知识经济的兴起不仅要求新型的生产方式，还要求人要适应新型的生产方式，即创新驱动所要求的是人的创新创业能力。经济社会发展对人才素质的需求必然会对教育产生深远影响，要求高等学校应不断提升对创新创业教育的认识，将大学生的创新创业精神和能力培养作为高等学校人才培养的基本内容之一，进而形成适应本土创新驱动，并能促进人的实际发展的创新创业教育理论与实践体系，使更多大学生成为具有较强创新创业精神和素质的劳动者，并能通过创新创业活动实现全面发展。因而，如何培养具备创新创业能力的高素质人才已成为高等教育界广泛关注的热点，各高校在发展创新创业教育方面势头迅猛，但是也存着很多困惑。本文将采用比较分析的视角，选取国外几个典型国家，分析其高校创新创业教育开展情况，以期在大学生创新创业能力培养方面为国内高校提供相应的借鉴。

## 一、创新创业教育的概念界定

创新是一个经济学的概念，按照创新理论的创始人、经济学家熊彼特的观点，创新就是"建立一种新的生产函数"，其形式之一是建立企业的新组织形式❶。也就是说创新实际上将以前从来没有过的要素、条件和方法等新的组合引入到生产体系中来。由此可见，创新应该是一个复杂的思维和实践的人类活动。国际上关于创新教育（Innovation Education）有两种定义。定义之一认为，以培养创新意识、创新精神、创新思维、创造能力或创新性人格等创新素质以及创新人才为目的的教育活动，即是创新教育。定义之二认为，创

---

❶ 施冠群，刘林青，陈晓霞. 创业教育与创业型大学的创业网络构建——以斯坦福大学为例 [J]. 外国教育研究，2009（6）：79-83.

新教育就是为了使人们能够创新而开展的教育活动,即凡以培养人的创新素质、提高人的创新能力为主要目的之教育活动,都可以称为创新教育❶。从这两种定义分析,我们可以看出其共同之处:创新教育实际上就是培养人具有创新素质的教育活动。这些创新素质包括创新意识、精神、思维和能力等。

1989年联合国教科文组织在"面向21世纪教育国际研讨会"中提出了与"学术性通行证"和"职业性通行证"处于同等重要位置的学习第三种通行证——"事业心和开拓技能"。国内学者为将获得"事业心和开拓技能"所进行的教育翻译成创业教育。这类教育的主要目标是"培养思维、规划、合作、交流、组织、解决问题、跟踪和评估的能力"❷。此后,1991年联合国在东京召开的"提高青少年创业能力的教育联合革新项目"中期研讨会议中又进一步明确了创业教育的内涵,提出了"狭义的创业教育"和"广义的创业教育"的概念。其中,"广义的创业教育"在于为学生灵活、持续和终身学习打下基础,其目标是培养具有开创性的个人,它对于拿薪水的人同等重要❸。

综上所述,创新教育和创业教育在本质上有着很多的共同之处,他们有着天然的内在联系。因此,我们认为创新创业教育是培养学生具有实践能力、创新能力以及创业潜能的一系列教育活动的总称,这种教育的实质就是强调培养学生的基本创新素质、创新精神、创造性思维和实践能力。

## 二、国外高校创新创业教育发展分析

### (一) 美国高校创新创业教育

国外创新创业教育始于发达国家。其中美国就是一个最为典型的国家。现在学者普遍认为创新创业教育的开端是1947年2月哈佛商学院MBA课程"新企业的管理"的开设。斯坦福大学于1949年开始了创新创业教育。百森商学院的创业课程设立于1967年。经过半个多世纪的发展,美国高校在政府和社会各界深度参与的基础上已经形成了系统的创新创业教育体系。

首先,很多著名大学在人才培养的顶层设计上就将"创新人才培养"作为本科生的培养目标。以普林斯顿大学为例,普林斯顿大学的本科生培养目

---

❶ 雷家骕. 国内外创新创业教育发展分析 [J]. 中国青年科技,2007 (2):26-29.
❷ 国家教委国家教育发展研究中心,中国教科文组织全委会秘书处. 未来教育面临的困惑与挑战——面向21世纪教育国际研讨会论文集 [M]. 北京:人民教育出版社,1991.
❸ 彭钢. 创业教育学 [M]. 南京:江苏教育出版社,1995.

标细分为12项，主要内容涉及具有清楚的思维、表达和写作能力；批判式的推理能力以及提取抽象概念的能力；独立思考并能进行理性判断的能力；敢于创新的能力；具有明辨复杂事项整体与局部、主要与次要的能力；熟悉不同的思维方法，具有能够观察到不同学科、文化、理念相关之处的能力等。这个培养目标就包含了创新型人才所需的知识、素质和能力，从而为学校开展创新创业教育提供了明确的方向和指南。

其次，在课程体系设置上为培养学生创新创业能力奠定了良好的基础。第一，创新创业类课程设置完备。在美国很多高校都开设了创新创业教育课程，这些课程紧扣创业的整个过程，包含了策划、融资、可行性分析、风险管理、运营管理、相关法律以及领导艺术、伦理道德和社会责任感等，这种系统化的设计能有效保证创新创业教育理念的落实和教育质量的提升。同时这些课程设置细分为基础理论课程、与专业相关的创业类课程和创业实践类课程，三类课程相互衔接，逐步深化，形成了一条创新创业能力培养价值链。第二，为学生提供了非常广阔的选课空间，让课程与学生的兴趣结合，使之兼具人文和科学知识素养，从而为激发学生创新思维，培养创新创业意识搭建了很好的平台。第三，课程教学方法灵活多样，设置研讨课、案例讨论课、企业家演讲、实地考察实习等，在教学过程中潜移默化地培养学生创新思维和素质。

再次，学生的创新创业实践活动丰富。第一，重视本科生参与科研活动。美国研究型大学本科教育 Boyer 委员会在其所提交的《重新制定本科教育政策》的报告中指出，研究型大学的学生应具有这样的权利："有机会同有能力的高级研究人员一起工作，以便得到他们的帮助和指导，从而努力学习[1]。"因而，几乎所有的美国著名大学都以不同的方式给本科生创造许多参加科研的机会。加州理工大学早在1919年就有化学教师引导学生开展创新性的科学研究；麻省理工学院在1969年创立了"本科生研究计划"（UROP），率先使本科生科研制度化。这一计划旨在组织学生参与创新型的科学研究。在麻省理工学院，几乎所有的本科生都参加过此计划中的相关项目。此外，很多学校为了能够激发学生研究兴趣，还会定期组织学生召开学生研讨会，报告自己最新的研究成果和工作进展，并提出研究过程中所遇到的困难以便寻求教师和其他同学的帮助。第二，学生的创业实践教育活动丰富多彩，实现了课堂教学与实践的有机结合。比如创业大赛、论坛、创业俱乐部、创业实验室、

---

[1] 朱恒夫. 美国著名大学本科生创新教育述评 [J]. 中国大学教学，2011（10）：90-95.

田野实战、校企联合攻关项目等都是美国大学生热衷的实践活动形式。斯坦福大学的创业投资俱乐部、百森商学院的"创立人之日"活动等都有相当的影响力。斯坦福大学的创业计划大赛也孕育了美国很多著名的公司和企业。第三，学生的社团活动在创新创业教育中起着重要作用。在美国大部分高校中，学生社团在创新创业教育生态系统中扮演着至关重要的角色。例如麻省理工学院，与创业相关的学生社团有10个，其中以创业俱乐部（E-LAB）和MIT 10万美金创业大赛最为著名。这些创业实践活动与创新创业教育课程体系有机结合，在学生创新创业能力培养方面发挥着不可替代的作用。除此以外，美国政府在顶层设计上为创新创业教育提供政策支持和法律保障，美国的企业界、投资界以及非政府组织都在经费、场地、指导等方面为创业者提供支持。政府和社会的深度参与为美国高校有效开展创新创业教育提供了良好的外部环境和丰富的土壤。

最后，美国的创新创业教育也不是仅从高等教育阶段开始的，在基础教育阶段，美国已经开始重视培养学生的创新创业意识和能力的培养，美国从1998年开展实施相关计划，向中学生普及一些金融投资、理财营销等知识，很多中小学结合区域发展设计出一些独具特色的创新创业实践活动，培养了学生的创业意识，一些高中生还可以在导师指导下将自己的创意转化为产品，将其推向市场。

总之，美国的创新创业教育具备六个特点：一是注重培养学生的创新创业意识。二是开发系列课程，创业课程包括意识类、知识类、能力素质类、实务操作类。课程实施逐步深入，由入门到意识，再到技能最后到热情。三是将创新创业教育分类化。四是注重通过实践使学生获得创新创业的感性体验，除各种创新竞赛外，创业竞赛尤为凸显。五是创新创业教育以厚实的学术研究为支撑。六是创新创业教育直接诱发了师生的创新创业活动。

## （二）英国高校的创新创业教育

英国的创新创业教育发展也是经历了一个艰难曲折的过程，是在与传统的保守主义、绅士文化等传统文化的博弈中逐渐发展起来的，遵循的是自上而下的发展道路。英国政府开展创新创业教育的最初目的是培养大学生就业能力进而解决大学生就业问题。在创业教育发展初期，一些高校以岗位职业培训为内涵、以企业家速成为目标，通过鼓励大学生当老板来促进就业，在价值取向上带有明显的功利性。但是随着创新创业教育的发展，高校教育者逐渐发现"功利性"职业训练并不能从根本上解决就业问题。英国政府于

1987年发起"高等教育创业"计划,要求高校把培养大学生的创业品质和意志、创业精神作为创业教育的主要工作来抓,既注重创业意识和创业通识教育,又注重创业技能的提高,把创业教育作为终身教育来抓。在政府的政策引导以及各高校的努力之下,创业教育逐渐演进为非功利的系统性教育活动。

首先,政府制定系列政策,为创新创业教育的繁荣发展提供了保证。为适应大学生创业教育环境的变化,形成创业文化,英国政府出台了包括《全国大学生创业教育黄皮书》(2009)在内的政策文件、执行报告、调查评估报告等文件,推进高校创新创业教育的发展。这些政策包括[1]:

第一,扩大创业教育的资金来源,除政府资金支持外,提高大学、社会其他机构以及私人捐助等经费来源比例。同时引导创业经费流向所有学校的所有专业,鼓励企业、社会机构和高校按照资金来源分类设置项目,促进经费使用的多元化。

第二,启动各种创新创业项目,推进创业教育。政府启动的创业项目分为三类:(1)1998年启动的大学生创业项目,吸引了很多大学生和高校参与,在全国形成了浓厚的创业氛围。(2)以评估国家创业政策为特点的创业研究项目。其中,以"全球创业观察项目"(Globe Entrepreneurship Monitor Project, GEMP)最具代表性。这个项目旨在研究不同国家的创业活动及其影响因素,探索促进国家创业发展的政策,评估创业实施效果优劣,项目研究为国家创业教育发展提供基本策略,进而为各高校开展创新创业教育提供指导。(3)设立创业教育教师技能提升项目。例如,2007年设立的国际创业教育者项目。该项目针对英国创业教育发展的新形势、创业教育师资所面临的问题展开研究,分析创业教育过程中学生需要习得的技能以及与之相适应的教师教育教学方法。这个项目的研究成果在英国被广泛接受,使得很多高校的教师受益。

第三,构建创业型大学(Entrepreneurial University)建设模式。英国2007年公布了由大学生创业委员会学术顾问艾伦·吉伯教授起草的《朝着创业型大学发展》(Towards the Entrepreneurial University)的政策文件。该文件为英国各高校创新创业教育的未来发展指明了发展方向。

第四,制订了创业教育目标和教学方法的基本框架。英国大学生创业委员会将创业教育目标分为逐步递进的八个层次:(1)学生的核心创业行为和态度得到发展;(2)学生能够理解并感受创业行为;(3)能够自我解释创业

---

[1] 徐小洲,胡瑞. 英国高校创业教育新政策述评 [J]. 比较教育,2010 (7):67-71.

教育核心价值；（4）发展创业型职业动力；（5）掌握创立公司的步骤及需求；（6）培养企业家素质；（7）掌握与创业过程相关的商业知识；（8）熟悉与利益相关者的关系。这个创业教育目标框架为英国大学创业教育提出了明确规定，要求教育方法要注重从知（Cognitive）、情（Affective）、意（Conative）三个方面提高学生的创业能力❶。

第五，建立多维创业教育评价体系，提高评价的科学性。在突破重视学生知识应用的传统评价体系的基础上，实施了大学创业教育评价新举措。一方面拓展学生创业学习效果评价模式，评价内容包括技能发展、实践行为等多方面内容，评价过程包括所有总结性和形成性评价。在国际视域下评价英国的大学创业教育，并将测评结果作为制定创业教育政策的重要依据❷。

其次，各高校大力推进创新创业教育，促进创新创业教育得到长足发展。英国大学的创业课程滥觞于商学院，随着创新创业教育的发展，由商学院逐渐扩展到其他学院，也扩展到各个高校各层次和不同专业的学生。英国高校创新创业课程注重培养学生创新精神、发现机会、把握创业机会的意识和素质，强调学生实践能力和综合能力的提高❸，同时也非常重视学生情感智力的发展。在创业课程设置方面，突出多样化设计思路。创业类课程主要分为四类：创业、创新、创新管理、技术转移管理，其中创业与创新两类课程在英国大学中最为流行❹。有些高校还会根据特殊情况设置创业类课程，例如针对社会非营利组织和营利组织创业问题设置社会创业课程；针对特殊群体创业问题设置女性创业课程和少数民族创业课程。此外，几乎所有商学院都开设了培养学生跨国经营管理能力的国际化课程，如国际管理、跨文化企业管理、全球商务环境等课程，为学生进行国际化创业提供一个良好的学习平台。在课程内容侧重方面，突出学生实践能力的培养。尤其是实践导向型课程，非常强调与创业活动的紧密连接，通过案例研究、小组项目、撰写商业计划等多种教学形式，最大程度地模拟真实创业实践，使学生获得"近似创业的经验"。在课程考核方式上，强调对学生综合能力和团队合作能力的考察。此外，英国高校通过开展多种务实的实践活动推动大学生创新创业教育。例如，

---

❶ Allan Gibb. Meeting the Challenge of Development of Entrepreneurship Educators around an Innovative Paradigm. Published Paper of NCGE 2008, 15-18.

❷ 徐小洲，胡瑞. 英国高校创业教育新政策述评［J］. 比较教育，2010（7）：67-71.

❸❹ 乔明哲，陈忠卫. 英国大学创业教育的特点及其启示［J］. 外国教育，2009（6）：92-96.

组织各类创业竞赛，鼓励大学生参与创业活动，并在创业过程中给予指导和支持；建立科技园区，支持学生实施创业计划；建立创业研究中心，为学生创新创业教育活动提供专业的师资力量和咨询服务；利用网络手段整合各种创新创业资源，为创业者、学校、企业搭建知识共享和思想交流平台。同时，为了保证创新创业教育质量，英国各高校非常重视师资队伍创业精神和能力的培养，把创业精神融入教师的意识中，提升其创新创业教育水平。在创新创业教育中，很多专职教师具有丰富的创业经验，同时高校还会邀请大量的校外企业管理和技术专家担任客座教授，与本校教师共同承担授课任务。此外，英国在青年创业中推行"一对一"创业辅导制度，帮助大学生解决创业过程中遇到的疑难问题，给他们必要的支持。

如前所述，英国政府在创新创业教育政策制定的系统性、英国高校在创新创业课程和活动设计的务实性、多样性和全球化，以及注重师资队伍创新创业精神培养和创业辅导的针对性等方面都值得我们学习和借鉴。

（三）日本高校的创新创业教育

日本创业教育从20世纪80年代开始起步。当时日本在高校内开设创业教育讲座，以培养学生的创新创业能力。20世纪90年代，日本高校创立了见习制度，类似于我国的学工制，这对培养学生的职业观念和工作能力有着一定的帮助，但其培训时间较短，涉及程度较浅，并不能带来显著和持续的效果[1]。2000年，日本教育改革国民会议上提出了创业家精神的概念，强调创业教育应培养学生的创业家精神、生存能力和思维方式。自从开始，日本高校就和地域的特色产业结合，针对社会人士和大学生开设创新创业类课程，以提升民众和大学生的创新创业能力。例如早稻田大学开设的"傍晚集中讲座"，主要内容包括行销和经营计划。当时日本有30多所高校开设了创业类课程，这些以培养创新、创业精神为目的的课程吸引了许多有志创业的大学生。随着日本公立大学法人化改革的推进，为了提升大学的竞争力，日本政府将创业教育作为培养未来富有挑战性人才的战略，积极部署高等教育阶段的"创业教育激励计划"（Entrepreneurial Stimulation Project）[2]，构建了一个相对完整的创新创业

---

[1] 张昊民，陈虹，马君. 日本创业教育的演进、经典案例及启示 [J]. 比较教育研究，2012（11）：49-54.

[2] 李洪江. 日本第三次风险投资浪潮中的大学创业 [J]. 扬州大学学报（高教研究版），2012，16（2）：42-43.

教育理念框架。这个激励计划包括如下内容❶：(1) 学生创业教育（Entrepreneurial Business Education）：开展以大学生和研究者为对象的商业教育计划，该计划主要通过要求学生必修一定科目的课程，邀请国内外著名企业家到校讲学，到国内外风险企业取得一定学分的见习，开展创业计划设计大赛等途径加以实施。(2) 大学校园内的指定空间（Dedicated Space Campus）：通过开放校园的方式，为研究者、学生、企业人士等提供社交性质的论坛，通过学科交叉、文理互动、交流创业计划等广泛的形式开展活动，实现大学资源的综合利用，形成一个包括校友在内的创业互助体系。(3) 服务网络：为创业者的创业实践提供服务体系，包括孵化、辅导和资金等。(4) 社会力量：通过利用社会力量实现学校和企业、社会的对接，共同完成学校创业基础设施的完备、创业课程教材的设计、创业风险资金的融资。同时，积极反馈社会，促进地域经济的发展。(5) 数据库资源和信息网络：建立关于创业管理经营的专门数据库，为广大创业者提供创业知识的资源库。与此同时，建立针对风险企业的程序库，把握风险企业的发展动向。这种创业教育理念框架的形成是基于日本官产学相互协同、密切配合的支撑体系。在这样的创业教育理念指导下，日本大学开展创业教育的人才培养的核心内容就是创业家精神和创业家的资质能力。因此，日本高校提供的创业教育课程主要包括四种典型模式：创业家专门教育型、经营技能综合演习型、创业技能副专业型、企业家精神涵养型❷（具体代表学校见表1），内容涉及企业家基本素质和个性特征、创办企业的有关法律以及财务金融知识、企业内部运作知识和管理知识以及创业案例分析等。

除此以外，在开展创业教育的过程中，日本政府很重视学生创业教育的衔接问题，将创新创业教育贯穿于小学到大学各个阶段。从小学创业意识的培养到中学模拟创业训练，再到大学创业知识的积累和创业能力的提升，这样一个连贯的创业教育体系，避免了创业意识和创业能力之间失调的问题，为大学创业教育的顺利开展奠定了良好的基础。

总之，日本"官、产、学"服务密切协作，从法律层面、资金层面、经营层面、教育制度层面为高校创业教育提供了支持服务；不同高校根据办学定位和人才培养目标开展不同的创新创业教育，以及从小学到高校一贯制的

---

❶ 李志永. 日本大学创业教育的发展与特点［J］. 比较教育，2009, 31 (3)：40-44.
❷ 谢丽丽. 二十一世纪日本高校的创业教育及其启示［J］. 职教论坛，2011 (7)：53.

创业教育培养体系都为日本高校开展创新创业教育奠定了良好的基础并提供了巨大的动力。

表1　四种典型的创业教育模式的代表学校[1]

| 类　　型 | 定　　义 | 代表学校 |
| --- | --- | --- |
| 创业家<br>专门教育型 | 针对经济学院或商学院实际创业或以创业为志向的学生而设置的专业课程 | 东京工科大学（创业家精神专业）<br>小樽商科大学（创业家精神专业）<br>日本大学（国际经营研究科）<br>立命馆大学（产学协同创业教育项目）<br>大阪经济大学（创业专攻） |
| 经营技能<br>综合演习型 | 主要是经济学院或商学院商业计划书的制订 | 青山学院大学（国际管理研究科）<br>庆应义塾大学（商学院） |
| 创业技能<br>副专业型 | 主要针对以工学、医学等专业为主修专业，以创业为副专业的学生设置的课程 | 关西学院大学（社会创业学科）<br>信州大学（技术革新管理专业）<br>庆应义塾大学（商业生涯教育计划） |
| 企业家<br>精神涵养型 | 针对全体学生的创业素养普通课程 | 横滨国立大学（企业创业教育项目）<br>广岛修道大学（企业事业创造专业） |

### 三、国外高校创新创业教育对我国的借鉴和启示

分析上述三个国家创新创业教育发展，从推行方式上我们可以看出，美国文化中的自由平等、尊重个性、敢于挑战权威使得美国创新创业教育发展具有强大的自下而上的动力；英国和日本则是由政府主导推行的"自上而下"的创新创业教育模式。英国因其自身的传统文化导致高校的创新创业教育发展历程曲折，而日本也因其特有的文化在创新创业教育方面突出企业家精神和素质的培养。在课程体系上，美国高校创新创业课程设置与学生的创业实践活动有机结合，相互支撑。英国高校创新创业教育的发展始于解决大学生的就业问题，因此课程内容以机会为导向，突出实践性和国际化竞争力。日本高校的创新创业教育课程内容则突出创业家精神和资质能力的培养，且各高校会结合自身的定位和人才培养特色在创业课程设置上有不同的侧重点。

相比之下，我国高校创新创业教育研究与实践起步相对较晚，特别是与美国相比。20世纪90年代国际教育组织在北京组织召开面向21世纪创业教育研

---

[1] 谢丽丽. 二十一世纪日本高校的创业教育及其启示［J］. 职教论坛, 2011（7）：53.

讨会，标志着创新创业教育研究在中国启动。在此基础上，教育部选择了清华大学、中国人民大学、上海交通大学、西安交通大学等9所高校进行创新创业教育实践试点。随着创新创业教育在我国部分高校的实施试行，有关创新创业能力培养的理论研究和实践探索也逐步增加。总结相关文献可以归纳出我国高校创新创业能力培养的三种主要方式：(1) 课堂教学模式。在第一课堂设置创业教育类课程，培养学生的创新创业意识和精神。在第二课堂开展创新创业教育讲座，举办各种竞赛和活动，完善学生的综合素质。(2) 融入式模式。在专业知识的传授过程中，一方面融入创新教育和综合素质培育，另一方面学校为学生创新创业提供所需的技术咨询和资金。(3) 创业技能培训教育。以提高学生的创业知识和技能为目标，学校建立专门机构从事创业教育研究并设立创新创业基金，搭建以科技园/科技孵化器为主体的创新创业教育实践平台。

　　从总体情况看，我国高校在创新创业教育实施过程中，无论是在校内的课程体系设置和师资队伍建设方面，还是外部政策和资源环境方面都存在着很多问题。总结上述三个国家的创新创业教育发展，的确存在着一些值得国内高校以及政府借鉴和参考的做法：

　　第一，创新创业课程体系设计系统化，而且课程种类和内容丰富，包括创新创业相关理论课程和创业活动实践类课程，内容设置涵盖整个创业过程。同时理论课程与实践课程相辅相成。

　　第二，课程教学方法和模式多样化，除传统的课堂讲授外，教师都会采用研讨课、专家讲座、企业考察、创业项目和竞赛等多种形式开展教育教学活动，在潜移默化中培养学生的创新思维和能力。

　　第三，在师资队伍建设方面，注重教师创新创业能力的培养和训练，采用多种途径邀请企业专家和社会相关人士进入校园、课堂，与校内教师共同完成相应的教学任务，提高学生的实践创新能力。

　　第四，比较注重大学生的创业辅导，采用多种渠道成立专门的机构或组建专门的专家团队为创业者提供专业的咨询和服务。

　　第五，政府、企业和学校的有机配合为各高校顺利开展创新创业教育提供了有力的政策、资金和资源等保障和支撑。

　　第六，学生创新意识和思维的培养确实需要从小抓起，而不是仅仅寄托在大学教育阶段，需要基础教育和高等教育的共同配合和有效衔接，这样才能真正保障创新创业教育质量的飞跃。

# 浅谈双创教育在教育教学改革和人才培养中的作用[*]

■ 谭兵

**【摘 要】** 本文从理论上指出了传统教育模式及其问题，讨论了双创教育的作用与意义，并结合北京联合大学管理学院积极探索创新型人才培养体系的实际情况，总结了开展双创教育以来所取得的突出成绩。并以学院双创教育所取得的具体成果为例，介绍了学院在人才培养体系、课程教学改革、课外科技活动、创新创业大赛和创业项目孵化方面发挥的积极作用及出色表现。

**【关键词】** 双创教育 教育教学改革 人才培养作用

## 一、引言

培养创新型人才、开展双创教育已成为提高国民经济整体素质和国家竞争力的战略举措，北京联合大学管理学院在开展双创教育实践活动中，秉承以提高学生创新能力为目标，构建双创教育生态体系，着力进行教育教学改革。随着双创教育的深入推进与探索，其在教育教学改革和人才培养中的作用也日益凸显。

## 二、传统教学模式及其问题

教学模式是从教学的整体出发，根据教学的规律和原则而归纳提炼出的包括教学形式和方法在内的具有典型性、稳定性、易学性的教学样式。简洁地说，就是在一定教学理论指导下，以简化形式表示的关于教学活动的基本

---

[*] 本文为北京联合大学教育教学研究与改革项目"大学生创新创业教育资源共建共享平台的构建研究"（项目号：JJ2016Y022）阶段性研究成果。

程序或框架。

教学模式包含一定的教学思想以及在此教学思想指导下的课程设计、教学原则、师生活动结构、方式、手段等。在一种教学模式中可以集中多种教学方法。任何模式都不是僵死的教条，而是既稳定又有发展变化的程序框架。

自从赫尔巴特提出"四段论"教学模式以来，经过其学生的实践和发展，"传统教学模式"这一名称成为 20 世纪教学模式的主导。传统教学模式都是从教师如何去教这个角度来进行阐述的人，然而忽视了学生如何学这个问题。

杜威的"反传统"教学模式使人们认识到学生应当是学习的主体，由此开始了以"学"为主的教学模式的研究。现代教学模式的发展趋势是重视教学活动中学生的主体性，重视学生对教学的参与，根据教学的需要，合理设计"教"与"学"的活动。

在计划经济体制下的教学模式的突出特点是"规模化、专业化、流程化、标准化"，[1]这种模式符合培养大量急需的有专业技能的人才，满足大规模工业化对人才的需求。随着市场经济的发展，社会分工越来越精细，人们对个性化需求也越来越高，具有独创能力的创新型人才受到市场追捧，原有的单一的教学模式、固化的教育内容、简单的评价体系，从课本到课本，轻视实践的教学方法已不能满足学生的个性发展，急需找到新的人才培养模式。

### 三、双创教育的作用与意义

美国是开展双创教育较早的国家，其经济高速发展的秘密武器就在于创新创业教育。《纽约时报》刊文称，据全球商学院认证系统 AACSB 的统计数据显示，全球商学院在 1990 年只有 28 家有创业教育课程。但到 2008 年，约 1600 家商学院开设了创业教育课程。美国的双创教育模式从起初的培养"创业者"，致力于为美国社会创造利益与价值，到逐步转变为以培养创业精神和创业素质为核心的"素质理念"。不仅教导学生"如何创办企业"，而且注重培养学生的核心能力，比如辨识和把握机遇的能力、创业管理能力、批判性思考能力等。

从美国的双创教育模式的转变上可以看出，双创教育对待人才素质能力培养的态度与早期追求功利性利益截然不同。这有利于长远的人才储备和更加成熟的创新创业的发展。短期的就业率与创造财富固然重要，但就学生的长远发展来看，如果能将所学习到的创新创业精神运用到以后的生活中，就能在未来创造更多的个人和社会财富。如古代所说的"授之以鱼，不如授之以渔"，能力、观念与素质的提升是更为根本和重要的。

由此可见，创新创业教育不能简单地认为是教会学生创办公司，其意义在于面向未来社会需求的人才培养，培养学生的创新思维和创业精神，包括首创、挑战和冒险精神，它是对学生一生的素质教育。

2015年5月，国务院办公厅印发《关于深化高等学校创新创业教育改革的实施意见》，明确了到2020年建立健全高校创新创业教育体系的总体目标。为了更好地开展双创教育，我们只有学习前人的相关经验，取其精华，去其糟粕，兼收并蓄，方能既快又好地落实发展。

创业教育最大的特色就是把创新精神和创业能力的培养融入从本科到研究生的专业教育中。要做到这些并不容易，专业教育有固有体系，如果把教育融入专业教育里面，需要调整现有的培养方案、制定创新型人才培养模式，设计相关课程结构和授课形式，建设双创人才体系等[2]。

## 四、北京联合大学管理学院双创教育的实践

### （一）双创型人才培养体系

2015年北京联合大学管理学院借鉴台北科技大学办学经验，精心凝练学院的愿景、使命、定位与特色，形成学院发展理念；以台北科技大学"教学卓越计划"为标杆，以2015版普通本科专业培养方案制（修）订为抓手，以现代服务业人才培养创新实践基地为载体，从课程层面、学生层面、教师层面系统推进教育教学建设与改革，初步形成学生创新创业教育系统和模式（见图1和图2）。

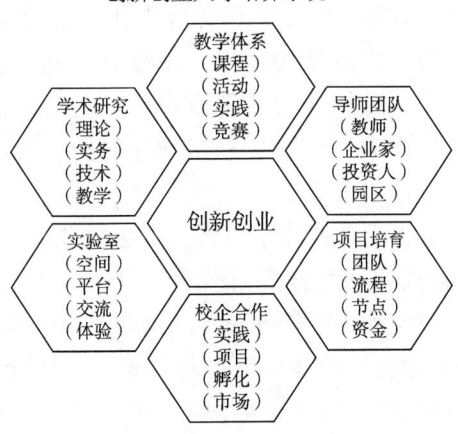

**图1  2015年管理学院学生创新创业教育系统**

人才培养模式

人才培养理念：学科交叉、个性发展、学生自主、实践创新

培养目标：培育科技与人文素质兼备，理论与实务知识并重，具备较强分析与解决问题能力、国际视野、创新创业素质和社会责任感的国家未来经济社会发展所需之应用型管理专业人才。

| 以人为本的教学管理制度 | 个性化发展<br>专业选择自主化<br>教学过程多样化<br>学业辅导渐进化<br>职业发展多元化 | 实践创新<br>知识基础复合性<br>实践操作能力强<br>综合应用能力强<br>创新创业素质高 | 能力导向的课程体系 |
|---|---|---|---|
| 学专融合的学生管理机制 | | | 校企融合的师资队伍 |
| | | | 开放共享的实践教学平台 |

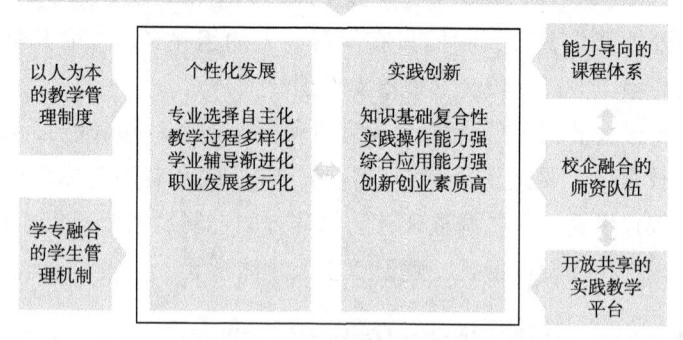

**图2　2015年管理学院基于个性化发展的实践创新型人才培养模式**

管理学院通过多年的实践和探索，学院不断融入双创教育教学理念，突出学生个性培养。以培育科技与人文素质兼备，理论与实务知识并重，具备较强分析与解决问题能力、国际视野、创新创业素质和社会责任感的国家未来经济社会发展所需之应用型管理专业人才为己任，建立以培养学生能力为导向的课程体系、校企融合的师资队伍和开放共享的实践教学平台，通过建立健全以人为本的教学管理制度和学专融合的学生管理机制，促进学生个性化发展，提升学生实践创新能力，满足创新时代发展需求。

**（二）双创教育推进课程教学改革**

在课程改革方面，学院以培养学生实践创新能力为核心，以案例教学、任务驱动等教学模式和方法改革为重点，加强分类建设，形成系列课程教学案例或习题资源、校企合作课程改革方案等。同时，引进一批名师或行业企业专家进校园、进课堂，进一步拓展学生视野，夯实理论基础，丰富企业实务经验。

在专业核心课程或主干课程建设方面，学院遴选市场营销、财务管理、中级财务会计、网络营销课程实施案例教学，将经济社会热点案例与相应理论教学合理结合，引导学生参与案例分析，在夯实学生理论基础的同时，进一步提高学生学习的主动性和解决实际问题的能力；国际金融课程结合授课对象开展分层教学，有效地调动了学生学习的积极性和主动性，同时在2012级金融实验班推进双语教学，完善了相应的教学课件并编制了全英文习题集；

电子商务概论课程采用"任务驱动"的教学方法,将实战演练(开办淘宝店铺)与教学内容有机结合,不仅激发了学生的学习兴趣,而且有效提高了学生实践应用能力。同时,任课教师还采用辩论赛、撰写论文和项目策划书的方式引导学生围绕电子商务行业热点,针对所学专业理论知识进行研究和讨论,取得了良好效果。

(三) 双创教育推进课外科技活动的开展

在校团委组织的2015年"启明星"大学生科技创新项目申报及立项结果评审中,我院继续保持各级别获批项目的较好成绩(见图3)。2015年,学院申报项目61项,成功立项52项,其中,获国家级资助项目6项、市级资助项目33项(其中文科25项,理科8项)、校级资助项目13项,各类项目排名均在全校名列前茅。

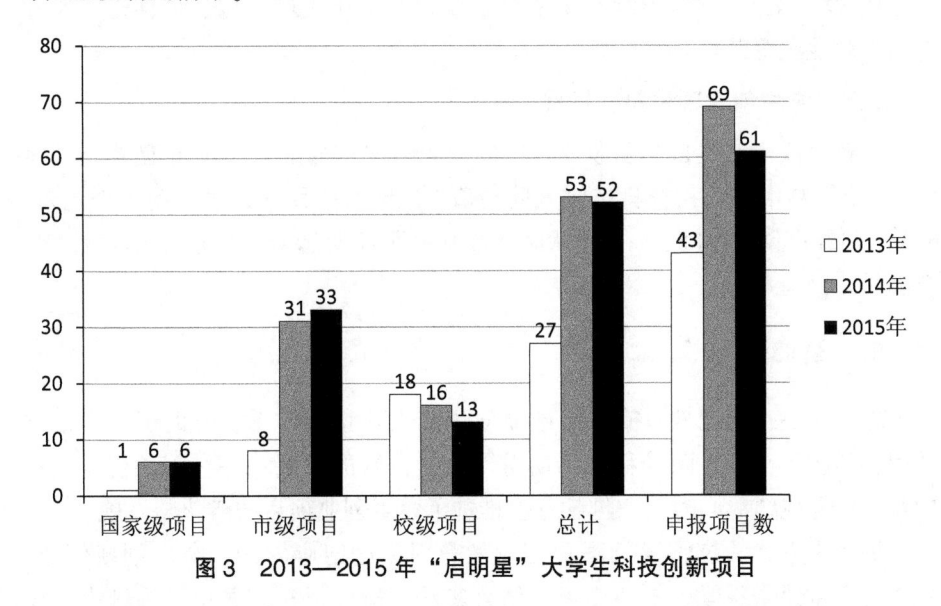

图3　2013—2015年"启明星"大学生科技创新项目

学院将继续落实双创教育精神,加强学生课外科技活动的组织和孵化工作,做好工作保障,加强信息交流,为学院师生搭建更好的平台,以学生科技活动为载体,引领学风建设,培养个性化发展的经管类实践创新型人才。

(四) 创新创业大赛成绩斐然

开展双创教育,学生的实践创新能力得到显著提升。2015年,学生在各类学科竞赛中,获得校级及以上奖励26项;获得暑期社会实践校级奖励9项;获得"启明星"校级及以上科技立项52项;学生创新创业团队项目"农家乐自驾出行""公益互助养老""兼职卫士""三面骰子""试多趣"分别在北京市中小企业服务平台主办的北京首届创业庙会以及在由中国计算机学会、沈阳市人力资源与社会保障局主办，沈北新区区政府、东软控股、东软睿道承办的盛京共创高峰论坛上进行路演推介。

学生创新创业能力不断提升，在各级各类创新创业大赛中取得了骄人成绩。学生荣获全国大学生电子商务"创新、创意及创业"挑战赛特等奖；"创青春"创业计划竞赛市级银奖；全国大学生网络商务创新应用大赛全国一等奖；全国企业竞争模拟大赛全国特等奖；全国大学生服务外包创新创业大赛全国二等奖；全国高校模拟集体谈判大赛全国一等奖，"启明星"大学生科技立项成果逐年提升，5年累计立项157项。

学生的就业质量逐年提高。2016年平均就业率达到97%以上，平均签约率达到89%以上。学院连续5年荣获学校就业工作先进单位、最佳进步奖和高质量就业奖等荣誉。

### （五）学生创业项目孵化发展

在校生或毕业生自主创业或校内创业人数逐年增加，2016年创意空间运营，4支团队申请到我校科技园入驻注册，2支入驻我校大学生创业孵化园，6支入驻蜂巢创意空间，1支团队孵化成功蜂巢注册运营，1支团队获校"联合咖啡"经营权。

## 五、结束语

综上所述，双创教育有利于建立双创型人才培养体系，有助于持续推进课程教学改革，学生课外科技活动得以快速良好的开展，并在创新创业大赛中获得优异成绩。同时，双创教育也推进了学生创业项目的孵化与发展。

展望未来，学校将继续强化创业教育、深化创业内涵、突出创新创业，建立健全将课堂教学、自主学习、结合实践、指导帮扶、文化引领融为一体的高校创新创业教育人才培养体系，全面增强学生的创新精神、创业意识，进一步培养学生创新创业实践能力，提升可持续发展的综合素质。

## 参考文献

[1] 乔建永. 信息化时代大学的教育教学改革 [J]. 中国高等教育，2016（13）：61-63.

# 应用型大学工商管理专业
# 创新创业教育的目标定位[*]

■ 朱晓妹　龚秀敏

**【摘　要】** 近年来,创新创业教育发展对工商管理专业的人才培养提出了新的机遇和挑战。本文分析了工商管理专业创业教育实践中存在的专业课程与创业课程缺乏创新能力的培养、创业实践课程较少、创业实践活动缺少专业特色等问题。最后,本文提出了"创业教育与专业教育互补、创业教育模式与专业教育模式融合、创业型人才培养与专业型人才培养并行"的工商管理类专业创业教育体系。

**【关键词】** 应用型大学　工商管理专业　创新创业教育

创新创业教育是近十多年来国内学者关注的热点。2015年5月,国务院办公厅颁发《关于深化高等学校创新创业教育改革的实施意见》(简称《实施意见》),明确了深化高等学校创新创业教育改革的指导思想、基本原则和总体目标等。因此,在国内外创新创业浪潮的席卷之下,应用型高校作为承载创新创业教育的核心主体,有必要明确创新创业教育的功能定位,进一步深化创新创业教育改革,推动创新创业人才培养。

## 一、关于高校创新创业教育功能定位的争论

在开展创新创业教育的实践过程中,大家对于普及创新创业教育的总体目标的理解和认识并不一致。

---

[*] 本文为北京联合大学应用型高等教育发展研究中心资助的校级教育科学研究项目"多元融合视角下应用型大学工商管理专业创新创业教育模式研究"的成果。

### (一) 创新创业教育是大众化教育还是精英化教育

目前，在理论界和教育界对于创新创业教育面向的对象仍存在分歧。有学者认为，创业教育就是培养未来企业家的教育。而另一种观点则认为，创新创业教育应是面向全体学生的大众化教育。目前，在欧美发达国家，创业教育正在成为面向所有在校学生的普及性教育。

综观上述两种观点，精英化观点把创新创业教育的重点放在了创新创业型人才的培养和塑造上；而大众化观点则把教育重点放在了全体学生创新精神和创新、创业能力的培养上。从未来发展趋势看，创新创业教育的大众化更有利于提高国民创新意识和创业能力，更有利于国民素质提升、社会进步和经济发展。

### (二) 创新创业教育是素质化教育还是职业化教育

我国高校创新创业教育从起步阶段也曾确立面向全体学生的教育非功利性价值取向，但在实践中，高校对开展创新创业教育意义的认识大多基于就业方面的考量。价值取向的偏差一度使中国高校创业教育陷入"以创促就"的怪圈，并将创业教育狭隘地定位为职业化教育。我们不可否认，创业内在地具有"创富"的功利目的，但是过于功利会导致难以为继。因此，素质化创业教育主要揭示社会创业的一般规律，传承创业的基本原理与方法，培养创业者应具有的素质，造就"最具革命性的创业一代"，发挥教育的经济功能。

因此，高校在创新创业教育中应摆脱功利主义的价值取向，以推进素质化教育为基础，以提高人才培养质量为核心，培养和塑造高素质人才，使高校创新创业教育更加理性、稳健和持续发展。

## 二、应用型大学的人才培养目标

### (一) 理论功底与应用能力相结合

在人才培养上，应用型大学培养的是既具有比较扎实和深厚的学术理论功底，又具有较强职业技能和动手操作能力的职业型高级专门应用型人才，其强调理论与技能培养并重，要求学生不仅具备专业的操作能力与应用能力，而且还要具有较宽广、较厚实的专业基础理论知识，具备一定的专业理论研究与开发能力，为从事产品开发和应用研究打下良好基础。

### (二) 专才与通才相结合

应用型大学主要面向地方经济社会发展中的生产、建设、管理、服务第一线，培养具备从事相关行业知识、能力、综合素质的高级应用型专门人才。应用型大学的教育是"专才"与"通才"相结合的教育，是一种"培养实用操作层面的应用型人才的教育"层次。

综上所述，应用型大学以应用能力培养为依托，面向地方经济和社会发展的需求设置应用学科和专业，强调实践教学，注重应用能力的培养，重视应用研究，促进产学研用的结合，培养政府机构、企事业等基层单位需要的能够从事生产、建设、管理、服务的具有一定理论基础、理论应用和技术能力的应用型专业人才。

### 三、工商管理专业创新创业教育存在的问题

#### （一）专业课程与创业课程缺乏创新能力的培养

目前，专业课程的教学设计仍以传统的理论讲授为主，提升的辅以案例分析或课堂活动，学生缺乏自主学习和锻炼，对于提升创新创业能力作用甚是轻微。而创业类课程中也是以传统教师讲授为主，学生参与为辅。两类学习仍然是知识学习为主，能力建构为辅。专业课程和创业课程都缺乏真正意义上对学生创新思维、创新精神和创新能力的培养和锻炼。

#### （二）创业实践课程较少

目前工商管理专业创业课程主要针对学生对理论知识的掌握，多数采用以理论教学为主，以实验、案例分析、演讲、课程设计为辅的教学方式。这种教学方式往往是将实际简单化，同时，实验教学、案例教学等方式的创业实践课程相对较少，个别采用案例方式传授知识也往往存在以偏概全的现象，难以达到真正培养应用型人才的效果。

#### （三）创业实践活动缺少专业特色

工商管理专业在创业实践过程中，往往与专业教育相分离，缺少专业特色，没有与专业教育实现双向融合，不仅造成教学资源上的浪费，也削弱了教学成果，使学生难以将自己所学到的专业知识应用到创业实践活动之中。

#### （四）创业实践体系不完善

目前，各高校内现有的实践体系将专业和职能过于细分，在创业实践环节中，学生可能会对所参与的活动某一环节有所了解、熟悉、掌握，但是缺乏对实践过程中的所有环节以及各环节的相互关联形成系统性的认识。

## 四、应用型大学工商管理专业创新创业教育的目标定位

对高校工商管理专业而言，由于其专业教育与创业教育存在很多知识重叠，因此，应形成"创业教育与专业教育互补、创业教育模式与专业教育模式融合、创业型人才培养与专业型人才培养并行"的工商管理类专业创业教育体系。

### （一）创业教育与专业教育互补

创业教育是关于创业意识、创业素质与创业能力的教育，对高校学生来说，就是要通过创业教育培育学生开展市场调研、组建创业团队、进行创业融资、编制创业计划书、掌握新创企业的法律问题、启动创业企业及实施有效管理的素质和能力。而工商管理专业学生的专业教育涉及财务管理、人力资源管理、市场营销学、生产管理、战略管理等课程。由此可见，创业教育与管理类专业的专业教育存在明显的知识重叠。但是创业教育是围绕着如何创办和管理新创企业这一核心，而工商管理专业教育则是着眼于培养学生能在企业、事业单位及政府部门从事管理的能力。因此，在创业教育中强化专业教育，在专业教育中突出创业教育，是推进工商管理专业创业教育的必然要求，这就要求工商管理专业创业教育体系的构建能够促进创业教育和专业教育相互渗透、相互促进。

### （二）创业教育模式与专业教育模式融合

传统的专业教育模式以知识为本，教师向学生灌输了多少知识，学生学到了多少知识，成为评判专业教育优劣的重要因素。工商管理专业教育虽然也强调实践环节，但在教学体系中，实践环节处于从属地位。而创业教育模式强调对创业过程的认知和对创业涉及环节的模拟体验或实践。由此可见，创业教育具有更强的实践导向，强调更多的自主学习和责任担当，这与专业教育模式的知识导向和理论灌输存在明显的差异。因此，推进创业教育模式与专业教育模式融合，在系统的专业理论知识学习和明确的创业实践导向之间架起桥梁，将创业教育的模拟实践、小班授课、任务导向等教学方法与手段融入专业教育，有助于深化工商管理专业的创业教育。

### （三）创业型人才培养与专业型人才培养并行

在创新竞争加剧和企业内部创业盛行的背景下，工商管理专业的专业型人才培养目标已经不能适应新形势的要求，培养具有创新精神和创业素质的新型管理人才成为工商管理专业人才培养的必然追求。为此，应用型大学工

商管理专业应积极推进创业型人才培养,将创业型人才培养与专业型人才培养置于同等重要的位置。创业素质和创业能力的培养对于工商管理专业人才更好地适应激烈的市场竞争和企业内部竞争、不断开拓业务范围和企业疆域、不断创新企业的管理方式和盈利模式,都具有积极的意义。

## 参考文献

[1] 国务院办公厅.国务院办公厅关于深化高等学校创新创业教育改革的实施意见[J].中华人民共和国国务院公报,2015(15):51-54.

[2] 王占仁."广谱式"创新创业教育的本体论研究[J].高校辅导员,2015(4):8-13.

[3] 易伟义,余博.高校管理类专业创业指导体系构建研究[J].湖南工程学院学报,2014,24(4):80-83.

[4] 董晓东,金玉然,宋伟,等.工商管理专业创新创业教育的教学资源改革研究[J].西部素质教育,2016,2(8):73-74.

[5] Shahir B, Amola B. Entrepreneurship education: A comparative study of literature [J]. IUP Journal of Entrepreneurship Development, 2016, 13 (1): 7-32.

# 互联网+背景下创新创业人才培养途径创新与实践

■ 薛万欣　裴一蕾　郭建平

**【摘　要】** 北京联合大学管理学院电子商务专业基于互联网+时代背景，依托现代服务业——北京高等学校示范性校内创新实践基地、蜂巢创业空间，探求具有创新思维、创业精神的创新创业人才培养途径的创新。

**【关键词】** 互联网+　创新创业　人才培养　途径创新

## 一、引言

互联网+时代，电子商务专业作为与文化、经济、信息等相关产业融合的专业，正面临着巨大的机遇和挑战。北京联合大学电子商务专业积极适应时代发展需求，借助各类专业品牌赛事，开展新形势下的电子商务专业教育教学改革与实践，探求具有创新思维、创业精神的创新创业型人才培养途径的创新，为培养创新创业个性化人才进行有效的研究与实践。

## 二、创新创业人才培养途径创新

（一）采用比较研究方法，确立"以赛带练、以赛促学、以赛促创业"的创新创业人才培养理念

通过对教育部全国大学生电子商务"创新、创意及创业"挑战赛、全国服务外包大赛、全国大学生网络商务创新应用大赛、创青春创业大赛等各类赛事所要求的创新创业能力进行比较分析，明确了"以赛带练、以赛促学、以赛促创业"的人才培养理念。

（二）采用系统研究方法，形成人才培养的创新途径

依托赛事，明确了理念，搭建了平台，借助正确的方法，最终实现预期

目标。详细如图1所示。

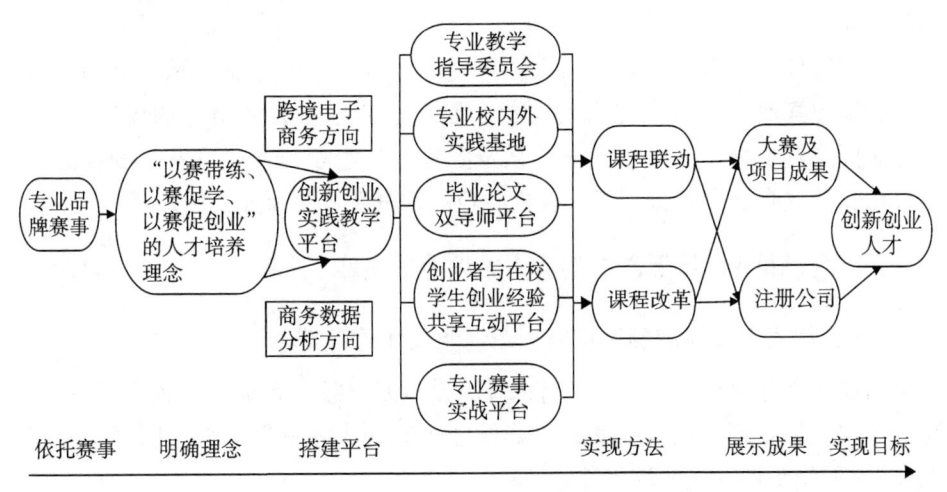

图1 创新创业人才培养的创新途径

**(三) 基于"以赛带练、以赛促学、以赛促创业"的人才培养理念,搭建创新实践教学平台**

在"以赛带练、以赛促学、以赛促创业"的人才培养理念的指导下,搭建了创新实践教学平台。创新实践教学平台由专业教学指导委员会,专业校内外实践基地,毕业论文学校、企业"双导师"平台,创业者与在校学生创业经验共享互动平台,创新创业实践平台构成。

**(四) 基于创新实践教学平台,进行课程联动与课程开发**

通过赛事联动、项目驱动和课程整合,尝试将各类校内外优质资源和课程进行整合,基于竞赛项目、企业项目和创业实际项目进行能力分解,分模块在课程中完成。各门课程充分利用网络学堂等信息化资源,将企业有经验的人员请进课堂,参与电子商务专业实践及扩充教学内容,分层进行教学内容设计与实施。

借鉴国外大学考核方式,增加小组作业、学生作品展示、调研报告等过程性考核,制定了电子商务人才培养的评价标准;实施了"双导师"制度、学生企业实践学分认定办法、学生参与学科竞赛奖励办法管理办法;建立了企业导师进课堂等保障机制。

研究学生的个性化需求,开设了学生创新创业类课程"自我管理与创新";利用"电子商务概论"课程实验环节,指导学生按照需求开展网络创业,如淘宝店铺运营,累计开设店铺500余家。

## （五）通过目标性评价与过程性评价相结合的方式，完善人才培养保障与评价机制

借鉴国外大学考核方式，引入项目企业评定、学生作品展示、市场调研报告、专业答辩等方式的过程性考核，制定创新创业人才培养的评价标准；学生企业实践学分、创新创业学分认定办法、学生参与专业竞赛奖励办法管理办法；建立企业导师进课堂、校内专业教师进企业等保障机制。

## 三、互联网+背景下创新创业人才培养的实践

### （一）树立了以品牌赛事培养创新创业人才的新理念

借助各类专业品牌赛事，进行课程联动以及学校、企业、高校专家联动，形成了"以赛带练、以赛促学、以赛促创业"的人才培养理念，明确了基于互联网+的创新创业人才培养途径。

### （二）基于创新创业能力培养的社会需求拓展专业方向

基于创新创业能力培养的社会需求，历经两年多的大量企业、高校调研，通过德国、英国等国外大学的问卷调查和国内黑龙江大学、南京理工大学、南京农业大学、东北大学秦皇岛分校、青岛跨境电子商务协会、天津跨境电子商务协会、俄速通集团等高校、协会和企业关于跨境电子商务人才规格、培养模式的调研比较，确定商务数据分析方向和全英跨境电子商务方向，32名学生已进入商务数据分析方向学习，跨境电子商务方向已完成国内外高校、企业及协会的调研，完成培养方案初稿、师资队伍培养等工作。

### （三）搭建创新实践教学平台

（1）成立了专业教学指导委员会。由5名教育部电子商务专业教学指导委员会专家、10名知名互联网企业如腾讯公司企业专家、3名电子商务协会行业专家构成。

（2）建立了专业校内外实践基地。基地由校内移动电子商务实验室、现代服务业—北京高等学校示范性校内创新实践基地、北京经贸实验教学中心、北京市实验教学示范中心、上海商派科技有限公司、东软睿道集团、北京起步科技发展有限公司、北京城市软件评测中心、新网互联公司、中国互联网协会构成。自2014年以来，组织201名学生到大连东软信息学院和沈阳东软总部学习先进的技术并体验专职培训。外派60余名学生到各大公司进行暑期实践，选派22人次教师赴企业实践。

（3）搭建了毕业论文（设计）学校、企业"双导师"平台。在经管专业

中，率先实施毕业论文"双导师"制。聘请行业、企业专家为 2014 届、2015 届、2016 届学生的企业导师。近 3 年共有 9 名学生获得校级优秀毕业设计（论文）荣誉。

（4）搭建创业者与在校学生创业经验共享互动平台。连续举办 5 届电子商务创新创业论坛，聘请了 17 位创业者走进校园。

（5）搭建专业赛事实战平台。承办教育部全国大学生电子商务"创新、创意及创业"挑战赛北京赛区总决赛。举办校级首届互联网+创新创业大赛、校级全国大学生服务外包选拔赛、校级电子商务"创新、创意及创业"选拔赛。连续举办 3 届大学生生存挑战赛。

**（四）积累大量学生创新创业大赛成果，学生注册成立公司**

（1）学生取得优异的创新创业大赛成绩。教育部全国大学生电子商务"创新、创意及创业"挑战赛举办 6 年来，学生在第一届、第三届、第五届、第六届比赛中，分别获得特等奖 3 项、一等奖 2 项；自参加全国服务外包大赛 4 年来，学生分别获得二等奖 2 项、三等奖 3 项；自参加全国大学生网络商务创新应用大赛以来，学生分别获得全国一等奖 1 项、二等奖 3 项；自参加创青春创业大赛以来，学生分别获得北京赛区银奖 3 项和铜奖 1 项；成功组建了 2 个学生创新创业社团。

（2）两年间学生注册成立 3 家公司。基于各项赛事成果的积累，学生成功注册成立了 3 家公司。

## 四、创新创业人才培养途径创新的推广应用

### （一）人才培养质量显著提升

100%的学生参加专业实践，学生职业素质、创新创业能力、就业能力得到提升。近 5 年来，一次就业率均达到 98%以上。

### （二）专业社会影响力

（1）人才培养效果被多家媒体追踪报道。人才培养成效先后被百度、视频中国、大河网、凤凰网、龙视天下、齐鲁网等多家媒体广泛报道。

（2）成功承办全国大学生第六届电子商务"创新、创意及创业"挑战赛北京赛区总决赛。大赛得到央视网、中国网、科技网、千龙网、现代教育报 5 家媒体的关注和报道。

（3）在全校范围内成功举办北京联合大学首届创新、创意、创业论坛。

（4）创新人才成果在京津冀三地电子商务专业建设论坛上交流推广。

## （三） 教学团队教学与研究能力提升

基于学生竞赛指导和课程教学改革，专业教师获得教学奖 5 项。在各类赛事中，8 人次荣获优秀指导教师称号。

## 参考文献

[1] 薛万欣，裴一蕾. e 路走来——北京联合大学电子商务专业发展的十年 [M]. 北京：中国经济出版社，2013.

# 应用型大学经管类专业大学生创新创业研究

■ 王 顼

**【摘 要】** 国家一直积极鼓励大学生创新、创业，同时提供了很多优惠政策。当前的社会经济环境也给大学生创业提供了很多便利条件。本文主要针对应用型院校，特别是经管类专业创新创业教育的必要性，以及如何开展创新创业教育进行了研究。

**【关键词】** 创新创业 应用型大学 经管类专业

当前，大学生的就业形势日益严峻，年年都被称为"史上最难就业年"，随着社会经济的飞速发展和科技的不断创新进步，社会对人才的需求越来越趋于多元化以及对创新力、创造力的追求，这就迫切需要越来越多的有创新创业能力的人才，大学生就业必然面临较大的挑战。结合应用型本科院校的定位和特点，在新形势下，如何提高大学生的创新精神和创业能力成为高校人才培养的首要问题，也成为高等教育教学改革和发展所面临的重要课题。

## 一、转变就业观念，树立新时期的就业观

近年来，高校招生总体规模不断扩大，本科毕业生逐年增多，必然会给社会带来巨大的就业压力，再加上政府机关、事业单位、国有企业产业优化重组、减员增效，也很难为大学毕业生提供充足的就业机会，这将给社会带来很多不安定因素。因此，开展创新创业教育，转变旧有的就业模式，树立适应新形势的就业观刻不容缓，教育和引导更多的大学生加入创业创新队伍中，是大学生走向社会接受社会挑战的重要途径，同时也能大幅缓解就业压力。

## 二、应用型大学开展大学生创新创业教育的必要性

李克强总理提出，针对就业压力大的前景，我们要营造有利于创业就业

的环境，不是靠政府去提供铁饭碗，而是让人民群众用劳动和智慧去创造或者说打造金饭碗。

转变就业观念的基础是要建立在新的教育模式和新型的教育理念之下，使更多的学生走上创业之路，本科院校就必须开展系统化、专业化的创新创业教育。

（一）开展大学生创新创业教育是适应国家建设的需要

"创新是一个民族进步的灵魂，是一个国家兴旺发达的不竭动力"。高校是人才培养的基地，高校的首要任务就是培养和造就基础知识扎实、富有创新精神、能够适应社会发展变化的人才，其具有创新创业能力，能够有效地推动创新型国家的建设。应用型本科院校不仅要求具有本科院校的一般属性，更要求培养具有扎实理论基础和较强实践动手能力的应用型专业技术人才，因此在应用型本科院校里开展创新创业教育，具有得天独厚的条件。

（二）开展大学生创新创业教育是缓解就业压力的需要

不可否认，应用型本科院校同985、211等重点大学相比存在着一定的差距，毕业生就业竞争力相对处于劣势。由于毕业生规模不断扩大、毕业生就业结构性矛盾持续存在等诸多原因，应用型本科院校毕业生就业难已成为一个不争的客观事实。面对日益严峻的就业形势，加强大学生创新创业教育，积极引导和鼓励毕业生创业，以创业带动就业，是应用型本科院校促进毕业生就业的必由之路。

（三）开展大学生创新创业教育是应用型本科院校自身发展的需要

应用型本科院校由于办学时间不长，在学术科研上与学术型本科大学存在差距，但是借助应用型本科院校的办学定位要求，我们可以通过培养学生的创新创业能力，提高其实践动手能力，增强其创业就业能力，建立自己的优势，为发展成有办学特色的院校打下基础。

## 三、应用型本科院校经管类专业学生创新创业教育的有效途径

经管类专业由于学科要求的特点，在课程体系构建上与理工科专业相比差异较大。在创新能力上，经管类专业学生不及理工科学生动手能力强，缺乏科技创新条件；在创业能力上，经管类专业学生却具有扎实全面的创业所需的管理、营销、财务等知识优势。如何形成一套有效的教育培养途径，让经管类专业学生扬长避短呢？

## （一）完善创新创业教育体系，强化学生创新创业意识

第一，加强创新创业教育师资队伍建设。目前一些院校已开设了小部分与创业相关的课程，但是承担教学任务的都是主管就业工作的老师，或负责学生工作的辅导员，而并非专业老师。这些老师授课的优势是掌握大量往届学生的真实案例，讲起课来生动、真实。但在教学内容上缺乏专业系统化的理论基础，导致教学效果不理想。因此应用型本科院校可以安排更多的专业老师参与到创新创业教育教学中，参加有关创业培训，学习创新创业相关理论和技能知识，以便在教学中能够有的放矢，从而增强创新与创业教育的有效性。

第二，增设有关创新创业教育的专门课程，开办创新创业培训。应用型本科院校应首先在经管类所有专业开设创新创业相关课程，诸如"创业学"，然后再将创业教育课程作为必修课列入人才培养方案，纳入全校教学计划中。还可在学生第二课堂中开办 KAB 和 SIYB 培训，让有创业意向的学生进行专项训练。而且创业类课程不要等到四年级再开展，越早介入越好，根据学校的整体教学进程，有条件的院校可在大一新生入学时即引入。

## （二）在校园文化中融入创新创业因素，教师领衔学生开展创新创业活动

开展丰富的校园科技文化活动，如北京联合大学管理学院，作为经管类学院，由院系各专业相对稳定的教师队伍领衔、组建团队，开展创新创业活动，带领学生参加诸如大学生"挑战杯""互联网+""创青春"等创新创业竞赛和科研项目申报，推动学生积极参与创新创业的课外活动。通过大学生科技社团，开展丰富多彩的课外科技实践活动，开阔学生视野，激发学生的积极性，形成创新创业的良好文化氛围。通过老带新的动态团队，形成一个良性循环的创新创业队伍。

## （三）加强校内外创新创业实验实训基地的建设

校内充分利用各类专业实训实验室，定期向学生开放，鼓励学生到实验室进行创新改革试验，把实验室建成创新创业实验基地，为学生提供一个获得体验的平台。利用社会、校友资源，在校外建立实训基地，实现良性互动。把有条件的创新创业项目送到企业中去运作试验，让学生走出校园，亲身体会感受，并邀请企业家到校举办讲座。

## （四）针对经管类学科特点，引领学生形成"创业该创什么"的思路

创业项目九死一生，悲情和传奇并存。成功与失败，往往只差一线。只有成功的案例多了，才会吸引更多的老师和学生参与进来，才会使越来越多

的创业人才脱颖而出,才会激励大学生创新创业的热情。

### 四、北京联合大学管理学院在学生创新创业方面的做法和成绩

#### (一)打造全员育人格局

北京联合大学管理学院以学生科创实践平台为依托,以"培育科技与人文素质兼备,理论与实务知识并重,具备较强分析与解决问题能力、国际视野、创新创业素质和社会责任感的国家未来经济社会发展所需之应用型管理专业人才"为培养目标,建立"教学体系—学术研究—导师团队—创新空间—项目培育—校企合作"的创新创业人才培养系统。

#### (二)校内普及创业教育

邀请行业、企业专家进课堂、做讲座,担任导师,举办"创新创业大讲堂"专场报告会、创业嘉年华、创业高峰论坛、首都高校大学生创业项目联展、"蜂巢杯"创业生存挑战赛。

创立"学长面对面"等朋辈活动品牌,有效提升了学生专业学习的兴趣,学生科技活动成绩优异,科研创新能力也大幅度提升。学生每年参与科技活动超过 2000 人次,参与率达 85%;参与指导科技活动教师超过 150 人次,参与率达到 90%。

#### (三)承办"未来 CEO——创业之星"创业训练营,提供孵化空间,组织创业活动,已有六支入驻团队并成功孵化,创办公司

通过设置一系列课程以及开展活动,学生的创新创业意识必将得到强化,这种意识是学生在校或毕业后走上创新创业之路的种子。创业不仅是一门学科,还是一种生活方式。学校应把培养和强化学生的创新创业意识与人才培养贯穿起来,形成独特的创新创业教育模式。

### 参考文献

[1] 李石纯. 浅议大学生创新精神与创业能力的培育[J]. 中国高等教育,2006(24):53-53.

[2] 董亮,罗明明,涂小东. 论新形势下如何加强大学生的创新创业能力培养[J]. 科技创业,2007,20(9):43-44.

[3] 《财经天下》周刊. 创业,我们创什么[M]. 广州:广东人民出版社,2016.

# 以学科竞赛为载体的大学生
# 创新创业能力培养的实践探讨
## ——以北京联合大学管理学院为例

■ 陈芊锦

**【摘　要】** 培养创新创业人才已经成为高等教育发展和改革的趋势，学科竞赛作为专业教育的延伸，是高等教育改革的重要切入点，也是提升大学生创新创业能力的重要平台。北京联合大学管理学院以学科竞赛为载体，对提高学生的创新创业能力进行了探索和实践，取得了一定成效，但仍存在一些问题，如优秀生源任务繁重，学生参与学科竞赛的主动性仍待提高等。本文在最后给出了进一步提升学科竞赛功能的建议，即开展学生个性化教育和优化学科竞赛及创业实践平台。

**【关键词】** 创新创业教育　大学生　学科竞赛

创新创业教育逐渐成为世界高等教育发展和改革的新趋势，创新创业人才的培育已成为关系社会经济发展的关键问题。经济发展已经从要素投入驱动转向技术创新驱动，提升大学生创新创业能力成为建设"创新型国家"的必要条件。同时，自主创业有助于缓解当前大学生严峻的就业形势，是落实积极就业政策的重要举措。

2011年，教育部在《教育部财政部关于"十二五"期间实施"高等学校本科教学质量与教学改革工程"的意见》中提出：支持在校大学生开展创新创业训练，提高大学生解决实际问题的实践能力和创新创业能力。2012年，教育部下发《关于做好"本科教学工程"国家级大学生创新创业训练计划实施工作的通知》，要求高校制定切实可行的管理办法和配套政策，将大学生创新创业训练计划的日常管理工作纳入本科生教学管理体系。学科竞赛作为课堂教育教学的延伸和第二课堂的重要阵地，是提升大学生创新创业能力的重要平台。

## 一、创新创业教育目前存在的误区

### （一）对创新创业教育的目标定位不准确

创新创业教育有"创新"和"创业"两个关键词，因此，创新创业教育培养的创新创业人才到底应该具备哪些素质？笔者认为，创新创业人才可以分为创新型人才和创业型人才，这两类人才具备很多相似的素质，例如较高的专业知识水平、自我学习和探索的能力、强烈的求知欲望、善于沟通协调并与团队合作，同时，这两种人才都要具有创造力，因为创造力是创新创业的关键，这也是创新创业人才的本质特征。

### （二）对创新创业教育的对象不明确

部分大学生认为创业是找不到工作的同学才会去考虑的事情，部分教师也认为创新创业教育只是针对少数有创业想法的学生。实际上，创新创业教育是"广谱性"的、面向全体学生的，应该融入人才培养的全过程，这才是创新创业教育区别于狭义的创业教育的核心特征。

### （三）对创新创业教育的方式缺乏系统规划

在国家一系列相关政策的引导下，创新创业教育近年来发展迅猛，大部分高校已经认识到新时代、新形势下对于创新创业人才培养的要求，但对于如何实现这个目标却缺乏系统、科学的教育方式和路径，大多仍集中在邀请创业人士进行讲座、引入实习实训基地、设立创业孵化基地等方式，缺乏将创新创业素质纳入培养目标、制定科学合理的创新创业教育模式等系统性、科学性的手段。

## 二、以学科竞赛为载体开展创新创业人才培养的主要成效

近年来，管理学院根据经管类专业学科专业的特点，把组织参与与学科专业相关的学科竞赛作为培养学生创新意识、创新精神和创新能力，以及锻炼学生动手实操能力的有效载体。通过组织学生参加暑期社会实践，推荐优秀作品参加"启明星"大学生创新作品立项申报，参加全国大学生"挑战杯"课外学术科技作品竞赛，招募团队加入蜂巢创意空间，引导学生发挥特长，将专业知识与实践相结合，突破自我。在组织参加学科竞赛的过程中，有计划地扶持学生团队，在参赛项目的前期培训、评审的选择、参赛学生的

组织、经费的资助以及成果的奖励等方面已经形成了一系列制度和措施，产生了一定的效果。2016年管理学院申报"启明星"大学生创新科技立项成功立项80多项，2017年"挑战杯"提交作品达到30余项。

学院通过大力组织并支持学生参与各类学科竞赛，不仅获得了较好的名次，更重要的是逐渐探索出一条培养学生创新精神、增强学生实践能力及团队合作能力的创新创业人才培养的有效途径。同时，通过学生科技协会及学生专业社团组织运作及学院内的广泛宣传等措施，进一步扩大了学科竞赛的辐射功能，即使未参加学科竞赛的学生也能从中受益，也使得更多优秀的学生在学科竞赛中脱颖而出，鼓舞和带动了身边其他同学的学习积极性、主动性和创造性，进一步提高了学生的综合素质。

### 三、以学科竞赛为载体开展创新创业人才培养存在的问题

#### （一）优秀学生任务繁重

近年来，随着学科竞赛及创业项目的不断增加，对优秀生源的需求越来越强烈，导致优秀学生任务繁重、应接不暇，从而在一定程度上对学科竞赛和其他项目的开展产生了负面影响。同时，要使创新创业教育达到其"广谱性"，应该通过学科竞赛进行多层次的生源选拔，比如一部分学生作为参赛队员或者是储备队员，一部分被推荐到项目队伍从事项目开发，同时注重老生带新生，一级带一级，使优秀生源不断得到培养。

#### （二）学科竞赛与专业知识学习的协调问题

学科竞赛须以专业学习为基础，同时学科竞赛也搭建了专业实践的平台，进一步提升了学生的专业能力。要达到学科竞赛和专业学习相辅相成、相互促进的效应，就要确定好学科竞赛和专业知识学习的目标、内容和形式。学科竞赛是为创新型和应用型人才培养目标服务的，学科竞赛可以贯穿于专业学习的过程，但必须根据专业学科自身的特点，针对不同的专业教学要求及不同年级的课程情况，使学科竞赛与专业学习的各项环节结合起来，如课程设计、毕业设计、实训课等，学生可以选择适合自己的专业项目，并在适当的环节加入学科竞赛以巩固和提升专业能力，形成"以赛促学，赛练融合"的良性循环。

#### （三）进一步提高学生参与竞赛的积极性

大一学生在刚进校时，对于自己在大学阶段应该学什么、要怎么学等问题感到迷茫，我们可以将学科竞赛作为解决这一问题的切入点，通过高年级

学生的带动，尽早培养低年级学生主动设计问题及求解问题的意识，以带动促主动。因此，要实现这一目标，不仅要靠专业老师的积极宣讲，而且需要学生组织和社团的配合，大力促进朋辈交流，如组织学科竞赛优秀队员、高年级竞赛获奖队员进行宣讲，让大一学生多了解竞赛项目和科技创新活动对自身能力培养的作用。对于感兴趣的学生，可以让他们辅助参与到高年级的项目中。从学院的经验来看，大二的学生虽然专业知识还不完善，但是参与学科竞赛的热情度很高，等他们升到大三的时候，已经成为专业知识、实践能力和团队合作等方面都比较成熟的学生，则可动员这部分学生继续参加创新创业项目，他们会比较得心应手，也乐于参加。因此，"赛练融合"应当更多地针对大二和大三的学生。

### 四、进一步提升学科竞赛功能的建议和举措

#### （一）鼓励跨专业融合，开展大学个性化教育

学科竞赛队伍的组建，需要有不同专业背景的学生共同参与。同时，各专业的学生也需要对其他专业有所了解。学科与学科之间、专业与专业之间需要相互渗透，尽可能实现彼此交融。因此，在完全学分制的管理模式下，将创新创业教育嵌入专业教育的课程体系当中，让学生跨专业选择指导教师，并且可以适度淡化专业限制，让学生能够跨专业、跨学科进行选课，为学生创造一个良好的不受学科、专业限制的创新环境，进行注重学生全面发展，确立学生主体地位，不断强调知识、能力、素质并重的教学。

#### （二）加强创业实践基地建设，优化学生学科竞赛及创业实践平台

根据竞赛要求和竞赛发展变化情况，构建跨专业实验室和实训平台。可以将实验教学平台划分为三个层次，分别建设专业级实验平台、跨专业综合实验平台和创新创业实践平台，在原有实验室资源的基础上进行整合和优化，重新划分实验室的架构和功能，为学生提供创新创业教育的个性化指导。

加强创业实践基地建设，一方面，组织大学生进行创业体验，成立学生自主管理、自主经营的科技服务实体，在教师指导下让学生进行创业体验；另一方面，扩建校外大学生创业实践基地，与更多的企业开展教育合作，让学生进入现场，深入岗位，开展科教帮扶。

培养创新创业人才需要多层次、全方面的教学实践体系改革，改革的方式有很多种，如以学科竞赛为载体，以赛代练、赛练融合，进一步以创业训练为传承，实现学生能力梯队发展，建立学科竞赛和创业训练相融合的良性

互动发展模式，进一步提升学生的创新创业能力。

## 参考文献

[1] 宋爽，杨健全. 依托学科竞赛的创新创业教育模式探索与实践 [J]. 实验室研究与探索，2016，35（11）.

[2] 邝小燕，赵俏资. 学科竞赛和创业训练相融合的实践教学探索 [J]. 科教导刊，2015（12）：103-104.

[3] 王满四，郭成. 以学科竞赛为载体开展创新型人才培养的探讨 [J]. 教育教学论坛，2015（1）：111-113.

[4] 邱文伟. 大学生创新创业能力的培养和提升——基于学科竞赛的功能效应 [J]. 教育经济，2015（1）：107-109.

[5] 陶剑飞，梁军. 以学科竞赛为抓手，提升大学创新创业能力 [J]. 高教论坛，2016（12）：40-42.

[6] 田硕，顾贤光. 应用型本科院校创新创业人才培养模式改革的路径 [J]. 学校党建与思想教育，2012（5）：77-78.

# 双创教育视角下的校企合作探析*

■ 刘来玉

**【摘　要】** 创新创业已经成为中国当代最强音，国内高校正在研究如何更加有效地开展创新创业教育。本文简要介绍了当前国内创新创业教育开展情况，分析了目前校企合作在创新创业教育中存在的问题，探讨了如何以创新创业教育视角开展校企合作，从而促进创新创业教育，培养大学生的创新思维和企业家精神，提高大学生的创新创业能力。

**【关键词】** 校企合作　创新创业　双创教育

创新是时代发展的必然趋势，推进大众创业、万众创新，"是发展的动力之源，也是富民之道、公平之计、强国之策[1]。高校作为高素质人才培养的摇篮，应与时俱进，积极应对新形势下大学生的创业潮，深度研究如何利用校企合作，助力大学生创新创业。

## 一、我国创新创业教育综述

### （一）创新、创业概念及二者之间的关系

创新（Innovation）是由美籍经济学家熊彼特于1912年在其著作《经济发展理论》中首次提出的，是指把一种新的生产要素和生产条件的"新结合"引入生产体系；创业（Enterpreneurship）是创业者对自己拥有的资源或通过努力能够拥有的资源进行优化整合，从而创造出更大的经济或社会价值的过程。创业从本质上讲就是一种创新。

---

\* 本文为北京联合大学教育教学研究与改革项目"大学生创新创业教育资源共建共享平台的构建研究"（项目号：JJ2016Y022）的阶段性成果。

## (二) 创新创业教育的内涵

1991年,东京创业创新教育国际会议从广义上把"创业创新教育"界定为:培养最具有开创性个性的人,包括首创精神、冒险精神、创业能力、独立工作能力以及技术、社交和管理技能的培养。在现今"大众创业,万众创新"形势下,高校应以培养具有创新思维和创业基本素质的开创型人才为目标,重在培养全体大学生的创新意识和创业精神,对那些有创业意愿和已经创业的大学生,更要有针对性地、分层次地进行创业能力锻炼和创业扶持,提高大学生创业成功率。

教育部办公厅早在2012年8月下达的关于印发《普通本科学校创业教育教学基本要求(试行)》的通知中就曾指出创新创业教育的重要性,对大学生个人而言是"提高人才培养质量,促进大学生全面发展的重要途径";对国家而言能够加快转变经济发展方式,是"建设创新型国家和人力资源强国的战略举措"。

## (三) 国内创新创业教育开展现状

与发达国家相比,国内创新创业教育(以下简称双创教育)开展较晚且不完善,但随着国家对"双创教育"的重视程度越来越高,国务院、教育部、人保部等部门先后出台了诸如《国务院办公厅关于深化高等学校创新创业教育改革的实施意见》(国办发〔2015〕36号,以下简称《实施意见》)等一系列文件,高校高度重视,采取了多种措施,从最初的成立双创指导小组,搭建双创实践平台,组织学生开展各种形式的双创活动并参加双创大赛,到如今的成立大学生创新创业中心和双创学院,双创教育已全面铺开。据东软睿道于2017年年初发布的《2016年度中国高校创新创业教育发展报告》,在其调研的高校中,已有61%的高校成立了"大创中心",做到了有人员、有制度、有资金、有场地。可以说,双创教育在国内慢慢开展起来。

## 二、校企合作在双创教育方面存在的不足

### (一) 校企合作内涵

校企合作是高校与企业、行业协会、研究所等社会机构在互利互惠的基础上,优化整合不同的教育环境、资源、人才、技术等,采用课堂教学与学生参加实践有机结合、理论与实践有机结合、课内与课外有机结合的方式,在实验教学、科研、学生创新实践活动等方面展开合作,达到双向介入、优势互补、资源互用、利益共享,实现高校与企业、行业的共赢创新及双方利益的最大化。

（二）校企合作还未发挥应有作用

目前，高校在人才培养方案、课程设置、创新社团建设、创业支持体系等方面推出了很多举措，大力强化"双创教育"，但在如何更好地利用企业和社会资源，将校企合作在"双创教育"中的作用最大化方面的实践和研究还有待加强。高校还未充分认识到校企合作对双创教育的重要性。在实践中，高校（尤其是学院层面）对于校企合作缺乏制度建设，鲜有专门人员负责这一工作，这直接导致了合作之初无细致规划、合作过程中落实不到位的情况屡屡发生；双方合作模式基本上还停留在表面层次，形式相对单一，只开展一些如双方互访、企业成为校方学生的实习基地、学生实地参观合作企业等流于表面的合作，难以产生高水平合作项目和成果。

在实践中，企业对于校企合作认可度低，存在着"学校热企业冷"的现象。造成这种现象的原因很多，如企业对高校实习生和毕业生满意度不高，企业在日常的校企合作中受益不多，政府对校企合作给予的资金政策保障不足等[2]。大多数企业只限于寻求企业所需的员工，未能充分挖掘高校知识、人才等方面的优势，忽视了双方在技术创新、服务创新、管理创新等方面合作可能带来的效益。

（三）以双创教育为视角开展校企合作

提高大学生的双创能力，需要一个良好的双创教育生态体系，这一体系包括高校、政府、企业、学生等各个子系统。高校是开展双创教育的主战场；政府在政策上应为双创教育构建一个良好的外部环境；学生是双创教育的主体；而企业，尤其是创新企业是大学生创新创业最直观的奋斗目标，应该在高校的双创教育中发挥更大的作用，这也是企业不可推卸的社会责任。

高校应充分认识到校企合作在双创教育中的重要性，以双创教育为视角，积极挖掘企业在学生创新意识培养和创业活动引领方面的内在潜力，创新性地开展校企合作，使之在双创教育中发挥更重要的作用。

## 三、校企合作多途径助力双创教育

李克强总理在《2017年国务院政府工作报告》中再次强调，不改革创新就没有出路。高校肩负着为国家培养创新型人才的重任，自身应创新思维，以双创教育为视角，积极拓展高校与企业合作的模式，学生在企业实习不仅要锻炼其岗位能力和职业素养，更重要的是学习经营和创新企业的本领；企业导师向大学生分享创业经验的同时，要积极履行创业导师的作用，为创业学生出谋划策，成为他们的精神导师。

(一) 校企合作对双创教育的积极意义

最早提出创业教育概念的柯林·博尔先生这样描述具有创业素质的人："对于变化持积极的、灵活的态度……具有开拓能力，有主意而不总是依赖他人。"大学生有着开阔的眼界、较强的自我意识，对于新生事物有超强的感悟力和接受能力，高校应充分把握大学生的这些特点，利用校企合作开展双创教育。

高校和企业之间开展深度合作，是大学生获得企业宝贵经验和资源的重要途径，对于高校双创教育具有不可替代的作用。校企合作增加了学生学习企业创业和经营的机会，不仅能帮助学生直观地感受企业经营和瞬息万变的市场行情，还能通过校企合作的渠道获取信息和宝贵的商机，从而为他们未来的创业打下坚实的基础；校企合作为学生提供了更多的实践机会和平台，激发他们的创业热情，使之适时地根据社会发展变化调整自己的创业观[3]。校企合作改变了过去"象牙塔式"的大学校园，拓宽了大学教师的眼界，也有利于双创教育的开展。

校企合作不仅使高校和学生受益，对企业的发展也是有利的。校企合作给企业注入了新鲜的血液，使其得到了发展所需的人才。同时大学生的思维活跃，具有较强地将技术转化为生产力的能力，因而对企业的创新发展具有十分重要的意义。

(二) 校企合作在双创教育中大有可为

《实施意见》指出了高校在双创教育理念滞后、与实践脱节、教师开展双创教育的意识和能力欠缺等方面存在的问题，同时也指出了高校加强双创教育的九大措施，其中在创新人才培养机制、健全双创教育课程体系、强化双创实践、改进学生创业指导服务等方面，校企合作大有可为。

1. 创新人才培养机制

高校的根本任务之一是为国家经济发展培养高素质人才，就业创业则是目前衡量人才培养任务完成的指示表。结合当前实际，高校要促进人才培养与经济社会发展、创业就业需求紧密对接，探索建立校企、校地、校所以及国际合作的协同育人新机制，举办创新创业教育实验班等多形式的双创教育。

2. 深化创新创业实践

高校应充分利用合作企业资源，建设大学生校外实践基地和创业示范基地；与企业合作，或联合承办各类科技创新、创意设计、创业计划等大学生双创大赛，对于在大赛中获奖的优秀项目和创业方案，高校应主动帮助学生联系合作企业，争取项目落地转化。

3. 加强双创师资队伍建设

加强双创师资队伍建设主要有两个方面。其一是把创业成功者、企业人员、风险投资人等各行业优秀人才请进校园，担任专业课、创新创业课授课或指导教师，并制定兼职教师管理规范，形成创新创业导师人才库；其二是利用校企合作解决高校教师创新创业能力欠缺这一短板，组织高校教师定期到企业进行企业实践和挂职锻炼，从而避免双创教育中存在的脱离企业实际、闭门造车的情况。

4. 强化学生创业资金支持

《实施意见》明确指出高校要充分利用社会资金，支持高校学生创新创业活动。高校应积极寻求合作企业的资金支持，鼓励社会组织、公益团体、企事业单位和个人设立大学生创业风险基金，以资助学生开展创新计划大赛、创新项目等，通过多种形式为自主创业大学生提供资金支持，减少创业大学生及其家庭的经济压力。企业应积极承担这一社会责任，为扶持大学生创业创新贡献一份力量。

## 四、结论

创新创业对促进学生全面发展、推动毕业生创业就业及我国经济发展具有十分重要的意义，校企合作在双创教育中大有用武之地，创新性地开展校企合作从而更好地服务于双创教育值得不断探索和深入研究。

## 参考文献

[1] 国务院关于大力推进大众创业万众创新若干政策措施的意见（国发〔2015〕32号），2017-03-01. http://www.gov.cn/zhengce/content/2015-06/16/content_9855.ht.

[2] 李季霞. 校企合作构建独立学院本科应用型人才培养机制探析［J］. 高校管理，2017（1）：234.

[3] 李倩. 校企合作模式下的高校创业教育研究［J］. 企业改革与管理，2017（1）：196.

# 双型大学经管专业人才培养校企合作模式研究

■ 温 强

**【摘 要】** 校企合作是双型大学经管专业人才培养的重要途径。虽然进行了多年探索,但在双型大学经管专业与企业的校企合作过程中仍然存在许多问题,如持续性不强、双方融合度低等。本文从双型大学概念出发,讨论了双型大学经管专业校企合作的目标和内容,分析了问题成因,最后提出了双型大学经管专业校企合作建设的对策。

**【关键词】** 双型大学 经管专业 人才培养 校企合作

城市型大学、应用型大学(以下简称"双型大学")的经管专业,在校企合作的过程中既面临校企合作的一般性问题,也面临自身特点引起的独特问题。为此,有必要深入分析双型大学经管专业人才培养过程中校企合作的现状问题,积极探索和建立与双型大学人才培养过程相适应的长期、稳定的校企合作模式。

## 一、相关概念简析

西南交通大学高等教育研究所的吴光(2009)认为,城市型大学指行政关系隶属于某座城市,办学目标和专业设置紧扣城市的政治、经济、文化、社会发展需要,以培养一线工作者为教学目标,以应用研究和技术开发为科研方向、学历教育和非学历教育等为主的综合型地方大学[1]。

徐理勤(2008)认为,应用型大学以培养应用型高级专门人才为目标,以本科生教育为主,兼顾专业硕士研究生培养,科研以应用研究和开发研究为主,专业设置面向行业,主要为地方各行各业培养既具有一定理论水平又具有很强应用能力的应用型高级专门人才[4]。

综合以上对城市大学、应用型大学概念的简要回顾，可以将双型大学概述为：以所在城市作为资源整合的主要平台，以服务所在城市发展为目标，在课程、教学、科学研究、社会服务方面突出在所在城市发展中的应用为特色的区域大学。

## 二、双型大学经管专业校企合作现状

青木昌彦把校企合作定义为"通过分属不同领域的两个参与者——大学与产业的相互作用所产生的协同效应来提高大学与产业各自潜能的过程"[5]。王章豹认为："广义的产学合作是指高等院校与企业在人才培养、科学研究、技术开发、生产经营以及人员交流、资源共享、信息互通等方面所结成的互利互惠、互补互促的联合与协作关系"[6]。王廷芳将其定义为"大学与工业企业之间为达到一定目的，通过协调作用而形成的一种互动关系"[7]。

综合以上，结合本文主旨，本文所指校企合作指双型大学经管专业和企业，通过各种形式进行的旨在实现三赢效果（高校、企业和社会）的全方位的互动。

综合相关实践，双型大学经管专业校企合作方式主要有：

1. 教学层面的合作

第一，邀请企业专业人士进入课堂，开展与所在专业或者课程主题相关的讲座。这类活动旨在扩展学生视野，帮助学生形成对课堂知识更加深入的理解，主要目的还是在于加强学生对知识的掌握。

第二，邀请企业专业人士担任经管专业某一门课程的授课教师，形成对原有教师的替代。这种做法的目的通常是希望企业专业人士能够将企业实践带入课堂，使课程既具有理论性又具有实践性。有两种做法：一种是一门课程由企业专业人士独立、全程承担；另一种做法是由专职教师和企业专业人士共同承担。

第三，企业专业人士和专业老师一起成立教学计划和课程开发团队。企业专业人士深入教学体系的设计中，从最基础的培养方案、教学计划、课程层面介入教学。这种做法在经管专业的校企合作中企业比较深地介入高校事务，属于比较高级阶段，可以在最大程度上实现社会需求和经管专业培养目标的对接，实现经管专业人才培养的"精准定位"。但据了解，这种方式在实践中非常稀少。

2. 科研层面的合作

由企业委托经管专业的老师进行特定主题的研究和咨询，如人力资源问题、组织结构问题等。对企业而言，这种委托是通过花钱买服务，解决企业在这些领域知识不足的短板，对经管专业及其老师而言，这个活动是利用自身的知识优势，进行横向课题的研究，能够记入科研工作量。另一种方式是以企业或经管专业为主体，联合另一方，共同申报某个方面的研究题目。

这种委托研究、咨询或联合申报课题的方式，是目前经管专业校企合作在科学研究方面，模式最简单、问题最少、最容易操作的做法。

3. 学生培养方面的合作

如学生到企业参观、项目实习、顶岗实习、学生兼职，企业出资和冠名举办各种比赛，企业专业人士作为学生导师或比赛及其他活动的评委等。

### 三、双型大学经管专业校企合作存在的问题

#### （一）合作呈现"点"状，无法连成"线"和"面"

在双型大学经管专业与企业实际的合作过程中，双方在合作的范围和领域方面，往往只集中在个别点上，如共同做某件具体的事情。一旦一件具体的事情做完，同时由于事先没有对合作的领域和范围进行充分的沟通和交流，新的合作事项无法接续下来，双方的合作就会由于缺乏具体的"抓手"而暂停。一旦这种暂停持续一段时间，双方的合作就会逐渐地"自然消退"。

这种校企合作实际上由个别孤立的"点"合作事项构成，而没有形成"线"和"面"上的系统性合作的局面，从而造成校企合作的覆盖面狭窄，双方受惠不大，影响后续的合作。

#### （二）合作中双方融合度不够，限制了合作深度

双型大学经管专业按照高校同行模式运行，教师的主要职责和工作内容是教学、科学研究和指导学生成长。如果双型大学经管专业与企业开展合作，势必会凭空增加教师很多原有职责以外的任务和活动，而这些额外的任务和活动并不在教师的绩效考核范围内。另外，这种情况也存在于企业人员和双型大学经管专业的合作过程中。

这种情形导致校企双方虽然达成了合作的意向，并且开展了具体的合作

项目和内容，但双方具体的合作人员却很难抽出更多的精力处理合作事务，造成合作中双方的融合度不高，影响合作的深度和持续性。

### （三）合作双方体制间差异巨大，合作对接困难

双型大学经管专业作为高校的一级组织，属于事业单位，执行的是行政机构的运行机制。这个机制的程序性、稳定性高，但缺乏灵活性和创造性，对新鲜事物反应慢。而企业作为在市场上通过自由竞争获取收入来维持自身运转和发展的市场主体，逐利性是其根本特征。企业做事追求结果导向、利润导向，对市场反应敏感，成本核算意识强，善于接受新鲜事物。可以说，双方在运行的目标、机制、特征等方面充满巨大差异。

这种差异使得双型大学经管专业和企业间对校企合作的一些深层次问题认知不同，比如合作目标、合作利益及分配、合作冲突等。这造成了双方在具有较高合作意愿的同时，却难以推进务实性的合作。

## 四、双型大学经管专业人才培养中校企合作建设对策

以上分析说明，双型大学经管专业校企合作的问题主要在于合作机制，因此双型大学经管专业校企合作的创新发展也应从机制建设入手。

经管专业与企业校企合作模式建设的目标是，建立一个能够理解双方需求、兼容双方不同的运行机制、稳定存在的系统。为此本文提出如下几条措施：

### （一）校企合作的机制建设

机制建设包含两个方面：一个是组织机构建设，另一个是协作体系建设。

第一，组织机构建设。无论是对双型大学经管专业还是对企业，校企合作都是一项独立于原有岗位职责之外的"额外"事项。要想使合作长久，就需要双方联合成立一个合作机构，这个机构吸收双方的有关人员参加，可以单独设立，也可以嵌入到双方各自原有的机构中（见图1）。以此作为双方长期合作的"硬件"基础。

第二，协作体系建设。在建立了独立的合作机构后，就要确定机构的职责和任务，以及与双方其他部门和机构的联系和汇报关系，把"接口"建设好。

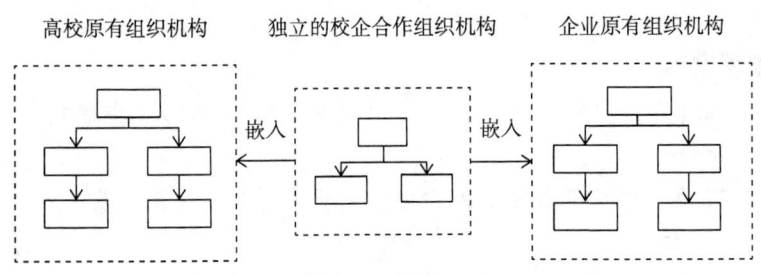

图1 校企合作组织机构

### （二）校企合作的管理体系建设

管理体系建设包括双型大学经管专业校企合作的目标、合作计划、合作项目管理制度、合作项目的发布和实施、对接、考核等。管理体系要解决的问题是校企合作机构本身的运转和日常管理。有了管理体系，双型大学经管专业校企合作的各项事务才能推动和展开。

### （三）校企合作的项目开发

在合作机制和管理体系建设好后，相当于双方合作的"管道"建设好了。具体的合作要靠在"管道"中流动的项目来体现。

前文已述及，双型大学经管专业和企业具有不同的体制、机制，具有不同的需求，如果将双方的需求直接对接，虽然有的可以直接实施，但长久下去，则会因为双方之间的这些差异，导致合作的不顺畅和不可持续。

因此，双方的合作需求，需要通过以上提出的、由双方人员共同组成的校企合作机构予以"加工"，将这些需求转化为兼顾双方利益及双方特点的"合作产品"，然后加以发布和执行，才能推动校企合作持续发展（见图2）。

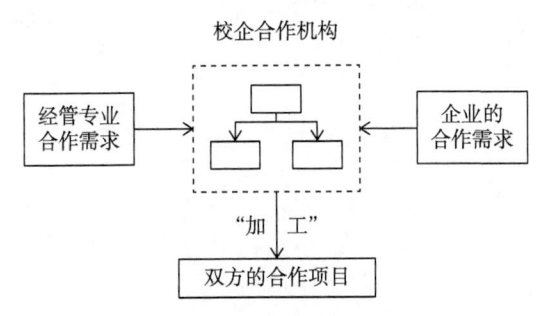

图2 校企合作的项目开发

# 参考文献

[1] 吴光. 城市型大学的初步探索 [J]. 西南交通大学（社会科学版），2009，10 (5)：66-69.

[2] 王建武，等. 对城市型综合大学办学的思考 [J]. 教育与教学研究，2010 (4)：32-35.

[3] 沈云慈. 市场经济视角下校企合作的问题及其化解 [J]. 中国高等教育，2010（Z3）：42-44.

[4] 徐理勤. 现状与发展——中德应用型本科人才培养的比较研究 [M]. 杭州：浙江大学出版社，2008：20.

[5] 青木昌彦. 校企合作的发展方向 [EB/OL]. http://www.riet.igo.jp/en/columns/a01-0047.html.

[6] 王章豹，祝义才. 产学合作：模式、走势、问题与对策 [J]. 科技进步管理，2000，17 (9)：115-117.

[7] 王廷芳. 美国高等教育史 [M]. 福州：福建教育出版社，1995.

# 项目管理理论下的高校大学生创新创业活动管理探索

■ 徐 娟

**【摘 要】** 在"双创"教育的时代背景下,高校大学生创新创业活动如雨后春笋般涌现,本文旨在通过将项目管理的理论与方法应用到大学生创新创业活动管理中,探索高校大学生创新创业活动管理的有效控制,优化活动质量,提高活动管理工作者的工作效率,促进管理工作的项目化、规范化和科学化。

**【关键词】** 项目管理理论　高校大学生　创新创业活动管理

在"双创"的时代大背景下,创新创业教育在高校掀起关注热潮,各大高校纷纷探索"双创型"大学生培养之路,而高校的创新创业活动也如雨后春笋般涌现,为高校活动管理提出新的挑战。

## 一、高校大学生创新创业活动与项目管理

### 1. 高校大学生创新创业活动

创新是一个创造的过程,通过对已经存在的事物进行改造组合,使其形成不同于原有事物的新事物。创业是一种市场活动,通过开发一种能带来财富的新产品,组织、领导、开办一个能赢利的新企业。南开大学张玉利教授长期研究创业管理,他认为创新与创业有着密不可分的关系,创新精神是创业的源泉,创业是创新精神的实践。

在当今社会需要和现有的经济浪潮下,大学生创业的常见模式有以下类型:①传统门店,经营内容广泛,包括餐饮、服装、饰物、日常百货、特种产品等一切生活必需品,门槛较低,启动资金较少;②加盟连锁,利用已有的品牌进行产品推广,可以省去不少宣传资金,是一种较为稳妥的创业方式,

缺点是需要的启动资金往往较高；③电商网店，如网店、微商等，不同于传统小店的经营方式，需要的启动资金较少，对创业者有一定的技术要求；④股份制有限公司，需要有一定的创业启动资金、一定的社会经验和人脉关系，是一种相对复杂的创业方式；⑤自由职业，适合有一定特长的创业者，如翻译、辅导中心、自由撰稿人、艺术教师等。此外，从另一角度来进行分类，又可分为积累演进式创业、依附式创业、知识风险型创业、网络创业、继承家族产业、依托 APP 开发类六种创业模式。

我校通过建立三级联动的创新创业平台，将学生、学院、学校有效地联系起来，由学生开展创新创业项目，学院搭建创新创业平台（如管理学院蜂巢创意空间），再到学校给予创业扶持和成果的转化，形成一个依次递进的创业模式。团委、就业创业部门通过举办创新创业大赛、校内创新创业论坛、创业训练营等多种多样的课外活动，来吸引更多的学生加入"双创"教育的浪潮中来，培养他们的创新创业热情与能力。

2. 项目管理理论

项目管理作为一种科学有效的管理方法与趋近成熟的管理体系，在众多科学管理领域受到广泛应用与实践，通过深入探讨在其他学科领域成功应用的范例，将项目管理理论与方法引入各个管理领域已取得了一定的成效。按照项目管理的基本进程，把大学生创新创业活动划分为五个阶段：启动、计划、实施、控制、收尾，如图 1 所示，并按照这种划分办法来研究其基本规则，借以探索大学生创新创业活动的项目管理基本理论。

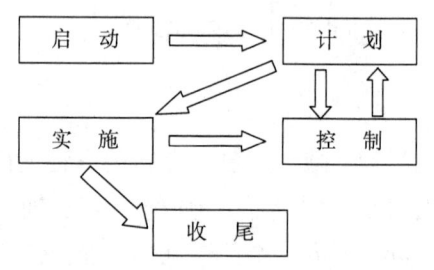

**图 1　大学生创新创业活动项目管理流程**

（资料来源：李涛，张莉. 项目管理 [M]. 北京：中国人民大学出版社，2005.）

大学生创新创业活动项目管理主要由策划、实施、收尾（评价）三个方面的理论构成：（1）大学生创新创业活动项目管理策划理论，包括活动项目的创意与策划、活动项目时间、活动项目范围和活动项目成本；（2）大学生创新创业活动项目管理实施理论，包括项目控制（涵盖项目范围、项目进度、项目成本和质量)、项目风险管理和人力资源管理理论；(3)大学生创新创业活动项目管理收尾(评价)理论。为顺利实现项目目标，要求活动组织管理者在各类学生活动项目中，在活动项目计划实施的同时协调管理所有项目资源，进而完成各个项目任务。

3. 项目管理理论应用于高校大学生创新创业管理的可行性

创新创业活动是一个创造价值的过程，项目管理是一个基于过程的管理方法，两者间存在许多共同之处。例如，可以利用项目范围理论来帮助我们界定高校大学生创新创业项目活动的范围；借鉴项目管理人力资源理论来帮助我们组建和管理大学生创新创业活动项目团队；运用项目风险管理理论来帮助我们分析和控制大学生创新创业活动过程中可能面临的风险；运用项目生命周期理论对大学生创新创业活动的全过程进行有效监督和指导。

## 二、项目管理理论应用于大学生创新创业活动实例

以2016年我校组织的"未来CEO——创业之星"大学生实践训练营活动为例，该活动由校团委、校招生就业处、北京联合大学东软创业学院联合主办，由管理学院、大连东软睿创科技有限公司共同承办。活动在2016年3月策划启动，并于3月底下发正式文件，4月初进行校内动员、报名和面试选拔，随后训练营在4月至9月进行创业培训、创业竞赛、创业实践和创业挑战四个模块的训练。训练营全程贯彻校企融合的理念，帮助学生体验创业的"道"与"术"。

具体操作如下：(1)启动与计划：校团委、各学院团委共同进行活动宣传，如下发文件、张贴海报、推送微信平台等，组织有意向的学生报名。校团委组织报名学员的面试选拔，并将最终确定营员名单转给承办方，指定校团委、承办学院各1人为训练营负责教师，选出训练营班长。(2)实施：开展创业理论培训，结合企业参观、素质拓展与团队建设，其间对接"娃哈哈"全国营销大赛、互联网+大赛两项专业赛事，由训练营成员担任负责人，可自行与普通同学组队，影响和覆盖更广泛的有创业热情的人。暑期赴大连开展3D打印创业实践体验并组织全体营员参加第三届"蜂巢"创业生存挑战赛。(3)控制：由于整个训练营持续时间长，为保证营员的学习效果，控制活动进程，在训练营，学员没有理论学习的时间，组织营员先后参加"娃哈哈"营销大赛的规定赛、自由赛，随后进行汇报展示并给予奖励，激励学员的热情与斗志；随后，营员再组队参加第二届互联网+大赛，并邀请校内外专家对

项目进行评审与辅导。(4) 实施与控制：在暑期进行3D打印体验训练与创业生存挑战赛前，分别进行专项培训，并由负责教师全程参与指导，保障项目的顺利进行。(5) 收尾：9月，组织创业生存赛的答辩汇报典礼并进行训练营的结营仪式，向学校各部门汇报项目的进展与成效。对于创业生存赛的盈利部分，全部捐献公益机构。并且通过单项考核与全程评比相结合的方式，评选三项赛事活动中的重点优秀团队以及训练营的优秀营员，并给予奖励。

### 三、基于项目管理的大学生创新创业活动管理思考

1. 创新创业活动项目要创新

项目化管理要求活动项目无论在内容还是形式上必须有所创新，即对传统活动批判地继承，对每次活动项目都有新的开拓。项目活动要严格按照既定的程序和操作规范来运行，使每一个学生都能积极参与各项活动，开展高质量高效率、有创新有创意的活动。高校创业教育的根本目的不是造就大量的大学生创业成功案例，而是一要让学生在大学里好好获得大学中该学到的知识，夯实专业水准与创新能力；二要早点让大学生知道创业是怎么一回事，创业必备的条件与素质是什么，推动学生在相关实践中体会创业者的艰难，从中产生对创业精神的感情。

2. 项目管理评价体系要科学

项目化管理评价体系具体评价标准有以下三条：经费使用情况、同学满意度与学校认可度、是否产生了一定的社会效益。要有具体的奖惩措施，对优秀项目策划人和项目责任人给予一定的物质或精神奖励，要形成制度并长期有效执行；对于没有完成任务的项目活动组织团队，则必须进行惩罚，以示警诫。大学生创业训练营中，对于表现优秀的团队和个人给予精神和物质奖励，对于消极的同学予以除名，取消相关活动的参与资格。

3. 加强沟通是项目管理的重要举措

加强沟通管理是促进项目管理的重要举措。由于训练营营员来自我校不同学院，而多校区办学的现状决定了加强沟通管理是项目顺利推进的重要保障。为促进多校区的交流与合作，培养营员的团队精神和爱校情怀，训练营先后来到不同校区的创新创业实践基地开展理论教学和实践交流，促进项目的优势互补。

4. 加强校企合作有利于人才培养目标的实现

创业训练营的顺利开展得到了大连东软集团的大力支持，受益于校企合

作创办了北京联合大学东软创业学院，校企合作在联合办学、建立实习实训基地、共同开展科学研究的基础上，进一步拓展出更加灵活有效的校企合作新体制。有效的校企合作模式，不仅能够帮助实现创新创业人才的培养目标，而且对学生而言，也有利于树立正确的就业、创业观念。

总之，笔者发现，将项目管理理念、方法灵活地运用到大学生创新创业活动管理工作中，从不同的角度来认识和分析大学生创新创业活动管理工作，能够提高大学生的自我管理水平和活动管理工作者的工作效率。在大学生创新创业活动中引入项目管理，目前尚处于起步阶段，还是一个摸着石头过河的探索过程。笔者并不指望仅通过本文就能进行操作推广，而是希望本文能起到抛砖引玉的作用，引起更多学者的关注和研究。

## 参考文献

[1] 黎洁莺. Lz高职院校大学生创新创业活动管理研究 [D]. 武汉：武汉工程大学，2015.

[2] 胡跃祺. 项目管理促进大学生创业素质提升的理论研究 [D]. 南昌：江西师范大学，2013.

[3] 钱骏. 高校创新创业教育的问题反思与路径选择 [J]. 高等职业教育探索，2016，15（6）：5-9.

# 健康概念学生创业项目在高校的可行性研究

## ——以在我校开设健身餐为例

■ 廖 祎

【摘　要】随着健身在我国的风靡，健身餐越发受到健身者青睐，大学生作为健身的强劲群体，对健身餐的需求也越来越强烈。健身餐食物种类繁多，营养丰富全面，可以帮助健身者做到膳食平衡，提高健身效果。我校健身爱好者逐渐增多，为了寻求更好的效果，十分有必要以健身餐替代学校食堂传统用餐。本文从对健身餐的需求、经验借鉴、可行性和意义四方面进行健身餐创业项目在我校的可行性分析。

【关键词】健身餐　合理膳食　可行性

随着我国经济的迅速发展，人们对生活质量的要求也越来越高，更加注重健康管理。人们通过自我管理和日常保健，改变不合理的饮食习惯和不良的生活方式，以预防和控制疾病的发生与发展。根据国家统计局显示，2009—2014年我国经常参加体育锻炼的人数不断上升，2014年人数达到3.83亿人。2014年针对20~69岁人群的调研发现，我国有51%的人群进行健身运动，比2013年提高了1.5个百分点。

随着美国健身文化风靡全球，如今在我国，人们已经不只限于体育锻炼，目的更偏重于形体健美。为了达到更好的效果就不得不谈及膳食。先谈健康，再谈健身。就健康而言，高血压、胆固醇超标、体重过重、肠胃疾病等许多影响健康的因素都是因为膳食搭配不当引起的，可见饮食对人体的重要性。对于健身而言，锻炼每周只需要4~6次，而饮食则是每天三次，如果有健身加餐则更多，可见对于健身来说饮食有着举足轻重的地位。健身圈有"三分练，七分吃"的说法，如果饮食上不加以控制，再疯狂的锻炼，流再多的汗水，健身的效果也会大打折扣。

在健身的人群中，大学生在校读书期间基本上是没有条件自己动手做健身餐的，一般情况下选择在学校食堂就餐，我国的高校食堂基本都是以中餐为主，很少能做到少油少盐，这给健身的学生带来很大困扰。由此，高校推出健身餐将给健身的学生带来更大便利，对于非健身学生来说调节膳食结构也有助于健康。健身餐更注重热量的控制，注重摄入的碳水化合物、蛋白质与脂肪之间的配比。

## 一、我校师生对健身餐的需求分析

虽然学生在食堂可以对自己的膳食进行搭配选择，但是食堂对菜品的烹饪方式不利于健身者，同时食堂暂时不能提供一些高蛋白低脂肪的肉类以及高蛋白低碳水的主食。

### （一）我校高水平运动员对健身餐的需求分析

在健美操、男足、男篮、乒乓球和田径等项目上，我校均有高水平运动员。对于运动员来说，他们要从饮食中得到足够的营养，这样才能保证日常训练有效，在比赛期间更需要注重膳食搭配。

### （二）我校健身者对健身餐的需求分析

根据我校健身房预约情况和出勤情况统计，我校每日健身房预约率接近100%，出勤率接近80%，同时每日不乏在运动场及学校周边健身房的健身者，由此可见我校学生中存在一定数量的健身者，膳食搭配对于健身者来说非常重要，摄入热量的控制，蛋白质、脂肪和碳水化合物的配比，少油少盐的烹饪方式都决定了健身者健身挥汗后的效果。

### （三）其他师生对健身餐的需求分析

随着生活水平的提高，人们更加注重饮食质量，对于非健身者来说，合理膳食搭配有助于身心健康，降低主要慢性疾病的发病风险。健身餐更加注重奶类、肉类、蔬菜水果和五谷搭配，营养均衡。

## 二、高校开设健身餐创业项目经验借鉴

在"大众创业"的新浪潮、"万众创新"的新势态下，高校创新创业教育正在大力推进中。某高校健身社团与学校食堂合作推出健身餐项目，在严格把控热量的情况下，选取低GI（血糖生成指数）食材，注重主菜与配菜的

搭配，尽量使餐后的血糖升高幅度小，增强持续的饱腹感。针对减脂和增肌不同种类的健身者需求，采用两种规格的蛋白质、碳水化合物和脂肪配比以保证人体所需，并且分为热烹和冷烹两种形式供健身者选购。

## 三、健身餐创业项目在我校的可行性分析

### （一）环境分析

我校对学生创新创业教育非常重视，组织开展"创新创业大讲堂"专题报告会、学生创新大会系列座谈会等教育研讨性活动，举办"启明星"大学生科技创新项目、"创青春"大学生创新创业大赛等比赛，在"未来CEO——创业之星"大学生创业实践训练营中对学生进行培训指导，蜂巢创意空间提供入驻机会、办公地点以及资金为创业项目提供可实施空间，学校系列活动营造了"大众创业""万众创新"的良好氛围，激发学生创新创业意识，点燃学生创新创业热情，帮助更多大学生成功创业。

### （二）背景分析

我校在学生培养方面开设有食品科学与工程（食品营养）专业和烹饪工艺与营养专业，这给健身餐创业项目提供了食品营养与健康的理论基础以及烹饪工艺、营养餐设计与制作等实践技术。

### （三）可操作性分析

我校现有咖啡馆和酒吧的学生创业项目，健身餐创业项目可与其合作，提供堂餐或者外卖，也可以与学校食堂合作，通过食堂窗口进行销售。

## 四、健身餐创业项目的意义

俗语称"病从口入"，糖尿病、高血压等慢性病与饮食、运动等生活方式密切相关。健身餐注重搭配与平衡，每餐具有充足的营养，能够保证膳食均衡。无论是对于我校高水平运动员还是健身爱好者，甚至其他师生，健身餐均有利于提高健康水平，预防多种疾病的发生发展，延长寿命，为我校师生在膳食方面提供良好的保障，有利于学生的学习、深造，有利于教师进行教授、科研。

# 双创教育的多元化发展模式与现状分析

■ 徐 燕

**【摘 要】**双创教育是社会经济发展需要的一种新姿态,也是当前大学转型发展的一种新举措,有利于推动高等教育的现代化进程。通过学生的共性与个性的相互联系,构建富有特色的多元化创业教学模式。改变教育观念,在不影响学生正常学习生活的前提下,鼓励学生充分利用课余时间进企业锻炼,实现创新创业能力的培养。

**【关键词】**双创教育 多元化 发展模式 现状分析

双创教育即创新创业教育,是指基于技术创新、产品创新、服务创新、管理创新等各方面的某一点或几点创新而进行的创业活动。创新是创新创业的特质,创业是创新创业的目标。

"创新创业"已经成为目前新形势下的热词,这对于承担着人才培养重任的教育而言,既带来了重大的机遇,也面临着崭新的挑战。创新创业教育是目前社会经济发展需要的一种新姿态,也是当前大学转型发展的一个新举措,有利于推动高等教育的现代化进程。学生作为个体而言,创新能力决定着其发展潜力和发展高度。有创意,能创新,善创业,是目前新时代人才的重要标志。

## 一、双创教育的内涵

创新教育的培养目标是培养学生具有创新意识、创新精神、创新思维和创新能力。与传统教育相比,它是一种新型的教育模式,是以创新为先导的一种全新的教学模式的全方位改变,是教学内容、教学方法、教育思想、教学评价、教育体制等的创新。创业教育的培养目标是培养具有开创能力的人才,使其富有创业精神、创业意识等综合素质,具备成为企业家的能力。高校通过改变教学课程及教学方式来指导、培养大学生的创业能力，并使它成为大学生自身的素质，让其在未来能成为创业人才，使更多的大学毕业生能够从职位的谋求者变成岗位的创造者。创新教育和创业教育相辅相成，缺一不可。

**二、双创教育的多元化发展模式**

目前，很多高校已经把双创教育列入了教育教学改革的范畴，但仍然存在着形式比较单一，缺乏系统性、规范性和整体性等问题。高校的双创教育既要考虑共性又要考虑个性，因具体的任务、发展目标的差异性，导致创业教育的方式方法、层次、领域不同，因此，创业教育要多元化发展，要消除千篇一律的教学模式，构建富有特色的多元化创业教学模式，探索和建立与高校自身特色相适应的办学层次和内容。

1. 双创教育多元化发展模式下课程体系的建立

课程体系是大学教育的最基本内容，课程体系即明确"教什么"的问题。多元化创新创业教育的根本出发点应该是课程体系、创新教学过程设计。教学过程的多元化设计，既要秉承学校自身的办学理念，将专业知识与创新创业教育相结合，即在培养学生扎实专业基础知识的同时培养学生课上课下的融会贯通能力。另外，还要结合在校学生的实际情况，开设适合经济发展和社会需求的课程，避免照搬照抄其他学校或国外高校的教学模式。

2. "互联网+"时代教学"工具"的有效利用

"互联网+"时代，老师要利用"工具"有效地为学生传递信息。学生早已不再满足对粉笔、课本、黑板这些教学"工具"的利用，而是更为强烈地需求多元化信息载体。电子教案、多媒体课件、网络课程、视频等手段都应该成为"互联网+"时代的主流教学手段。这样既保障了有效的信息传达，也可使学生更愿意且更快速地接受新模式下的教育教学方法，使学生自身和整个教学体系建设都有进步。

3. 在专业实践中融合创业教育

通过课堂教学与市场的直接衔接，为在校大学生提供一种无风险的创业模式和方法，让学生能在专业实践过程中消化吸收专业知识并形成创新知识，培养大学生的创业精神和创业能力，实现教学与创业的相互促进，更好地推动创新创业教育模式多元化发展路径的构建和创业教育的发展。

### 三、双创教育的现状分析

1. 创新创业意识不够成熟，教育理念落后

在信息时代和社交媒体快速发展的背景下，创新创业模式需要从理念到机制再到成果逐渐实现立体化、多元化。改变教育理念滞后、创新创业意识不够成熟或者没有认识到创新创业的本质，教育观念不能仅停留在教授学生如何获得财富的层面上，不能仅期望把他们培养成企业家，不能只注重对学生的创业知识和技能的传授，而忽视了对学生创新创业意识和能力的培养，这样不利于学生综合素质的提高。

另外，学校开设的相关专业课程可能存在不足，或者已经开设的专业课程存在授课和考查不够严格或考核方式保守等情况，导致学生学习兴致不高，出现临时抱佛脚来随意应付教师和考试，这在很大程度上归根于学校、教师和学生创新创业意识不够成熟，也是教育理念滞后的表现。

2. 学生受社会观念和环境影响不敢贸然创业

由于受社会观念的影响，许多大学生不敢贸然创业。虽然国家大力支持创新创业，也出台了许多政策支持学生创业，但是由于宣传力度与教育力度不够，许多方面都没有到位，也影响了大学生创业的积极性，导致创业人才的流失。除此之外，大学校园里的创新创业环境也会影响学生创业，如合格的创新师资、教师对创新活动的指导、研究和创业经费、大量的实践活动等。

3. 创新创业学科体系不够完善

虽然高校越来越重视创新创业教育，但是有关创新创业教育的学科体系仍然不够完善，存在着各种各样的问题。如课程类型单一，教学方式不够多样化，理论与实践没有很好地衔接，只注重书本上的教学，忽视了实践操作等，这样无法真正培养出创新创业人才。高校的创新创业教育方式单一，更多是以"职业规划""挑战杯"等比赛的形式呈现。很多时候，学生只是为了比赛而比赛，并没有付诸实践，无法与社会接轨。大学创新创业活动应通过更多的方式来呈现，并且注意不能流于形式，而是要发挥实际作用，形成可持续发展的模式，避免仅通过听讲座来获取创新学分。

4. 学籍管理模式的改革

目前的学籍管理规定是对学生实行统一管理，对于正在创业或计划创业的学生，允许他们暂时休学保留学籍，先创业再毕业。但是所有学生都必须

修完培养计划规定的所有课程学分才能毕业。我们是否也可以考虑对于创业并取得一定成绩的学生提供相应的学分置换方案。

创业教育创始人彼得·德鲁克指出："创业不是魔法，它是一种训练，创业人才是通过创新创业教育培养出来的。"创业教育专家布罗克豪斯也指出："教一个人成为创业者，虽然我们不能马上使他成为企业家，但是我们可以传授他成为一个成功的创业者所必需的技能、创造力等。"

创新创业教育理论的提出和发展基于创业精神和创业能力，而创业精神和创业能力是可以通过受教育而获取的。如若改变我国现阶段的教育观念，首先要明确创新创业教育的内涵，改变原来以解决毕业生就业为核心的功利性目的，注重学生创新思维和创业能力的培养，让学生在校期间就为毕业时的创业就业做好准备；另外，要将创新创业教育的精英教育模式转变为大众教育模式，从注重学生的技能开发到注重学生能力的培养，以培养学生的创业意识、创业思维、创新能力为主，培养出更多适应经济社会发展的高素质应用型人才。为了让大学生在创业学习中更为直观地了解社会和企业，高校需要将创新创业教育基地延伸至校外，加强校企合作，建立校外创新创业教育实践基地。在不影响学生正常学习生活的前提下，鼓励学生充分利用课余时间进企业锻炼，实现创新创业能力的培养。

## 参考文献

[1] 李硕，葛磊. 论创新创业教育模式多元化发展路径的构建 [J]. 黑龙江高教研究，2016（8）：108-110.

[2] 陈楚瑞. 互联网+视域下高校多元化创新创业教育模式构建探析 [J]. 广东第二师范学院学报，2016，36（4）：38-44.

[3] 李惠瑠，李巧鸣，王峰娟. 互联网+高校创新创业教育现状与对策 [J]. 煤炭高等教育，2016（2）：55-59.

[4] 张凤，白石路. 构建高校创新创业教育体系 [J]. 石家庄职业技术学院学报，2016，28（5）：65-68.

# 大学生创业问题的思考与对策

田小兵

**【摘 要】** 当前，我国高等院校实施创业教育处于起步阶段。在大学生创业群体本身、师资队伍、创业教育体系建设等方面还存在许多亟待解决的问题。本文对国内高校大学生创业教育的现状及存在的问题进行了深入分析，在此基础上有针对性地提出了开展大学生创业教育的思考与对策。

**【关键词】** 大学生创业 问题 思考与对策

"大众创业、万众创新"已成为大学生群体中的时髦"热词"。越来越多的大学生开始关注各类创业大赛、创业培训，但是，真正进入实际操作的为数不多。大学生创新创业教育虽然取得了一定的成效，但整体上还存在着诸多问题，如大学生创新创业教育的师资建设不完善，大学生创新创业教育的理论体系不健全，大学生创业教育的开展范围不广泛等。目前，在一些高校，围绕"挑战杯"和"创业计划"大赛，运用第二课堂的形式开展大学生创新创业教育已经成为较普遍的形式，但这种创业教育的受众面比较小。从教育改革与发展的现状来看，迫切需要对学生开展创新创业教育，这是时代提出的要求，也是社会发展的必然趋势。下面是笔者对大学生创业的一点思考。

## 一、大学生创业存在的优势

### （一）较强的精神基础

当今大学生对创业抱有较强的热情和愿望，有挑战传统观念和传统行业的信心和欲望，而这种创新精神也往往造就了大学生创业的动力源泉，成为成功创业的精神基础。

### （二）较强的创业信念

大学生自主独立意识不断增强，实现自我价值的信念在大学生心目中愈加强烈，因此他们有很强的精神动力，对未来充满希望，他们有着年轻的血液、蓬勃的朝气，以及"初生牛犊不怕虎"的精神，而这些都是一个创业者应该具备的素质。

### （三）较好的智力资本

大学生在学校里学到了很多理论性的知识，有着较高层次的技术优势，而目前最有前途的事业就是开办高科技企业。技术的重要性是不言而喻的，大学生创业从一开始就必定会走向高科技、高技术含量的领域，"用智力换资本"是大学生创业的特色和必然之路。一些风险投资家往往就因为看中了大学生所掌握的先进技术，而愿意对其创业计划进行资助。

### （四）较好的支持保障

教育部颁布了新修订的《普通高等学校学生管理规定》，针对近年来学生创新创业的热潮，新规定提供了制度保障。如规定提出，健全休学创业的弹性学制，参加创新创业等活动可以折算为学分，鼓励学校建立创新创业档案、设置创新创业学分。新规将有助于消除大学生在创业和学业之间顾此失彼的顾虑，调动大学生的创业积极性。

## 二、大学生创业存在的问题

### （一）较少的市场经验

大学生在创业过程中缺少市场观念。不少大学生在向投资人介绍自己的技术如何领先、如何独特的同时，却很少涉及他们的技术或产品到底会有多大的市场空间，有没有前期的营销手段。大学生提交的大部分创业计划书中，许多人试图用一个自认为很新颖有潜力的创意来吸引评委和投资者，这无异于闭门造车，缺少市场调查与周密计划。现在的投资人看重的是你的创业计划真正有多少技术含量，是否不可复制，以及市场赢利的潜力有多大。因此，你必须有一整套周密细致的可行性论证报告与项目实施计划，绝不可能仅凭一个主意就能让投资者为你埋单。

### （二）较差的管理能力

大学生创业过程中，往往急于求成，缺少市场规划与营销手段，没有商业管理经验等，结果导致创业失败。虽然在学习过程中积累了一定的专业知识，但必要的实践能力及经营管理经验的缺乏是创业的致命伤。另外，大学生平时没有什么管理经验，面对一个团队，很难马上胜任管理者的角色。

（三）较差的心理素质

大学生创业心理素质不够强大，盲目自信，一旦创业失败，就感觉难以接受。创业过程艰辛曲折，学生在创业过程中自然会遭受到许多挫折和失败的打击，多数学生会因此感到十分茫然，一蹶不振。殊不知，成功的背后隐藏着更多的失败。通过失败的经验教训积累，重新爬起奋斗，追求成功，绝不畏惧失败，是每一个有志于创业的大学生应该具备的创业心理素质。

（四）较少的资金来源

一项调查显示，有四成大学生认为资金是创业的最大困难。的确，巧妇难为无米之炊，没有资金，再好的创意也难以转化为现实的生产力。因此，资金是大学生创业要翻越的一座山，大学生要开拓思路，多渠道融资，除了银行贷款、自筹资金、民间借贷等传统途径外，还可充分利用风险投资、创业基金等融资渠道。

## 三、思考与对策

（一）创业教育必须贯穿大学四年本科教育的全过程，要在各年级开展不同的教学方法、教学内容及实践模式

教学方法上采用项目式和启发式教学，培养学生的创新性及发散性思维；在课程建设和教学内容上，应拓宽学生创业知识结构体系；加强教学实践，包括课程实践、社会实践等工作，创建设计型、综合型、开放型的实验基地，努力培养学生的创业实践能力，因为具备较强的实践动手能力是大学生创新创业能力培养必备的基本素质。

（二）大学生创业需要好的领路人

教师的教学能力对教学质量有很大影响，只有具备良好创造性思维和创新精神的教师才能培养出富于创新能力的学生，因此，学校可以培养一支专门讲授创业课程的教师队伍，并鼓励其定期培训学习，结合本校和自己学生的特点来制定教学内容和教学方式。

（三）大学生选择创业项目时，尽量选择与专业相关的行业，这样可以依靠自己的专业知识优势，发挥自己的专业特长

（四）科技创新成果必须是理论与实践的结合

只有通过各种创业实践活动，才能巩固大学生所学的专业理论知识，而

且也借此锻炼了他们运用专业知识解决实际问题的能力、社会交际能力和创新创业能力。

### （五）大学生创业需要理性

因为我国现在的创业条件并不成熟，每年创业的失败率非常高，尤其是刚毕业的大学生空有满腔热情，缺乏实战经验，最后惨淡收场。其实在创业的道路上，困难多得数不胜数。首先大学生创业之初会面临资金短缺的困境。没有创业资金扶持，创业项目的运转就会处于瘫痪状态。其次是创业经验的缺乏，大多数创业者缺乏创业所需的实际经验、人脉积累、财经知识，空有想法也无法实现。俞敏洪曾表示，大学生创业要谨慎，大学还没毕业就去创业，其结果常常是要么因为缺乏经验团队建不起来，要么就是项目不成熟，还耽误学习。

大学生创业一定要理性，对市场要有比较深刻的了解。学校要为创业的学生提供弹性学分制，让学生有精力去创业，创业的同时，也可以保证自己的学业顺利完成。对于心怀创业热情、恰逢创业时机的大学生来说，这可谓实打实的政策福利，可以让大学生在兼顾学业的前提下抓住眼前的创业机会。然而，此项政策绝不是将创业与学业对立起来，更不是鼓励大学生忽视学业，一味创业。在校大学生创业成功的概率远没有毕业三五年的毕业生高，在校生不妨用更多的时间学习创业所需的知识与技能，积累必要的经验与资金，为创业做更为充分的准备。

## 参考文献

[1] 贾俊涛. 新形势下对高校就业指导、创业教育工作的思考 [J]. 科技资讯, 2010（22）：185-186.

# 电子商务专业学生美工能力问题的探讨

■ 任广文

**【摘　要】** 本文通过对两组使用不同工具进行电子商务网站开发的学生所做作品的美工特征进行观察与分析，发现现在的电子商务专业的毕业生的美工能力有相当普遍的欠缺现象，而这与目前消费者对于电子商务网站的审美需求产生了巨大的差距，进而可能成为电子商务网站在运营过程中影响用户体验的明显因素，也成为应用型与城市型毕业生就业能力和日后工作能力的一个明显弱点。通过借鉴已有的关于电子商务岗位核心能力需要分析，和对电子商务网站设计的重要问题的研究，确认培养电子商务专业学生美工能力的重要性，并在此基础上提出了课程设置方面的改进建议。

**【关键词】** 电子商务　美工能力　课程设置

## 一、问题的提出

北京联合大学管理学院电子商务专业毕业生的毕业论文，有相当一部分是与网站策划与实施相关的，其他院校也如此。在每年毕业答辩的时候，都有网站演示这一环节，在这个过程中，笔者发现了一个很有趣的现象，描述如下：

（1）一部分同学（称之为 A 组）的网站页面比较漂亮、优美，另一部分同学（称之为 B 组）的网站页面相当差，在布局、字体、色彩、空间、图片等的使用上都比较差。

（2）两部分同学的所学课程基本是一致的（A 组是专接本，B 组是本科）。

（3）A 组同学使用了商用的网站开发平台（商派系统），也就是开发平台提供各个类型电子商务网页的模板，学生可以直接使用，只需要相对简单的设置即可，主要的工作着眼于商务性的内容。而 B 组同学需要自己动手制作网页的各个细节并完成网页功能。

由上显然不能得出结论说 A 组的同学所做的网站页面漂亮是因为 A 组同学的美工能力强，B 组同学的美工能力弱。实际上 A、B 两组同学的网页页面美工能力的不足是基本一致的，是商用开发平台的使用让 A 组同学美工能力的不足得以掩盖。

在笔者教授的"多媒体技术与应用"课程中，也佐证了学生美工能力不足的特点，即功能可以实现，但是美观问题相当普遍，程度上也比较严重，虽然在课堂上对同学的作品有一定的美工要求，但因基础不足而难以实现。这种美工能力较弱的现象在上述 A 组和 B 组同学中没有明显差距，说明美工能力的欠缺具有一定的普遍性。

在人们生活水平逐步提高的今天，人们对于审美需求的提升是肯定的也是急切的，那么作为网络媒体的电子商务网站，其美观程度在讲究"颜值"的今天无疑格外明显，而我们培养的毕业生如果缺少基本的美工能力和美学知识，就有可能成为其知识结构的关键性短板，应该给予一定的重视和改进。

**二、电子商务专业美工能力不足的具体表现**

在北京联合大学管理学院电子商务专业学生的毕业设计中，在"多媒体技术与应用"课程的作品中，均表现出学生在美术知识与美工能力上的普遍欠缺，即功能能够实现，但是艺术性和美观程度比较差。而且所欠缺的并不是高标准的所谓"美中不足"，而是基本美工技能和基本审美意识。

**（一）学生美工能力不足的具体现象**

学生对于设计和作品的基本美工技能和美学知识认识不足，具体表现为：

（1）不能恰当地使用字体、字形、行距、字距，让人在阅读时无法产生舒适的视觉感受。比如字体太小、行距太密、字体字形不合适等。

（2）不能恰当地设置标题、正文及相关的属性，比如标题的字体、字形、字号、行距、颜色不恰当等。

（3）不能恰当地使用颜色，比如前景、背景的搭配不恰当，颜色太接近，或背景颜色太亮，前景颜色不突出。

（4）不能恰当地使用空间布局，比如点、线、面的合理布置和留白等。

（5）不能把照片修整美观，对于多媒体的使用也不够理想。

（6）不能把网站内在文字内容、推销产品的种类，甚至网站的理念通过网页外在的布局、色彩等表达形式恰当地呈现出来。

（7）不能设计出个性化突出、艺术性强、给人强烈印象的作品。

### （二）学生美工能力不足的原因

关于以上问题，笔者认为固然有历史遗留的原因，比如传统的教育中对于美育的要求不足等，但是也有大学方面的原因，现罗列如下：

1. 认识上的原因

我们总是认为"电子商务"是"电子"与"商务"的结合，即"电子"是技术手段，"商务"是营销过程，而多多少少忽略了"电子商务"还需要"美的呈现"这一要求，这说明我们对于美工对电子商务运营影响之大尚认识不足，同时也反映了我们的教育系统与社会需求之间存在滞后。

2. 课程设置的原因

现实的情况是我们的电子商务专业在课程结构设置上有盲点，网站类和营销类课程成为电子商务专业的核心课程，这当然无可争议，但是美工类课程几乎没有，这却有待商榷。在精简课程的改革中，一些与美工相关的课程也有萎缩的倾向。

比如，"电子商务网站建设""网页设计"等课程是技术型的，其内容重在开发而没有美工，而"图像处理"等与"呈现"相关的课程成为大类选修课程后也被弱化。而与网页美工直接相关的课程没有设置，如在其他院校开设的"网页美工"课程。

3. 对于毕业生作品的要求不足

在现行的毕业生毕业设计的答辩考核中，设有明确的功能性要求、工作量要求、结构要求、文字要求等，而对于美工方面的要求却是缺失的。这样使得学生在"忙碌"中自然也就顾不上美的"呈现"，久而久之，关于美工能力的要求就淡化了。

### （三）美工能力在电子商务从业人员核心能力中的地位

（1）从电子商务的研究方面看，在最近的关于电子商务核心岗位能力要求的分析中，通过大数据挖掘得出了四种核心岗位能力，第一是电子商务运营，第二是电子商务美工，第三是电子商务客服，第四是电子商务技术。通过对这四种核心能力的提炼和排序可以看出电子商务美工的重要性。

（2）从学校定位方面看，对于应用型城市型的大学如何培养应用型复合型人才，以适应社会需求是没有大的争议的，而怎样复合亦即设计什么样的知识结构则需要与时俱进，以适应当前和未来的社会需求的确需要不断发现问题不断完善，美工能力的缺失就是问题之一。

（3）从可以借鉴的经验看，一些院校的电子商务专业包括高职高专类的院校，都有开设诸如"电子商务美工""电子商务美术""网页美术""平面设计"等相关课程。从教学实践上已经有了许多探索的先例可供借鉴。

（4）从教学资源来看，这类课程的教材也逐步走向成熟，与之配套的教学资源也在逐步丰富。通过笔者对于较大出版社网站的搜索，这类教材和教辅资料已经初步完整成形，可以直接应用到教学中。

### 三、改进电子商务专业毕业生美工能力的途径

#### （一）改进课程设置

通过以上的分析，电子商务美工方面的课程有其必要性，也有可行性以及可以借鉴的先例，所以，建议开设类似"电子商务网页美工"或类似的课程，先作为选修课起步，然后积累经验，再做必要的调整。

#### （二）提高对于美工能力的要求

在电子商务美工课程中和毕业设计中逐步提高对于美工方面的要求，是推动学生重视美工课程、加强美工意识的有力方法，建议在成绩中体现一定比例的美学要求，比如10%以上的分值权重，这样可以最为直接地督促毕业生在进行毕业设计时充分考虑美学方面的要求，也可以提升今后其工作中的美学意识，对于学生就业和未来发展都会有促进意义。

### 四、结语

因为艺术与美的需求，我们不应该把对于电子商务的认识停留在"电子"加"商务"的层面，还应该加上"艺术"这个重要需求。在应用型城市型大学的建设中，需要在复合型人才培养中重视审美能力的培养。那么电子商务专业应该从基础做起，把电子商务美工这一类的课程作为与技术类和营销类课程一样重要的课程来对待，提高毕业生整体的美工能力。

今后还应吸收其他院校已有的经验，探索美工类课程与技术类课程、营销类课程、多媒体类课程的关系。探讨美工类课程与其他课程的相互提升相互增色的体系结构，让技术和艺术同时与商务结合，提升毕业生的美工意识和操作能力。

## 参考文献

[1] 殷彬,陶安. 电子商务核心岗位能力要求分析——基于高校人才培养视角 [J]. 北京工业大学学报(社会科学版), 2016, 16 (1): 71-72.

[2] 李沉碧. 美学教育在电子商务专业中的重要性 [J]. 电子商务, 2012, 12: 68.

[3] 李晓进. 网页设计的技术美学思考 [J]. 武汉科技学院学报, 2005, 18 (7): 21-23.

[4] 易丹. 以职业技能竞赛为导向的电商专业美工课程改革探索 [J]. 经营管理者, 2016 (5): 401.

[5] 何海燕. 电子商务美术设计对网购消费行为的影响与分析 [J]. 美与时代, 2016 (10): 26-27.

[6] 娄斯诗. 电子商务网页视觉设计研究 [J]. 现代装饰理论, 2016 (1): 110.

# 第二部分

# 课程改革

# 互联网背景下翻转课堂实施中的问题与对策研究

## ——以管理经济学课程为例

■ 陈 琳　龚秀敏

**【摘 要】** 随着互联网技术的普及，国内外优质的网络课程资源唾手可得，传统课堂遇到了前所未有的挑战。同时互联网又为教学改革提供了前所未有的机遇，"互联网+教育"为破解教学难题提供了非常有效的手段，抓住机遇、促进改革是当前高等教育的历史使命。本文以管理经济学课程的翻转课堂为例，分析了当前互联网背景下翻转课堂实施过程中遇到的问题，并提出了应对策略，为未来更好地运用网上优质教育资源进行翻转课堂教学提供参考。

**【关键词】** 互联网　翻转课堂　管理经济学

教育部颁布的《教育信息化十年发展规划（2011—2020年）》指出，"注重信息技术与教育的全面深度融合，在促进教育公平和实现优质教育资源广泛共享、提高教育质量和建设学习型社会、推动教育理念变革和培养具有国际竞争力的创新人才等方面具有独特的重要作用，是实现我国教育现代化宏伟目标不可或缺的动力与支撑。"翻转课堂这种起源于美国科罗拉多州落基山的教学模式很好地将互联网资源融进教育教学，实现了信息技术与教育的深度融合，较传统的教学模式具有很大优势，但在具体实施中却遇到很多问题，如果不能有效地解决这些问题，将无法达到预期的教学效果。

## 一、翻转课堂及其特点

### （一）翻转课堂的概念

翻转课堂（The Flipped Classroom）是指通过借助现代教育技术手段预先

录制授课视频来取代传统的课堂知识讲授,并在网络上进行共享,要求学生课前自主观看学习,然后利用课堂时间集中解决学生在观看视频时所产生的困惑和疑问,实现知识内化的一种教学形态。这一概念最早是由美国科罗拉多州落基山的"林地公园"高中两位化学老师乔纳森·伯尔曼(Jon Bergmann)和亚伦·萨姆斯(Aaron Sams)于2007年提出的,后来于2011年前后在全球得到了巨大发展,受到学术界和业界的高度关注,尤其是可汗学院、大规模开放网络课程(MOOCs)、TED(Technology Entertainment Design)等视频课堂在全球的扩展大大促进了翻转课堂的发展。

(二)翻转课堂的特点

与传统教学模式相比,翻转课堂完全颠覆了传统教学方式的流程,将传统教学中课堂上教师的主讲前置到课前学生观看老师为其录制的视频或指定的网络课程,课堂上主要围绕学生在课前观看视频时遇到的问题展开讨论,学生由被动地听讲变为主动地与老师及其他同学一起探究自己及同伴在观看视频时提出的问题,由于这些问题与自己的关联度较高,所以大大提高了他们对所讨论内容的关注度。总的来说,翻转课堂具有以下主要特征:

1. 翻转课堂教学模式的宗旨是因材施教,促进学生的个性化学习,突出学生的自主性

根据建构主义学习理论观,每个人的学习都是在其原有的知识背景基础上的知识建构,由于每个人的知识背景千差万别,在学习的内容、速度及方式方法等方面都可能存在巨大差异,传统的班级制教学模式无法满足每个人个性化的学习需求,难以达到预期的学习效果。而翻转课堂则能弥补这一缺陷:学生课前可以根据自己的基础、时间及个性特征等自主决定观看视频的时间和重复的内容及次数,完全是一种个性化的学习方式,真正能够达到因材施教的效果。

2. 翻转课堂是对传统学习流程的一种"翻转"

翻转课堂是通过重塑学习流程而实现创新的一种教学方式,它是将传统课堂搬到课前,由学生自己根据自身特点完成,而将传统课堂的课后练习和讨论内容迁移到课堂上,传统的课后练习等变为总结提升和学习评价。正是这种教学流程的再造,从而造就了其与众不同的教学和学习效果。

3. 翻转课堂中的师生关系发生了根本的变化

传统教学课堂中教师是主讲,学生是被动地听,其前提假设就是教师在

专业知识方面要高于学生,所以教师是教学的主体。但在互联网背景下,学生和教师在获得相关专业信息资源方面具有同等的机会,教师失去获取相关信息的优势。翻转课堂中教师和学生则是平等的关系,这样比较有利于课堂讨论中的公平、客观和公正,避免权威带来的一言堂倾向。

4. 翻转课堂中教师角色的转换

翻转课堂中教师的角色由"主讲"变为"教练"。前者强调讲得是否精彩,后者则强调教师所带出的学生是否优秀;前者以教师为中心,后者以学生为中心。这种变化一是体现在职责的变化,作为教练,首先必须会带团队,会谋划,翻转课堂要学习的内容、掌握的重点和难点、达到教学目标的方式方法的设计等都必须由教师完成。二是对教师的要求发生巨大变化。由于工作职责发生变化,对教师的能力和素质要求也会发生相应的变化。课程设计、指导和应变能力等代替传统的讲课能力,成为教师最重要的能力,教练要在实践中发挥指导作用,而实践中随时会出现预料不到的问题,因此需要教师具备较强的应变能力,不仅在相关专业知识领域要融会贯通,而且在理论和实践的结合方面要做到无缝衔接。

5. 翻转课堂中学生角色的变化

翻转课堂中学生由被动的知识接收者转变为主动的选择学习内容、学习时间、学习频次及学习方式等的主体,即成为学习的"主体",这一角色的变化要求学生有关于自己学习的目标、方式方法及学习内容等方面的思考和规划,完全是在老师的指导下由自己构建自己的学习系统,学生要学会独立思考和决策,并付诸行动。

6. 翻转课堂中学习评价体系的变化

翻转课堂中的学习评价机制不同于传统的应试教育的单一化评价模式,需采用平时作业完成情况、课堂讨论互动情况、学习中发现和解决问题的能力及阶段测试成绩等多元化的评价方式,更注重过程中的自评、学生互评等,强调过程管理,能综合评价学生的学习情况及存在的问题,以便于改进和提高。

## 二、管理经济学课程在实施翻转课堂过程中遇到的问题

管理经济学课程经过一轮的翻转课堂实践,遇到了许多值得研究的新问题。

## （一）个别学生参与积极性不高的问题

经历了中小学及大学阶段的应试教育，学生已经习惯了被动地接收老师传递过来的知识信息，上课就是来听课的，课堂上教师是主角。这样一种理念根深蒂固，认为学习就是听课，导致学生不愿或懒得动脑子思考这门课要学什么、该怎么学好这门课等问题，更不愿意在课下花大量的时间和精力完成本该在课堂上完成的听课和学习，有些学生在课下没有看视频和参考资料，没有深入思考，提不出学习问题或提出的问题很肤浅。

## （二）教师驾驭能力的问题

翻转课堂对教师的要求与传统课堂完全不同，最主要的是要求老师有较强的课堂设计规划和应变能力。传统课堂，要讲什么、如何讲等问题都是由老师确定的，可以做好充分的准备，但是翻转课堂的讲课部分采取的是网络视频课堂形式，可以是任课教师的视频课堂，也可以借用其他优质视频课堂，对于这种开放式的学习方式，如果教师没有一定的课堂设计（包括流程设计、问题设计、测试题设计等），很难达成学习目标。学生在学习中遇到的问题也会千差万别，如果老师没有足够的知识储备和应变能力，将难以驾驭课堂讨论和互动。

## （三）资源、环境支撑不足的问题

翻转课堂实施中，视频课堂很重要。我校管理经济学课程没有网络学堂，其他高校的网络学堂又不能十分契合我校研究生的特点，所以筛选适宜的视频资料、录制和剪辑课堂视频并提供给学生需要任课教师花费大量的时间和精力。另外，学校网络资源有限，网络视频播放不是很流畅，很影响学生的学习兴致。

## （四）教学评价及评估的问题

课堂改革正在实施中，但考核方式尚未变化，考试是一支学习的指挥棒，如果考核评价机制不能变化，翻转课堂是实施不下去的。管理经济学作为研究生的学位课，是一门考试课，平时成绩只占40%，期末考试仍然占大头。这样一种考核体制，不利于调动学生参与学习过程的积极性。

## 三、优化管理经济学课程翻转课堂教学方式的对策和建议

### （一）转变教育教学理念

改变传统教学中以教师讲授为主的模式，树立学生主体地位，学习是

学生主动自觉的知识建构，教师和其他同伴发挥着支持和帮助的作用，最终目标是提升学生运用所学知识解决问题的能力，所有的学习形式都是为目的服务的，学习理论认为听课是效率最低的学习方式，所以要果断放弃这种传统的低效率学习方式，代之以讨论、头脑风暴、角色扮演等较有效的学习方式。

（二）做好准备工作，完善支撑系统

翻转课堂需要教师课前做大量的准备和辅助工作，如管理经济学课程，在课前教师要制作视频供学生课下观看，这里有一个针对学生的实际情况对所搜索视频课堂的筛选、剪辑和重新编排的过程，围绕知识点，用最精简的视频课堂呈现出来，同时要围绕学生需掌握的知识点，提出问题供学生回答，并要求学生看完视频提出自己认为最重要或最受启发的问题或知识点，以便课堂讨论。制作视频需要耗费教师大量的时间和精力，原因是到目前为止，我校还没有这门课的网络学堂，现在上课主要翻转的是上海财经大学的视频公开课，但有些地方还是不太适合我校的研究生，如果不经过老师的剪辑加工，针对性就不强，所以开发适合自己学校学生的网络学堂是非常必要的。

（三）重构教学评价及评估体系

教学评价和学生评估需要变革，加强过程记录和控制，可以借助云班课记录学生平时学习情况、与老师和同学在论坛里的互动情况等，以过程评价为主，以考核学生分析问题、解决问题的能力为主要内容，注重成长性考核指标，形成对学生具有激励作用的考核体系。

（四）提高教师专业素质和应变能力

实行翻转课堂教学，对教师的敬业精神、精力投入、专业知识广度和深度、应变能力等都提出新的挑战。在管理经济学翻转课堂上，学生提出了许多老师从来没有思考过的奇特问题，而这些问题很可能没有标准答案，事实上也不需要给出所谓的标准答案，关键是教师要有能力引导学生围绕这一问题将研讨引向深入，培养学生探索和解决问题的能力。

由于篇幅所限，也由于翻转课堂教学实践才刚刚开始在我校推行，本文研究还比较粗浅，进一步的关于翻转课堂问题设计、课堂控制、考核评价体系构建等问题的研究必将对有效开展翻转课堂教学提供有价值的参考。

**参考文献**

[1] 教育部. 教育信息化十年发展规划（2011—2020年）[EB/OL]. http://www.moe.gov.cn/srcsite/A16/s3342/201203/t20120313_ 133322.html，2012-03-13.

[2] 齐军. 美国"翻转课堂"的兴起、发展、模块设计及对我国的启示[J]. 比较教育研究，2015（1）：21-27.

# 西方经济学流派课程教学思考

■ 王 娜

**【摘 要】** 本文针对北京联合大学管理学院新开设任选课西方经济学流派课程的教学现状,从"教"和"学"两方面入手,对教学中遇到的实际问题,尤其是如何将该门理论课程生动形象地向学生展示,调动学生的积极性进行分析,得出在教学过程中将以教师为主的讲授式教学方法和以学生为主的自学讨论式教学方法结合起来,更易于取得良好的教学效果。

**【关键词】** 西方经济学流派 教学目标 教学任务

西方经济学流派课程是管理学院2017年面向2015级学生新开设的一门专业任选课程,合计32课时,2学分。通过讲述西方经济学的各个流派,尤其是凯恩斯宏观经济学开创之后的各经济学流派的主要观点及代表人物,并进行简要评论,使学生了解现代西方经济学的不同派别以及观点的差异,有助于学生拓宽专业知识面,更好地运用经济学相关理论解决实际问题。

## 一、西方经济学流派的课程特点

当代西方经济学流派是指20世纪30年代凯恩斯经济学产生以来西方国家的经济学流派,它是在系统学习经济学理论的基础上,为本科高年级学生开设的。这门课程针对当代经济现象和经济问题,研究不同派别经济学家的理论观点和政策主张,如果能够在先修经济思想史的基础上学习西方经济学流派,会有助于学生更深刻地理解经济思想史上的各种经济理论、学派和思想的意义和影响,更清楚地了解西方经济学继承和发展的脉络。在系统学习西方经济学的基础上学习西方经济学流派,有助于学生对西方经济学的学习进行扩展和延伸。

对于本校学生尤其是管理学院学生来说，西方经济学流派的先修课程只有微观经济学和宏观经济学，相对于经济学专业的本科生来讲，课程的开设比较简单和单一。国内经济学专业的学生在学习西方经济学流派之前，会先修经济学基础，如中级微观经济学、中级宏观经济学、经济思想史、西方经济学名著选读等，要比管理学院的非经济学专业学生学习的内容更多、更细，在此基础上开设西方经济学流派课程是自然而然的事情。对于管理学院的学生而言，学习此门课程略有困难，因此在教学过程中也遇到不少挑战。

## 二、西方经济学流派课程讲授中遇到的挑战

### （一）课程体系庞杂，备课压力大

西方经济学流派中的"流派"所指的是1929—1933年经济危机之后的西方国家的经济学流派和思潮。由于古典经济学所倡导的"看不见的手"难以解决经济危机所带来的各种问题，使得自由主义经济学一度出现了信任危机。1936年凯恩斯《就业、利息与货币通论》的出版开辟了新的学科——宏观经济学，同时，凯恩斯的国家干预主义也代替古典经济学站上了历史的舞台。特别是在第二次世界大战后，由于对国家干预政策的广泛使用，西方各主要国家的经济发展都经历了约20年的低通货膨胀率和低失业率的繁荣时期，因此，凯恩斯主义在经济学界占据统治地位，其政策主张也成为各国政府的"灵丹妙药"，其他经济学流派都成了非主流学派，特别是一些反对新古典综合派政策主张的学派更是受到排斥。但20世纪70年代"滞胀"的出现又对凯恩斯主义提出了挑战，在这种背景下，其他学派取得了长足的发展，针对滞胀局面，按照各自的理论提出各种政策建议，比较有影响的学派有供给学派、新剑桥学派、货币主义、新制度学派和理性预期学派，这些学派的观点在西方主要国家的经济政策实践中取得了良好的效果。这些学派的理论都有别于传统的西方经济理论，各个学派之间的观点又不是绝对对立的，理论多且杂，学派林立且互相渗透，对于每一个学派来说都有其产生的历史背景、思想史上的历史渊源以及其自身的理论体系和政策观点，因此在备课过程中教师也感到压力倍增，需要在熟悉教材及查阅大量文献的基础上形成自己对本门课的认识，然后才能传授给学生，这无疑是一项挑战。

### （二）学生兴趣不高

除了教师备课方面的挑战外，来自于学生方面的压力也不小。由于管理学院学生先修课程微观经济学和宏观经济学的课时较少，毕竟是非经济学专

业的学生，每门课都只有 48 学时，所学习的内容有限，西方经济学流派又要求学生在深刻学习和理解西方经济理论的基础上再对各流派的理论和观点进行一一梳理，所以两门课的衔接具有一定的困难。在教学过程中，学生兴趣不高，一方面是由于西方经济学流派主要以讲授为主，对各个经济学流派进行介绍，对代表人物的生平、贡献、理论等进行梳理，并对各个流派的政策观点进行分析，最后点评，大多数的课堂时间都以教师为主，学生难免觉得枯燥无味；另一方面，由于学生先修课过程较为简单，西方经济学流派中的一部分本应当属于学生已经了解并熟练掌握的知识，由于先修课程的局限，还需要在本门课程中作为新的知识点进行专门的讲解，如经济增长理论等，这不仅对课程进度有很大的影响，而且增加了课程的难度，作为一门任选课和考查课，学生的畏难情绪加深，上课更加懈怠。

### 三、寻求多样的教学方法

根据以上的分析，在西方经济学流派教与学这两个方面都对教师提出了很大的挑战。在教一方，需要教师提高自身的业务水平，对课程的内容具有了然于心的自信，在准备课程的过程中查找丰富的资料，对课程进行精心的设计。在教学实践过程中，在教学内容方面，没有必要照搬其他学校的西方经济学流派的课程大纲和课程要求，要针对管理学院学生的基本情况，制定有针对性的教学大纲，对一些较难的内容进行精简，具体授课内容可依据学生的实际情况进行灵活调整。对于一些比较重要而没有在先修课程中涉及的知识点，可以在课堂中向学生补充讲授，这不仅可以拓宽学生的知识面，也可以让学生认识到经济学领域的知识很宽泛也很有趣。在教学方法上，还需要教师进行灵活掌握，适当改变理论课以讲授为主，满堂灌的讲法，可以包括启发、设问、问答、讲述、练习和阅读等方式（段兆兵，2009）。讲授式教学法虽然有利于学生形成对该学科完整的知识结构体系，但缺点在于课堂上学生往往忙于记笔记或忙于听讲，思考时间有限，在一定程度上束缚和抑制了学生的创造性思维。因此，在教学中，教师要将传授知识与发挥学生分析思考能力结合在一起。应用在本门课程中，在每个学派的教学中，可以由教师讲授该学派产生的时代背景和原因、当时经济生活中存在的主要问题、该学派的理论和政策主张，特别是其主张在各国经济中的实践情况。这种经济理论与经济政策实践相结合的教学方式使学生增长了知识，开阔了眼界，并使学生的经济学理论体系更为完整。在学生对该流派有了系统的认识之后，可以充分调动学生的主观能动性，展开讨论，可以让学生模拟身处当时的经济状况中，运用所学知识分析该如何解决当时的问题，提出怎样的对策和建议，还可以在学习了几个不同的经济学流派后，让学生讨论不同流派在遇到同一问题时给出的不同政策，在不同历史背景下具有哪些意义，对于当今的中国又有哪些启示；还可以在中国经济改革当中选取案例，让学生用不同经济学流派的观点来提出政策主张等，这样的讨论和问答在调动学生主观能动性方面都起着非常重要的作用。

## 四、总结

根据对西方经济学流派课程性质、课程要求以及在教学实践中遇到的"教"与"学"之间的挑战，并结合本校管理学院学生的实际情况，认为要获得良好的教学效果，教学相长，就必须要求教师一方面提高自身的业务水平，熟悉课程内容；另一方面要了解学生的需求，采用多样的教学方法，提升学生的学习兴趣和主观能动性，在完成教学任务的同时也拓宽了学生的知识面。

## 参考文献

[1] 段兆兵. 在选择中生成——论教学方法的选择与教学过程的生成 [J]. 教育科学，2009（6）：24-28.

[2] 赵莹. 经济学"基地班"西方经济学流派教学方法浅析 [J]. 黑龙江教育学院学报，2011，30（1）：73-75.

[3] 左大培. 当代西方经济学及其主要流派综述 [J]. 经济学动态，1996（12）：56-62.

[4] 马颖. 一本研究型的西方经济学流派教科书——评方福前教授所著《当代西方经济学主要流派》[J]. 经济评论，2006（4）：155-157.

# 基于移动信息化的人力资源
# 管理课程体系改革研究*

■ 杜辉 杨冰 朱晓妹

【摘 要】中央关于教育信息化的战略部署和精神在《国家中长期教育改革和发展规划纲要（2010—2020年）》中得到了充分强调，而《教育信息化十年发展规划（2011—2020年）》也进一步明确了教育信息化的目标和任务。未来将需要高校和老师进一步贯彻中央的精神，将信息技术和教育教学深度融合。

【关键词】信息化 人力资源 课程体系

中央关于教育信息化的战略部署和精神在《国家中长期教育改革和发展规划纲要（2010—2020年）》中得到了充分强调，而《教育信息化十年发展规划（2011—2020年）》也进一步明确了教育信息化的目标和任务，如何通过优化教育资源，普及信息化教学提高学习与教研效果，提高教育资源公共服务平台服务水平，提高教师的信息化意识和能力，这是值得研究的问题。

一、研究背景

目前高校学生教材学习的现状并不乐观，据相关统计，当前大学本科二年级的教材购买率在70%左右，但阅读教材的学生只有10%左右，有30%的学生不买教材，有60%的学生购买了教材但从来不学，最后当废纸卖掉了。另外学生对当前的纸质教材评价为内容枯燥庞杂、版面粗糙；对当前专业课课堂教学的评价为学习单调、没有互动、缺乏教师引导，由此失去了学习的

---

\* 本文是北京市教育科学规划项目（DDB15182）、北京联合大学校级教育规划项目（SK110201606）、北京联合大学校级教改项目（JJ2015Q027）的研究成果。

兴趣。

而心理学研究表明，学习兴趣的高低对学习效果能产生很大影响。学生学习兴趣浓厚，情绪高涨，就会深入地、兴致勃勃地学习相关方面的知识，并且广泛地涉猎与之有关的知识，遇到困难时表现出顽强的钻研精神。否则，他只是流于表面地去掌握所学的知识，遇到困难时往往会丧失信心，不能坚持学习。

随着移动互联时代的到来，移动环境下的教育教学在模式和理念上的深刻变革，以互联网进课堂、大数据进课堂、创新教育进课堂为主要特征的移动信息化课堂模式，将成为学校课程与教学改革的新趋势，习近平主席在致首届国际教育信息化大会的贺信中提到，要"积极推动信息技术与教育融合创新发展"，智能手机和平板与"移动+互动"课堂和课程的高度融合，使得移动信息技术与教学高度整合，通过适合移动互动的沟通平台、师生互动平台、生生互动平台，师生之间可以在移动设备上快速、便捷、简单地开展沟通、分享，不仅增加了学生的学习黏度、学习兴趣和主动性，也通过移动信息化促进了教学方法、手段和模式的创新。

## 二、移动信息化人力资源课程体系改革的目标设计

目前我国专业课的课堂教学依然是以传统的教学模式为主，教师在课堂上传授知识，学习的消化吸收通过课外作业来强化，近年来通过案例教学、翻转课堂有了一些改变，但是学生的主体和中心学习者的地位和作用还没有充分发挥出来。借助移动信息化和教学的深度融合，本研究将围绕人力资源管理课程达到以下目标：

### （一）课程建设目标

根据调研，分析学习者对课堂学习情景化、动态化、形象化等的学习需求，然后对教学内容进行富媒体编排和交互设计，形成丰富的课程资源库、活动库、习题库、实践库，然后面向移动终端进行全新设计呈现（兼容PC），为学生提供丰富的、可扩展的、精致化的、学习进度可跟踪的全新高品质学习体验，帮助教师实施翻转课堂教学、JITT（即时反馈适应性）教学，促进学生课前的深度自主学习、课中的交互参与学习、课后的实践总结学习，提升学生的自主学习兴趣和学习效率，提高教师的信息化教学能力和学生信息化素养。

### （二）平台建设目标

在运用移动互联思维重新构架人力资源管理课程的生态系统，打造移动信息化教学条件下，融合人力资源管理的课程大纲、资源库、活动库、习题库、实践库、云教材等的课程体系。

构建支持微课教学、翻转课堂教学和 JITT 教学的全移动教学互动平台。通过充分发挥云平台的资源共享，即时反馈互动达到充分的"教—学"互动，改善和提高师生沟通效率。如老师课前通过课程平台推送课前学习资源给学生，创建一个问卷、讨论、头脑风暴，学生就指定课前学习内容提交反馈，教师再据此调整课堂面对面的教学活动，使课堂内容更切合学生的学习需求。通过这样移动的"教—学"互动平台，充分发挥教师作为课程活动的设计者和学生学习的指导者的角色，学生则通过参与教师组织的讨论、辩论、实验等活动，提高学习兴趣和学习效率。

## 三、移动信息化的人力资源课程体系改革方案设计

本文提出的移动信息化的人力资源课程体系改革主要体现在三个方面。

### （一）课堂教学内容改革

即移动信息化和教学深度融合的人力资源管理课程的课堂教学内容改革，充分运用移动信息化技术，紧密结合项目组前期的教学资源和案例资源，深入挖掘教学和案例素材，借助图片、视频、声音、动画等多元呈现方式，将过去平面化、文字化、静态化的教学内容转变为立体化、情景化、动态化的云教材，利用移动信息化的互动功能，在"教—学"的互动中，组织教学内容，促进学科知识的学习。

### （二）课堂教学模式改革

即移动信息化和教学深度融合的人力资源管理课程的课堂教学模式改革。根据上述的教学内容，本项目将充分深入地调研在移动信息化环境下，学生所喜欢的学习方式和沟通方式，借助"行动—分析—行动"模型，让学生在课下深度自主学习，课上充分利用多元呈现的知识点和案例实现互动、分享、讨论、测试和评价，以移动信息化加快构建以学习者为中心的教学和学习方式，锻炼学生看待问题、分析问题和解决问题的创新思维、创新意识和创新能力，激发学生的学习主动性和学习兴趣，实现师生之间的移动"教—学"互动，帮助老师在原来单调的以案例教学为主要手段的人力资源管理课程基础上更好地实现翻转课堂和 JITT 教学。

## （三）课堂教学设计改革

即移动信息化和教学深度融合的人力资源管理课程的课堂教学设计改革。以往传统的教学活动主要是课堂测试、角色扮演、小组讨论、案例汇报等，而在移动信息化和教学的深度融合下，利用移动学习平台的播放功能，如文字、声音、图片、flash，老师将更多地组织多媒体学习、课堂信息反馈等，安排"教—学"互动，学生则可以通过学习资源查询、即时发起讨论、测试、答题过级等活动，在"学生—学生"间交换信息，互通学习资源，交流学习经验，共享学习心得等，增强交互学习。

## 四、移动信息化的人力资源课程体系改革特色

移动信息化的人力资源课程体系改革将通过信息化工具和手段，在教学方案、课程内容和教学活动设计时突出人力资源课程的情景化、趣味化、交互化和游戏化。

情景化主要表现为：借助图片、音频、视频、动画、3D 等教学资源和工具，通过情景化的案例设计和知识点引入及延伸，引发学生的兴趣，激发学生发挥自己的想象力，深入分析、思考、挖掘案例价值和知识的外延，使学生举一反三，提高学生的创新能力。

趣味化表现为：通过气泡标注、图形互动、即时发起讨论等教学互动游戏和活动，实现"玩中学"，增加学生的学习兴趣和参与感。

交互化表现为：通过学习知识点之后的练习和测试，巩固学习效果，同时给予及时的反馈总结；通过互联网、字典等工具拓展学习，共享资源、互相启发；通过课程知识库的动画、视频、音频等资源信息，充分理解难以理解的知识点，加强讨论；通过师生、生生对疑难问题的讨论、沟通等交互设计，激发学生的参与感，提高学习效率。

游戏化表现为：在单元练习、自我测试等环节中设计答题过级等环节，在教学过程中设计更多学生参与的比赛环节，以增强学生在学习、练习过程中的游戏乐趣，吸引学生不断投入、不断练习、不断提高。

# 电子商务专业电子商务法课程教学改革探讨

■ 常金平

【摘 要】本文针对电子商务专业电子商务法课程教学的特点，分析了在电子商务法教学中存在的一些常见问题，探讨了电子商务法课程教学的改革思路，给出了改进措施并进行了相应的教学实践。

【关键词】电子商务法 课程教学 改革探讨

随着信息网络的日益完善，对商务专业人才提出了更高的要求，如何进行电子商务专业课程建设体系，提高每门专业课程的授课效果，是摆在每位专业教师面前的一个重要课题。笔者作为一名教授电子商务法课程的教师，从课程学习中存在的问题入手，对电子商务法课程教学改革进行了一些思考和探索。

## 一、电子商务法课程教学中存在的问题

### （一）现行教学模式不利于培养学生的创新求知精神

通过对学生的座谈和调研发现，在课堂教学中，认真听课的学生所占比例偏低，分析其原因在于学生普遍认为，课程教学过程中，教师对课程的背景以及前后课程的联系没有讲清楚，学生不能明确学习的目的和动机，直接影响了学习的积极性。以教师为主体、学生为客体的师生关系，使课堂教学异化为教师表演的舞台，课堂教学枯燥无味。教师在台上海阔天空地宣讲，学生埋头记笔记忙个不停，与中学"填鸭式"教学并无大异。忽视对学生的应用和创新等能力的培养，从而异化成命令式教学，导致学生因对教师的过度依赖而怠于独立思考和探索，质疑意识和知识的再生能力严重匮乏。即使是在案例教学的过程中，老师也显得过于主动，从介绍案情、提出问题到展

开分析、得出结论,整个过程均由教师主导和把握,真正让学生讨论和思考的内容并不多。缺乏学习策略的教学,教师的教和学生的学不能产生共鸣,不能有机地融为一体,不能相互促进,缺乏良性互动与沟通,教学效果难以保障。如何把学生的兴趣和教师教的激情有机结合,培养学生的创新意识和能力,成为课程教学面临的首要问题。

（二）现行教学评价机制不利于培养学生的团队协作精神

重结果轻过程的现行课程评价体系,使电子商务法的教学过分强调"传授知识",而忽视能力培养。只重视学生能否最终通过考试这一结果,却忽视了如何让学生获得一种新知识的方法训练。以一次考试结果作为最终考核成绩的评价机制,忽视了教学中对学生的过程性评价,以及应用、思维和创新等能力的评价,导致大学生轻视课堂教学的过程性,怠于与他人合作,缺乏团队意识和创新精神。电子商务法课程课堂教学模式的缺陷在一定程度上阻碍了教学质量的提高和创新型人才的培养。随着电子商务行业的发展,电子商务过程中出现的法律问题也不断增多,电子商务法正面临着深化和细化问题,而电子商务法课程的课堂教学是电子商务法深化的核心和关键。唯有建立和完善符合电子商务专业的电子商务法课程课堂教学模式,才能培养出适应电子商务发展需要的创新型人才。

（三）现行教学内容不利于知识的更新与同步

随着社会实践的不断发展变化,电子商务法律体系也正在不断完善,电子商务法课程课堂教学内容时代特征明显、知识更新快,导致课堂上使用的电子商务法教材不能跟随法律制定和修改的步伐。现行的以教材为中心的教学内容必然会造成知识的陈旧和滞后。课程内容虽然是以学科内容为基础的,但由于知识的关联性和学科间的交叉重合,课程内容也往往与学科内容并不完全一致。就电子商务法课程而言,笔者认为在目前我国网络法治建设不完善的情况下,电子商务法课程的内容应当比电子商务法学的内容稍广一些,除了要对电子商务和电子商务法的基本知识进行介绍外,还要对相关法律制度进行介绍。因为数据电讯制度要与书面制度在法律体系中占有同等地位,仅通过某方面法律的修改是不行的,必须对传统法律各部门全面进行"网络化"改造,才能形成真正的数据电讯法律制度的体系化结构。所以电子商务法课程中用一定的课时来介绍维护电子商务运营环境的法律制度是完全必要的。此外,还要增加一些有代表性的案例,启发学生的思考,真正领会电子商务法的内涵和外延。

## 二、电子商务法课程教学的改革思路

针对电子商务课程教学中存在的突出问题,结合本专业学生特点,对电子商务法课程改革进行了一系列的思考,主要包括课程改革的目标、课程改革的途径和课程改革的方案。

### (一) 电子商务法课程改革的目标是培养学生的创新能力

电子商务法课程教学改革应以培养学生的创新能力为根本目标和宗旨。培养创新精神和能力是一个循序渐进的过程。问题意识是学生思维的动力、创新精神的基石。近代英国科学哲学家 K. R. 波普尔说:"科学只能从问题开始","科学知识的增长永远始于问题,终于问题——越来越深化的问题、越来越能触发新问题的问题"。法学课程课堂教学应积极实行启发式和讨论式教学,课堂教学不仅要教授专业知识,更要教授学习方法,激发学生的创新意识,培养学生的创造人格和创造能力。

### (二) 电子商务法改革的途径是建立平等的师生关系

平等的师生关系是课堂教学中进行有效互动、激发学生学习兴趣和创新意识的基础。在课堂教学过程中,教师和学生都具有独立的人格,只是各自发挥作用的方式不同。教师不仅是学生学习的指导者和督促者,同时也是学生学习的参与者,与学生是同一学习共同体,共同学习探索,在此基础上进行教与学的合作,实现教学相长。在平等的新型师生关系基础上,强调师生关系的合作性。教师的教学重点不再是如何教知识,而是如何让学生学会学习,让学生通过对问题的质疑、研究和探索,自己寻找解决问题的方法,使学生由被动地学到主动地发现问题、探索问题和解决问题,真正实现教师与学生间人格的平等和知识的互动,以激发学生的学习兴趣和学习潜能,从而提高学习效率。

### (三) 电子商务法改革的方案是构建立体式课堂教学模式

不管现在的教学手段多么丰富,课堂教学仍然是教学中最重要、最关键的环节。构建创新型立体课堂教学模式要做到以下几个方面。一是采取问题导向式授课方式,并且将提出问题的主体从老师转为学生,通过让学生提出问题的方式来扭转老师主动、学生被动的局面,以解决教与学之间脱节的矛盾。二是改革传统的课堂教学格局,打破课堂教学教室化的旧模式,结合课程内容,利用一切可以利用的社会资源,有条件地将课堂从校内转移到校外,让学生零距离接触社会现实,学习如何运用专业知识在实际工作中解决实际问题。三是改革校内教师主讲的单一形式，引进法律界人士参与课堂教学，结合课程内容，采用请进来的方式，引进法律界尤其是司法实践领域的专业人士，对司法实践中的相关法律问题和专业知识进行介绍，分析典型案件，让学生了解相关法律在适用过程中遇到的实际情况、存在的障碍以及当前处理的方法、有待深入研究的问题等，帮助学生深入理解相关的法律知识，进一步激发学生研究这些问题的热情，并为新的探究指明方向。四是改变学生被动听课的旧模式，开设学生讲堂，让学生成为课堂的主体，鼓励学生通过组建团队，研究与课程相关的感兴趣的课题，并有机会在课堂上与大家分享，激发学生的创造潜能，提高学生的创新能力，催生"独立之精神、自由之思想"。

### 三、电子商务法课程课堂教学改革的具体措施建议

根据改革的基本思路，对电子商务法课程课堂教学可以分为内容准备、课堂实施以及教学评价三个关键步骤，并且将每个具体的实施步骤贯穿于教学前、教学中和教学后三个阶段，确保其连续性和一致性。

#### （一）明确课程内容是前提

针对电子商务法课程内容更新快、典型案例具有时效性的特点，授课教师应根据开课的时机和法律的现实适用情况，用批判性的思维对教材做恰当的处理，按照去伪存真的思路对教材进行合理剪裁，剔除过时内容，补充新鲜的案例，实现从"教教材"到"用教材教"的转变。在课堂教学展开之前，教师引导学生结合将要学习的专业知识去发现问题，提出问题。并根据学生发现和提出的问题，师生对教学内容进行再次梳理调整，选取有代表性的内容作为学习和研讨重点。在充分挖掘问题的基础上，学生自愿选择组成学习团队，团队一般3~5人，并推选召集人1名。召集人负责组织团队成员进行讨论并议定研究的问题、研究的现状和研究的价值和意义，并将此内容制作成课件以团队形式向全班同学公开演示和讲解。每个学习团队演讲完毕，由其他学生提出对应的质疑，学习团队当场答辩。教师以观察者身份听取学习团队的演讲并提出质疑。各学习团队根据老师和同学的质疑和评价，修改本组的研究问题后将其作为本研究团队本课程学习的重要研究课题。

#### （二）做好课堂互动是关键

坚持课堂互动是立体式教学模式的核心所在。这种互动既包括教师与学生之间的互动，也包括学生与学生之间的互动。做好课堂互动关键是学生之

间的互动。学生之间的互动渗透到课堂教学的每个环节，从问题的发现和提出，到问题的筛选、讨论、分析、解决和评价的整个过程，均在互动中进行。由于电子商务法课程课堂教学模式改革中的所有行为均要通过学习团队完成，成员之间的合作程度对教学效果起着决定性作用。在教学实践中，要把学习团队视作一个整体，要求每个成员必须参加问题提出、讨论、演示、答辩、讲堂、评价等教学全过程，团队成员的任务既有分工又有协作，对内是独立的个体，成员之间可以相互争论，提出各自的观点；对外是一个不可分割的整体，成员之间争论后要形成一个共同的论点，向全班展示，并共同应对其他团队成员的质疑。根据各方的意见和实践的启示学习团队分工合作精神，最终整合成一篇完整的论文。师生之间的互动也是影响教学改革效果的重要一环，以学生为主体，以问题为核心，通过学生组织学习团队发现和提出问题，教师以指导者和观察者的身份和学生共同筛选问题、讨论问题、分析问题、解决问题，并对整个教学过程进行引导和跟踪点评，激励学生去"疑"去"问"，让学生在找寻和发现问题中达到深入实践思考的目的，提高学生质疑问难的能力，培养学生的自主学习能力、创新能力和团队合作能力。改变传统的教学内容，以问题为核心开展课堂教学，围绕现实问题设计调整和充实原有的教学内容。例如，在电子商务法律课中，教师先对司法实践和社会现实情况进行简要介绍，引导学生查阅相关资料。学生结合该课程的教学体系选择在线交易中用户个人隐私的保护、消费者知情权的保护、电子商务格式条款法律效力、电子商务中的物流纠纷、域名纠纷、网络作品著作权保护、网上购物诚信问题、电子商务欺诈行为、电子商务犯罪等问题作为探讨对象，这大大提高了授课和讨论的针对性和有效性。

（三）优化教学评价是保证

设计科学合理的教学评价体系是课堂教学改革顺利进行的有力保证。首先要注重整体评价，设计教学效果的评价机制时，为了培养学生的合作精神，注重对学习团队的整体评价，对学生个人的评价也仅是将其视为整体中的个体进行的。其次，注重过程性评价和发展性评价，对于教学效果的评价不再局限于结果的一次性评价，而是根据课堂教学活动的展开分阶段对全过程进行多次评价，在提出问题、讨论和分析问题、学生讲堂、实践调研和问题解决的总结展示等各个阶段，对团队及其成员的表现做出具体评价。评价不仅分等次，更重要的是每个评价均有相应的评语，指出其优点和不足之处，以推动学生的进一步发展。再次，注重多主体评价。由学生和教师共同担任评价主体，通过学生自评、同学互评和教师综合评价等多维度的评价方式，综合考察学生的自主学习能力、团队合作能力、创新能力和语言表达能力等。最后，注重考核方式多样化。考核的方式以能力为导向，包括资料的收集和整理、讨论发言、课件制作和演讲、校外参与实践的表现、问卷调查、学术小论文等。学生在考核中，只要言之有理有据，并有自己的思考，就可以获得较好的评价。这种考核方式必然引起学生学习方式的改变，从而促进学生自主学习能力、思维能力和综合能力的提高。

## 四、结束语

课程是专业建设的重要组成部分，没有良好的课程作为专业支撑，专业建设将成为无源之水，课堂教学更是学生获取知识和提升能力的不可替代的重要手段。为了全面提高电子商务法课程的教学质量，深化该课程教学模式的改革，在教学改革实践中，根据在教学中的使用效果，对课堂教学和实践教学进行不断改进和完善，不断提高本课程教学的实效。针对电子商务法课程自身的专业特性，必须改变只重视理论教学、按部就班的传统观念；注重教学内容的更新和充实，注重课堂教学的互动效应，注重建立较为科学的评价体系，旨在提高学生的创新意识和合作意识，培养其实践能力和沟通能力，并在实际教学中加以应用，保证取得良好的效果。

## 参考文献

[1] 于清江. 关于电子商务专业课程建设的研究［J］. 新教育时代电子杂志（学生版），2015（10）.

[2] 沈月娣. 高校法学课程课堂教学模式改革研究——以电子商务法律课程为例［J］. 湖州师范学院学报，2014（6）：39-44.

[3] 周元成. 论MLDOE电子商务法课程资源建设［J］. 电子商务，2010（6）：80-81.

# 高校开设伦理诚信课程的思考

■ 俞 娜

**【摘 要】** 本文分析当前国内外高校伦理诚信教育的情况，提出高校进行伦理和诚信课程教育的必要性，可以硬性规定教学学时，采取多种方法和形式，充分利用多媒体网络教学，调整教学方式方法解决问题。

**【关键词】** 伦理 诚信 方法

## 一、伦理与诚信

所谓伦理，是指人与人相处的各种道德准则。根据《现代汉语词典》的解释，伦理在中国古代原指音乐的条理，后用来比喻封建社会父子、君臣、夫妇、长幼、朋友各类等级尊卑关系及其相应的道德规范。"伦理"与"道德"一词有时通用，如"伦理关系"即"道德关系"。

伦理学也称"道德哲学""道德科学"，是关于道德的起源、发展、人的行为准则和人与人之间义务的学说，是研究道德现象、揭示道德本质及其发展规律的科学。19世纪末，中国的一些启蒙思想家把英文 ethics 译作伦理学，成为这一学科的名称。在中国古代，曾产生儒家、墨家、道家、法家等各派伦理学说。在西方，则有快乐主义、禁欲主义、功利主义、利己主义等伦理学说。与法律不同，伦理学是一门规范性的研究，而不是一门描述性的科学。道德乃社会意识形态之一，是人们共同生活及其行为的准则和规范，道德通过社会或一定阶段的舆论对社会生活起约束作用。

商业伦理是一门关于商业与伦理学的交叉学科，是商业与社会关系的基础。研究商业伦理的目的在于，在商业领域中建立经济与正义、人道相一致的一种理想秩序。现代商业伦理最初是在美国及西欧兴起并发展起来的，是社会道德在商业领域的具体化或个别化,是商业系统职业伦理规范的总和,是商业行业的道德心理、道德品质、道德习惯、道德传统代代相传的历史积淀。

诚信以真诚之心,行信义之事,也是一种伦理规范和道德标准。职业道德是人们在进行职业活动过程中,一切符合职业要求的心理意识、行为准则和行为规范的总和。它是一种内在的、非强制性的约束机制。

## 二、国外伦理及诚信教育

美国多数商学院都会开设职业道德和伦理教育的课程,美国国际商学院联合会(AACSB)要求其成员在课程中加入伦理教育课程。同时美国大部分会计类教材中都会穿插伦理教育的内容,如欧文出版公司1989年出版的《财务会计》和1994年的《基本会计原理》都对伦理问题给予了高度重视,并在序言中指出,伦理是最基本的会计原理。卡尔·沃伦的《会计学》一书中,每章都会有一个叫"伦理在行动"的内容,从虚报收入、办公用品的领用、信用卡诈骗、巴菲特的名言等来警示和提醒学生伦理和道德的重要性。《财务管理》一书中每章都会有一个实际的伦理案例。有调查表明,参加"伦理与职业作风"课程的学生在伦理发展水平上有显著的提高。

在西方,崇尚伦理道德是一种趋势。早在18世纪,经济学鼻祖亚当·斯密在1759年出版的《道德情操论》一书被称为经济良性运行不可或缺的"圣经",指出企业家要有"道德的血液"。20世纪60年代以后,企业伦理问题也是经济学和管理学研究的热点问题之一。并且西方非常注重管理伦理的可操作性,《财富》杂志评选的500强企业中90%以上有专门的伦理守则,60%以上设置了专门的伦理机构,20%设有伦理主管。

尽管西方重视伦理教育,崇尚伦理道德,世界上最早的会计职业道德制度也起源于美国,然而以安然、世通为代表的会计丑闻以及2008年全球金融危机的爆发仍然发人深思,表明职业道德缺失的现象在世界范围内仍然普遍存在。

## 三、我国高校的伦理诚信教育

目前,部分小学生已经开始找人代写作业,部分大学生的诚信问题也令人担忧,每年的国家级考试总是能爆出一些常人无法想象的问题……那么问题出在哪里?物质生活水平日益提高,似乎道德水准却在背道而驰。

目前我国伦理及诚信道德课程开设仍然不多，尽管商学院部分开设了伦理课程，总的来看大学阶段的伦理诚信教育显然缺失。仅以会计学专业的学生为例。一般认为会计学专业是最应该注重伦理和职业道德教育的，然而会计教育功利化现象日益突出，注重技能培养的趋势也越来越明显。会计从业资格考试中涉及一部分职业道德的内容，但其他课程中却很少涉及，并且显然流于书本和应付考试。在会计人员从业实践中的很多伦理问题显然不能通过考试培训教育而解决。另外，此类课程的教学方式方法有待改进和提高。

**四、如何进行伦理诚信教育**

我国杰出的教育家和会计学家潘序伦先生认为，"信以立志，信以守身，信以处世，信以待人，毋忘立信，当必有成"。巴菲特认为成功的三要素是"智力、能力和正直"，并且他认为在三者之中，正直最重要，如果缺乏正直，那么另外两个要素可能会带你走上灭亡之路。

伦理诚信教育的必要性已经毋庸置疑。通过下述措施开展伦理诚信教育可以取得较好的效果。

**（一）教学计划中突出伦理教育的重要性**

有学者做了以多名商科学生及研究生为对象的量表测试，探讨道德教育与道德提升的关系，结果显示，道德课程教育对学生道德观念的提高有正面的帮助。大学时期也正是学生世界观和人生观的养成时期，在这一时期把相关教育融入各门专业课及讲座之中，有助于学生今后的发展。高校对大学生进行有效的伦理和道德教育是职业道德培养的基础性环节。

可以在高校教学计划中对伦理诚信教育的学分提出明确要求。如果缺乏硬性的规定和要求则很难开展此类教育。学分学时可以有明确要求，但是具体的形式可以灵活多样，但不宜在一个学期通过一两门课就完成学分和学时。更适宜把伦理和诚信教育分散在多门课程当中开展案例讨论分析。同时引进来、走出去，把校外资源引进学校；让学生走出校门，在实际社会大课堂中体验伦理诚信。

**（二）注意方式方法的改进**

只要谈到伦理、诚信、职业道德教育，似乎给人的第一感觉就是此类课程的枯燥和说教。所以教学形式可以灵活多样，可以充分利用多媒体技术网络资源丰富课堂教学。但是又不能过度沉浸在课件和计算机当中，要回归教学的本质，要充分结合当前阶段学生的特点开展教学。

现实社会是复杂的，学校教育是传授给学生判断方法，通过对各种真实的案例甚至是无解的问题的讨论，提升判断力，探索在道德困境中如何找到更好的解决方案，也让学生做好准备去面对更为复杂的世界。

在开展伦理诚信教育时，避免在课堂上生搬硬套满堂灌，通过鲜活的正反案例引导学生，让学生在课堂上充分体验各种行为及后果。利用正面案例引导鼓励学生，用反面案例为学生敲响警钟。

学生的在校时间毕竟非常短暂，在工作中会遇到更加复杂的各种问题和难题，此时应该注意发挥各种协会以及行业组织的作用，使他们在平时遇到相关困境时可以找到解决途径。在美国注册会计师协会和国际会计师联合会的官方网站上，均设有职业道德专栏，并且提供了准则制定的过程以及各类征求意见稿、职业道德委员会的工作计划、准则的执行情况等内容。还提供了伦理求助热线，用以帮助会计师处理伦理困境问题。

伦理和诚信教育不仅有较强的理论性，也有很强的实践性，并非简单的说教就能够解决问题，问题也不是非黑即白。因其重要性和难度，故需一步一个脚印来开展教学。

## 参考文献

[1] 张俊民. 商务伦理与会计职业道德 [M]. 上海：复旦大学出版社，2008.

[2] 加里·约翰·普雷维茨，巴巴拉·达比斯·莫里诺. 美国会计史——会计的文化意义 [M]. 杜兴强，等译. 北京：中国人民大学出版社，2006.

[3] 鲍芬. 经管类专业开设商业伦理课程的思考 [J]. 天津商务职业学院学报，2016（1）：82-88.

[4] 陈胜军，江希和，柏檀，等. 大学会计学专业"会计职业道德"教育有效性分析 [J]. 财政研究，2013（5）：79-80.

[5] 宋宜珈. 国外高校会计职业道德教育对我国的启示 [J]. 商业经济，2013（15）：121-123.

[6] 李志斌. 国外会计伦理教育：现状与启示 [J]. 会计与经济研究，2013，27（3）：51-56.

# 经管类高校学生创新创业实践教学体系构建的初步思考*

■ 王 耀

**【摘 要】** 创新创业教育是以培养创新精神和创业意识，提高创新、创业知识和能力以及加强对创新、创业实践活动指导等为主要内容，系统的、全面的教育。本文针对经管类高校大学生在创新创业教育能力培养中存在的问题，简单地提出了构建经管类高校学生创新创业实践教学体系的思考，形成了理论认知→专项素质形成→综合能力模拟→实际运营操作的层层递进的实践教学链条这一设想。

**【关键词】** 创新创业教育　实践教学　体系建设

近年来，创新创业教育作为一种新兴的教育理念和人才培养模式，正逐步走进我国各高校的课堂。

其实早在党的第十五次全国代表大会中提出的《面向21世纪教育振兴行动计划》中，就已经指出落实科教兴国战略，全面推进教育的改革和发展，提高全民族的素质和创新能力的教育发展方向了。党的十八大报告中强调，转变观念，鼓励创业，加大创新创业人才培养支持力度。2015年3月5日，李克强总理在2015年《政府工作报告》中强调，打造大众创业、万众创新和增加公共产品、公共服务成为推动中国经济发展调速不减势、量增质更优，实现中国经济提质增效升级的"双引擎"。2015年国务院办公厅连续发布国务院办公厅《关于发展众创空间，推进大众创新创业的指导意见》和《关于深化高等学校创新创业教育改革的实施意见》，进一步明确了高校作为青年创

---

* 本文为北京联合大学教育教学研究与改革项目"大学生创新创业教育资源共建共享平台的构建研究"（项目号：JJ2016Y022）的阶段性成果。

新创业人才培养摇篮的责任担当,深化高等学校创新创业教育改革,是国家实施创新驱动发展战略、促进经济发展提质增效升级的迫切需要,是推进高等教育综合改革、促进高校毕业生更高质量创业就业的重要举措。

由此可见,作为最具创业活力和潜力的大学生群体,如何培养其创新创业能力,是摆在当前学校特色发展面前最重要、最紧迫的课题。

## 一、创新创业教育的内涵

到底什么是创新创业教育呢?其实对于创业教育的理解也有狭义和广义之分。

狭义上理解创业教育就是"创办新的企业",从这个理解出发,有一些高校创办了大学生创业园、科技孵化园等创业场所,纷纷从政策、资金、场地等各方面对创业的学生进行扶持,但由于目前高校缺少完善的资助体系,注定大部分学生只能是创业教育的观众,因此这种创业教育的受众面很窄,而且在实践中,这种形式的大学生创业,无法体现"创新"这一重要的概念。

广义上理解创业教育就是"开创新的事业",因此有些高校为学生开设了创业技能、创业大赛、创业风险投资家论坛等创业课程,注重培养学生的创业意识和创业技能。在实际中,这种创新创业教育却只局限于纸上谈兵、黑板上创业,既缺少实训教学体系、全方位创业能力的实践,也很难激发学生积极参与。

创新创业教育应该是一种专业教育理念的革新,专业教育文化价值观的重塑,是专业教育的高级阶段,是以培养受教育者的创新精神、创业意识与创造能力为核心,并以塑造受教育者创业者的宏观意识、卓越的敬业态度和独立工作能力为教育指向,以探索性学习、个性化学习、学以致用的实践培训为载体,使其更具体化、更明确化,更具有操作性。

其核心是在创造性思想的指导下,发挥个人的潜能,开拓性地学习,培养在社会中的生存能力、发展能力以及推动社会进步而工作的综合素质。因此,专业知识和技能的培养仍是高等教育的主体内容,改变的只是教育的理念、传授的方法、教育的形式和受众面。

## 二、创新创业教育的特点

创新创业教育的第一个特点是具有创新性。创新是一个民族进步的灵魂,是一个国家兴旺发达的不竭动力。一个国家要走向富强,需要大批具有开拓创新精神的高素质人才。作为一种大众教育，创新创业教育的创新性重点体现在教育模式的创新、教师教学方式的创新和学生学习方式的创新，培养出来的学生应具备独创性、开拓性、发散性思维和批判性思维。

创新创业教育的第二个特点是具有实践性。创业是一项艰苦的创造性活动，要获得创业的成功，创业者必须具有很强的实践能力。实践性体现在教学活动与现实生活具有密切的联系，注重培养学生的动手能力、交际能力、分析能力、心理承受能力等综合能力。同时，教师也要积极参与到创业的实践中去，不断增加自己的创业经验，这对创新创业教育的顺利开展非常关键。

创新创业教育的第三个特点是具有主体性。创新创业教育的主体是学生，学校培养学生的目的就是让学生成为适应社会发展的人才。学校要尊重学生的人格，鼓励他们发扬自己的个性，贯彻以人为本的教学理念。创新创业教育注重完善学生的人格，包括稳定的心理素质和高尚的道德品质。在教学中，就要做到以学生为学习的主体，教师则是学习的引导者。

创新创业教育的第四个特点是具有互动性。创新创业教育强调教师与学生之间的沟通、理解以及学生之间的协作、交流。创新创业教育应在一个多方位的人际互动的环境中，由教师启发和引导学生的创业思维；学生与伙伴之间的关系则相对平等。

## 三、经管类高校学生创新创业教育能力培养存在的问题

### （一）创新创业意识不足，缺乏创新创业的学科特色

这其实是中国高校学生目前普遍存在的问题，但对于经管类专业的学生而言，缺乏创新创业的学科特色，会让问题变得更为严重。因此深化创新创业教育改革，要以"学生的创新创业意识启蒙、创新创业思维训练、创新创业精神养成、创新创业能力培养"为主线，着力完善创新创业人才培养质量标准，健全创新创业人才培养课程体系，更新教学理念、模式和方法，深化创新创业教育，加大对学生参与创新创业活动的指导、支持和保障。

### （二）实践教学投入不足，缺乏创新创业的实践氛围

大学生创新创业，重在创新创业实践氛围的营造。自从1999年我国高校扩招以来，高校在校人数急剧增长，教育经费紧张，实践教学经费的投入严重不足，特别是经管类学生实践教学活动经费的投入就显得更少，学生缺乏去企业、实习基地实习的机会，实践教学活动的开展大多围绕校园进行，并且一些实践教学活动的参与者往往是少数大学生，缺乏创新创业的实践氛围，

使得经管类学生在创新创业能力培养方面的实际效果不理想。

### （三）创新创业师资匮乏，缺乏创新创业实战师资队伍

大部分高校教师缺乏创业经验，在一定程度上难以肩负起对学生进行创新创业教育的职责。尽管学校在教学计划中安排专职老师担任创新创业能力培养课程的传授者，也难以弥补创新创业师资匮乏的不足。即便少数课程培养了学生的创新创业素质，但还是缺乏实战型师资队伍来为学生在创新创业实践方面提供宝贵经验，使学生在创新创业思维和新观念方面有更为深刻的认识。

### （四）创新创业教育课程体系尚未建立

由于对创新创业教育的认识不到位，经管类高校对创新创业教育课程的设置不合理、不完善、不科学的现象还很普遍。形式单一、不能调动学生参与的积极性和主动性，不能带给学生有用的创新创业教育理念，科学系统的创新创业教育课程体系尚未真正建立。

## 四、构建经管类高校创新创业教育的实践教学体系

实践教学是高校教学计划体系的重要组成部分，是培养创新创业人才的重要途径。基于创新创业教育的理念，本着理论和实际相结合的原则，注重知识、能力、素质协调发展和共同提高，经管类高校应该构建"四阶段、四层次"的创新创业实践教学体系。

四阶段：即创新创业认知实验阶段、创业素质实训阶段、创业实践模拟阶段和自主创业实战阶段。这四个阶段可分别在大一、大二、大三、大四实施。

四层次：即创新创业知识认知层次、创新创业素质养成层次、创新创业模拟实习层次和创新创业实践操作层次。创新创业知识认知层次将采取课程实验的形式展开，主要通过开设创业素质测试、职业生涯规划等实验项目对学生创新创业天赋予以评测并培养学生的创新创业意识和精神；创新创业素质养成层次采取素质实训的方式，通过开设不同类型的素质拓展训练项目展开素质养成实训；创新创业模拟实习层次则借助于创业实训软件。进行创业全程的仿真模拟，在虚拟环境中开展创业各阶段工作的模拟运作，通过团队合作，使学生掌握创业的基本技能。创新创业实践操作层次是创新创业实践教学的最高层次，学生将通过注册公司，开展实际生产管理运作等系列活动，真实运作企业，全面实现创业的实际运营。

基于四位一体理念的"四阶段、四层次"创新创业实践教学体系从创业教育的基本规律出发，形成了理论认知→专项素质形成→综合能力模拟→实际运营操作的层层递进的实践教学链条，环环相扣，层层递进，缺一不可，充分体现了创新创业实践教学体系教学目标的要求和能力培养的诉求。

在实际学习中，高校应注重将创新创业的知识和能力的教育与社会实践活动结合起来，利用岗位技能竞赛、学科竞赛、科研活动、实验室开放、实习实践基地建设、校企合作共建实践基地、产学研结合、建立网上模拟实验室、模拟创新创业训练项目、建立创业孵化基地等多个方式和手段加强大学生创新意识和创新思维的培养。让学生在实践中锻炼，提升发现问题、解决问题的能力。

通过这些实践活动，可以让大学生在做中学到创业精神、创业方法、创业过程和创业规律，培养大学生创新创业意识，启发大学生创新创业思路，拓宽其创业视野，培养大学生的洞察力、决策力、组织协调能力、市场应变能力和创业技能以及引导学生认知行业环境，了解创业机遇，掌控创业风险，掌握商业模式开发的过程、设计策略及技巧等。

## 五、结束语

虽然创新创业教育的理念越来越受到高校的重视，但要建立科学系统的创新创业教育实践教学体系却并不是一蹴而就的。各个高校要根据自己学生的自身情况、本校的经济承受能力，从实际出发，实事求是，真正发挥学生的学习主体作用，切实开展好创新创业教育。

## 参考文献

[1] 周建华，赵义涛. 创新创业教育实践教学体系的研究与实践 [J]. 北华大学学报，2012（3）：104-106.

[2] 康秋林. 大学生创业项目选择的策略 [J]. 当代经济，2015（3）：100-101.

[3] 郑晓燕，李玉霞. 基于层次分析法的经管类专业大学生创新创业能力综合评价分析 [J]. 创新与创业教育，2014（4）：73-75.

[4] 申鹏. 基于就业能力视角的经济管理类大学生创新创业能力培养探讨 [J]. 教育文化论坛，2015（3）：41-46.

# 第三部分
# 教学模式改革

# 京津冀协同发展背景下双型大学专业设置的思考

■ 李锡玲　胡艳君　孙德红

**【摘　要】** 2015年《京津冀协同发展规划纲要》发布，将北京定位为"全国政治中心、文化中心、国际交往中心、科技创新中心"；天津市为"全国先进制造研发基地、北方国际航运核心区、金融创新运营示范区、改革开放先行区"；河北省为"全国现代商贸物流重要基地、产业转型升级试验区、新型城镇化与城乡统筹示范区、京津冀生态环境支撑区"。以大众化教育为主的地方综合性大学培养所需人才责无旁贷。

本文立足于北京，结合京津冀区域协同发展背景下的结构特征，探讨双型大学为区域经济社会培养所需人才在专业设置方面的几点思考。

**【关键词】** 城市型　应用型　京津冀协同发展　大学　人才需求

## 一、城市型、应用型大学的界定

城市型大学是由成都大学在2005年首次提出的。时隔十年，2015年教育部、国家发改委、财政部联合出台《关于引导部分地方普通本科高校向应用型转变的指导意见》，北京联合大学创新性地提出了"城市型、应用型"的理念。这一理念是对学校办学定位和服务面向的创新性结合，坚守学校的"应用型"办学定位，同时更加凸显学校发展的"城市型"这一服务面向特征。

## 二、京津冀协同发展背景下北京的社会发展和产业结构特征分析

### （一）北京的人口城镇化率已高达86.5%

图1显示了北京市2012—2016年人口增长情况。2016年常住人口2172.9

万人，比上年年末增加 2.4 万人。常住人口中，城镇人口 1879.6 万人，占常住人口的比重为 86.5%，城镇化发展速度稳步加快。

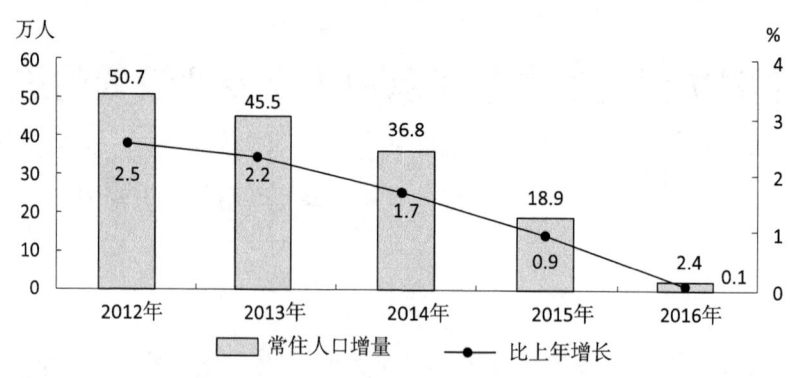

图 1  北京市 2012—2016 年人口增长率

（二）产业产值结构与就业结构呈现相同格局

图 2 显示了 2012—2016 年北京地区生产总值与增长率。2016 年实现地区生产总值 24899.3 亿元，比上年增长 6.7%。三次产业构成由上年的 0.6：19.7：79.7，调整为 0.5：19.2：80.3。

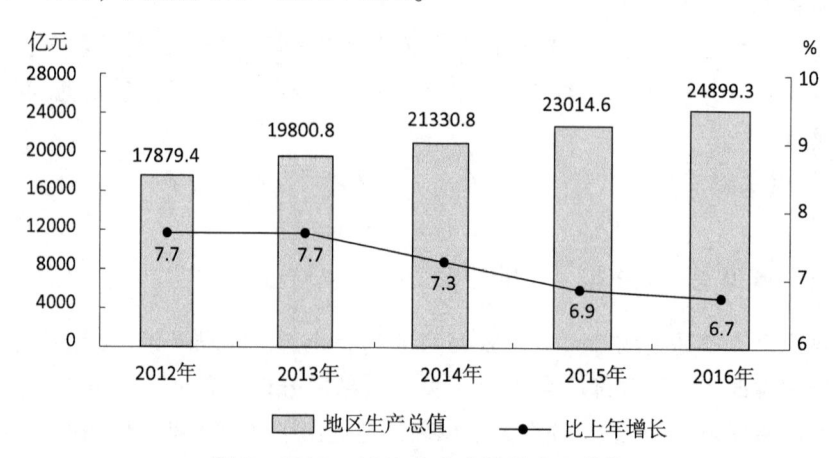

图 2  2012—2016 年北京地区生产总值

根据北京统计年鉴 2016 数据显示，2015 年年末从业人员 1186.1 万人，按三次产业分别为 50.3 万人、200.8 万人、935.0 万人，占比为 4.2：17.0：78.8，表明北京地区的三次产业产值比重结构与就业比重结构均呈现"三二一"的产业格局。

## （三）产业融合催生新产业

产业融合是指由于技术进步和放松管制，发生在产业边界和交叉处的技术融合，改变了原有产品特征和市场需求，导致产业的企业之间竞争合作发生改变，从而导致产业界限的模糊化甚至重划产业界限。产业融合最初是源于数字技术的出现而导致的信息行业之间的交叉。

产业融合的方式一般来说有三种：高新技术的渗透融合、产业间的延伸融合和产业内部的重组融合。高新技术的渗透融合是指高新技术及其相关产业向其他产业渗透、融合，形成新的产业，如现代网络技术向传统商业渗透、融合，形成电子商务，向传统运输业渗透而产生现代物流业等。产业间的延伸融合是指通过产业间的延伸和互补而实现的融合。这类融合往往赋予原有产业新的附加值以及更强的产品竞争力，进而形成更具发展潜力的延伸融合型的产业新体系。它更多地发生在高科技产业的产业链自然延伸的部分，常常表现为第三产业服务业向与之相关的第一产业和第二产业的延伸和渗透，如金融、法律、广告、运输等相关服务业向工业生产的前期研究、中期设计和后期的信息反馈过程展开全方位的渗透融合。产业内部的重组融合是指密切相关的产业或同一产业内部不同行业之间产生的重组与融合。这种重组融合大多以信息技术为纽带，在产业内部的产业链上下游产业间进行，融合后产生的新产品具有网络化、数字化、智能化等特点，如智能手机、网络电视以及集畜牧、养殖、种植、旅游于一体的生态农庄等。通过重组融合而产生的这些产品或服务已不同于原来的产品或服务，成为更符合时代特色和民众需求的新产品或新服务。

无论何种方式的产业融合都会导致产业人才需求的深刻变化，迫使双型大学进行适应性和战略性调整。

## 三、京津冀协同发展背景下北京对人才需求特征分析

北京"四个中心"的定位同时表达出人才需求类型为：高新技术人才、复合型人才、创新型人才、国际化人才。

### （一）高新技术人才

高新技术人才是指从事高技术或新技术的研发、生产和应用的人才，他们具有明显的高层次性、专业技术性、创新性等潜能。产业融合既然是由高技术和新技术所引起的，要想促进产业融合的发展，就必须培养一大批精通新技术的专门人才。高校的人才培养应积极适应并满足新兴产业发展需要，

培养节能环保、新兴信息产业、新媒体、生物产业、新能源、新能源汽车、高端装备制造业和新材料等战略性新兴产业所需要的高新技术人才。

### （二）复合型人才

传统产业与新兴产业都能在未来市场中找寻到自己的份额，两者的市场占有率不是截然分割，而是整体化的互补性发展。产业融合的这种发展趋势意味着未来市场对跨行业复合型人才的需求更多。产业融合过程中产生的新技术、新产品、新服务，或者改变了传统产业的生产和服务方式，促使产品与服务结构升级，或者取代了某些传统技术、产品或服务，在客观上提高了消费者的需求层次。这种变化使得企业市场进一步扩大、业务进一步增多，带来了更多的新的综合型就业岗位，对复合型人才的需求量急剧增长。

### （三）创新型人才

创新型人才一般是指具有创新意识、创新精神、创新思维、创新能力并能够取得创新成果的优秀人才。技术创新是技术融合、产业融合的先决性条件及根本性保障，只有更多地启用创新型人才，重视和加强人力资源的开发与利用，才能适应产业融合的发展趋势，实现传统产业的快速更新和高新技术产业的更快发展。

### （四）国际化人才

国际化人才是指具有全球意识和开放精神，能够主动适应经济全球化发展的需要，具备参与国际交流合作竞争所必需的较好的综合素质、知识结构和应变能力，拥有国际认可度高的职业资格证书的应用型人才。现今产业创新不再是区域内封闭的，而是与全球产业价值体系相融合的，创新要素跨区域在全球流动。在世界各国都致力于将科学技术和现代管理有机融入社会经济发展的开放时代，国际化人才必然成为能满足市场需求的热门人才。

城市型、应用型大学是大众化教育背景下的选择，面对北京"四个中心"发展目标和日益强化的产业融合，迫使其结合自身的资源约束再一次选择。

## 四、城市型、应用型大学设置专业应考虑的几点因素

根据 2016 年北京市国民经济和社会发展统计公报数据，北京有 58 所普通高校和 81 所科研机构招收研究生，91 所普通高校招收本专科学生。招收学生时所有高校均以专业示人，均面临竞争。若想争得竞争优势，大学自身准确定位是基础，以专业为核心元素设计人才培养体系，可以考虑以下几点：

## （一）设置区域经济研究机构

主要任务是研究区域经济发展趋势，研究未来三年、五年、十年产业融合和产业结构状况以及对专业人才需求强度等级，为专业设置提供科学依据。

## （二）设置大类专业平台

依据研究区域经济发展态势和自身资源约束，设置少数几个大类专业平台，各平台可有流动的数个细化专业和课程，学生可在两个或两个以上平台选课。在此专业平台之上可建立选拔创新人才机制或特殊人才机制。

## （三）建立教师资源流动机制

使需要的教师进得来，不需要的出得去，教育资源高效率运用。

## （四）建立专业预警机制

运用市场调节机制，建立生源与就业跟踪网络数据，随时可知各专业市场需求细节，专业可上可下。

## 参考文献

［1］ 2016年北京市国民经济和社会发展统计公报。
［2］ 吴若男．京津冀产业结构与就业结构特征与互动效率研究［J］．经贸实践，2016（13）．
［3］ 丁兆明．城市型、应用型：地方综合性大学应用型发展模式的新探索［J］．北京联合大学学报，2017，31（1）：12-14．
［4］ 张铮．产业融合背景下人才需求及高校培养策略探析［J］．学理论，2015（14）：133-135．

# 创新创业背景下财务管理专业培养模式的思考

■ 王永萍

**【摘　要】** 在全民创业的浪潮中，普通高校的财务管理专业如何适应潮流，培养出创新型的财务管理人才，是一个值得探讨的问题。本文讨论了创新型人才应具备的能力，分析了普通高校财务管理人才培养存在的问题，构建了以创业为导向的普通高校财务管理专业创新人才的培养模式。

**【关键词】** 创新创业　财务管理　创新人才　培养模式

创新创业是当今时代的主题，它作为科学技术转化为现实生产力的桥梁，也是我国产业转型升级的重要推动力。国务院 2015 年 5 月出台的《关于深化高等学校创新创业教育改革的实施意见》明确提出：深化高等学校创新创业教育改革，是国家实施创新驱动发展战略、促进经济提质增效升级的迫切需要，是推进高等教育综合改革、促进高校毕业生更高质量创业就业的重要举措。各高校要落实立德树人这一根本任务，主动适应经济发展新常态，以推进素质教育为主题，以提高人才培养质量为核心，以完善条件和政策保障为支撑，促进高等教育与科技、经济、社会紧密结合，加快培养规模宏大、富有创新精神、勇于投身实践的创新创业人才队伍。高校作为创新创业型人才培养的重地，如何在教学过程中培养学生的创新思维，提升学生创业能力，提供符合社会需求的优质人才，是值得每一位教育工作者思考的问题。

## 一、创新型人才应具备的能力

一般来说，创新型人才不但要有丰富而广博的知识基础，还要有较强烈的创业意识和创新精神，学以致用并拥有较强的实践能力，善于提出和解决新问题等。具体到财务管理专业，创新创业型人才还需要具有理财能力、战略规划与执行能力、决策与判断能力等。上述素质能力的特点决定了财务管理专业创新创业型人才应具备较扎实的财务管理、会计、税法、审计、金融证券、工商管理、经济学、统计学等学科知识以及将这些知识转化为实践的能力。

## 二、当前普通高校财务管理专业教学模式存在的问题

### （一）专业课程设置不合理

财务管理专业是一个新兴专业，也是一个跨经济学、管理学、金融学、会计学等多学科的复合型专业，如何合理地构建财务管理专业的课程体系，是教育界和相关学者一直探讨的课题。据调查，目前地方本科院校的财务管理专业的课程体系设置不尽合理，一是专业课程之间的内容交叉及重复的现象比较严重，这既浪费了资源，又不利于学生对知识的系统学习。对于一些存在交叉和重复的课程，有必要重新进行优化和组合。二是很多本科院校在开设财务管理专业的课程时，不是偏重于会计学专业的主干课程，就是偏重于金融学专业的主干课程，从而导致财务管理专业的课程设计缺乏一个相对独立的、比较系统的课程体系。三是课程开设过细，无形中造成财务管理专业课程缺乏创新创业知识要素的融合。虽然不少高校设立了创新创业教育课，但多是独立课程，并且侧重于理论，从财务管理专业所设置的系列课程看，形式上是与创新创业课相互割裂的；在内容上也尚未引入创新创业理念，未与创新创业知识要素相融合。

### （二）实践教学的效果不容乐观

当前，在财务管理专业的课程设置中，专业课程的实验课、专业课程的单项实训、专业课程的综合实训、毕业实习和社会实践等都被作为财务管理专业的人才培养方案的一个重要组成部分。从表面上看，实践课时的比重占总课时的比重已达到了人才培养对实践环节的教学要求，但实际执行的效果与应用型、创新型人才的培养要求相去甚远。比如专业认知实习，它要求学生在寒假或暑假期间自己去一个企业的财务部门了解一下该单位的财务管理的机构设置、工作岗位和财务管理工作的基本流程等。实习完毕后要求学生递交一份实习报告，不过这种实习方式很难达到预期的效果，主要原因在于实习是否与财务管理专业的内容紧密相关，实习报告是否真实与可靠，这些很难进行监控，由此可见，采用这种形式的实习，专业认知实习的效果也就大打折扣了。

### (三) 教学方式方法及考核方式过于单一

目前不少普通高校仍沿用传统的教学方式方法。上课仍以教师为中心，采取教师讲、学生听的方法；同时制订严格的教学计划，对授课内容及进度加以约束；考核方式仍以考试为主。这些方式方法不利于学生自主学习、规划设计、分析总结、求异思维、创新创造等多种能力的提升。

### (四) 教师缺乏行业实践经验

创新创业人才的培养需要理论扎实、科研能力和实践能力强的教师做引领。培养双创型复合人才，需要从传统的知识讲述向创新与实践相结合，师生互动的教学方式也需要转变。纵观我国普通高校教师绝大多数受过博士或硕士教育，理论功底较厚，科研能力较强。但是目前绝大多数普通高校教师毕业后直接从事高等教育工作，缺少在企业单位从事经营管理及财务管理的实践工作经历，拥有创业经验的更是凤毛麟角，这必然对创新创业教育有一定的制约，不利于创新创业人才的培养。

## 三、以创业为导向的普通高校财务管理专业培养模式的构建

针对前面所论述的问题，结合社会对创新创业人才的需求，建议完善普通高校财务管理专业创新创业人才培养模式，具体可以采取以下措施。

### (一) 以提升学生能力为目标重构课程体系及内容

1. 围绕提升学生专业素质构建多层次的课程体系

创新创业型人才所需求的知识与能力是多方位的，所以在构建课程体系时，应围绕提升学生素质需要区分出不同的课程层次，并按不同的原则加以设置。按创新创业型人才素质要求，财务管理专业的核心课程应是专业理论课程和专业实践课程，以此为中心依次设置专业基础课程、普通教育必修课程和素质拓展课程。在设置原则上，专业基础课程为必需，普通教育必修课为够用，素质拓展课则为宽泛并可跨专业。每一类课程又可以区分设置必修课程和选修课程两类。必修课内容应是财务管理专业学生所必须具备的知识。选修课应具有多样性并充分照顾到学生的兴趣、个性及职业发展。

2. 以提升学生创业素质为核心设计课程内容

为了提升受教育对象的创业能力，在课程内容的设计上应注重所传授知识的前瞻性、实用性和深度性。所以建议财务管理专业在设置理论课程时在现有的初级财务管理、中级财务管理、高级财务管理、证券投资学、项目评

估、跨国公司财务、会计学、财务分析与评价、经济法、税法等核心理论课程的基础上，可将企业运营管理、工程预算、纳税申报及税收筹划、管理信息系统等纳入核心课程之中。同时在非核心理论课程中加上常用办公软件、Excel 在财务管理中的应用、电子商务、经济应用文写作、职业生涯规划、创业导向及风险管理、创新创造学、大学生创业指导等课程。为了适应知识不断更新的需要，建议设置涉及财务管理、风险投资、电子商务、企业管理、经济法、税法及创业经验等的专题讲座。

3. 加大实验及实践课力度，培养学生动手能力和创造力

创新创业人才需要极强的动手能力和求异性思维，所以建议各高校将现有的财务管理实验、会计学实验、ERP、毕业实习、毕业论文等环节做实做强，在此基础上增加实验的种类和数量，建议增设投资学实验、项目管理实验、财务分析与评价实验、纳税申报及纳税筹划实验等。为了培养学生的综合能力，建议增设集财务管理、税法、投资学、项目管理、财务分析与评价、会计、内部审计、专业英语、电子商务等为一体的财务管理专业的综合实践。在实验实践教学顺序上依次是课程单项实训、课程综合实训、ERP、企业模拟实践等。建议采取交叉方式安排实践课与理论课的课序，即一段理论课后即是一项单项实验，理论课结束后即是课程综合实验，全部理论课结束后是专业综合实践。同时建议每学期以上述系列课程为知识基础，举办大学生创业赛、创业计划赛、创业知识赛等，将专业知识与创业元素相结合并加以强化，以此强化能力，提升创业潜质。

(二) 改革教学执行与考核方式

1. 实行弹性教学计划

为了突出教学活动的人性化，提升知识的传播时效和成果，建议在规范教学计划的前提下赋予教师一定的调整计划的权利。不仅教学时间可以在一定范围内调节，而且教学内容根据最新理论和实践的发展可以有一定的增减。这样教师才能针对学生的个性特点、接受知识的能力采取差异化的教学方式方法；同时也有利于将最新的知识吸纳入课堂。

2. 改革教学方式方法

为了提升学生的自主学习能力和创新创造能力，需要采用新的教学方式和手段，推行思维启发式、实景参与式、课堂小组讨论式、课下师生交流式及理论与实践探究式教学，让学生从根本上转变以往的学习方式，由关注

"知道什么"转到关注"如何完成任务",培养学生较强的综合职业与创新创业能力。

3. 改变考核方式

树立过程考核理念。改变过去一考定终身的做法,学科成绩的评定兼顾期末考试、期中考试等试卷成绩,同时重点向学生整个学科学习期间的表现倾斜。如教师布置任务完成程度、解决问题质量、课堂上的活跃度等。同时还要综合学生的综合能力评定,如学生的社会实践经验、发表的相关学科的论文、参加相关学科的赛事、创业经历等。在考核时,注重对学生综合素质的考核,注重考核学生是否从企业财务管理的角度思考问题、解决问题,是否充分利用真实的企业工作情境进行实践教学等。另外,可以允许学生因创业暂时休学。

### (三) 加强师资队伍建设

创新创业型人才的培养需要有高深专业知识和具有创新创造思维和能力的师资队伍作为保障。针对目前普通高校财务管理专业教师实践经验不足的状况,建议高校教师通过参加短期长期培训、参加国内外学术会议及到国内外大学访学等形式不断提高理论水平和知识储备;同时创造条件激励高校教师通过到企业挂职锻炼、参加社会职称考试等途径让高校涌现出更多的双师型教师。此外,高校应改变过去的用人观,可以聘请校外创业成功人士和优秀的企业家以及投资理财、税务、工商、银行等各界专家到学校担任兼职导师和客座教授,让他们将创业和经营的前沿知识与理念传授给学生。同时也可以通过订单式教学、校企联合办学等模式让更多的企业界精英担负起高校人才培养重任。

## 参考文献

[1] 张前,杨蕙璇,徐丽. 以创业为导向普通高校财务管理专业创新人才培养模式的构建 [J]. 理论观察,2016 (7):169-170.

[2] 吴明涛,张彦明,王玉翠,等. 财务管理专业创新创业人才培养模式研究 [J]. 中国电力教育,2013 (22):43-44.

[3] 刘有余,刁杰胜. 应用型大学生创新创业人才培养体系 [J]. 宜春学院学报,2015,37 (5):104-107.

# MOOCs背景下金融学专业教学模式改革的文献综述*

■ 李雅宁

【摘　要】本文以MOOCs为背景，梳理总结了国内外MOOCs对高等教育影响的研究、有关MOOCs教与学的研究，以及MOOCs教育教学方法的研究，并进一步综述了关于MOOCs对金融学专业教学模式改革研究的文献，最后对现有文献进行了总结和评述。

【关键词】MOOCs　金融学　教学模式

随着互联网技术的飞速发展，人们获取信息和接受教育的途径发生了巨大的变化。在此背景下，高等教育应该如何应对新的形势，做到与时俱进，在教学内容和教学方式上进行创新，已成为当前亟待解决的重要问题。《教育信息化十年发展规划（2011—2020年）》明确提出了高等教育信息化的核心任务是"推进信息技术与高等教育深度融合，创新人才培养模式"。2015年国务院《政府工作报告》提出了制订"互联网+"行动计划，其中"互联网+教育"便是该行动计划的重要组成部分。在高等教育网络化、信息化的升级过程中，运用新兴的MOOC技术来优化金融学专业课教学，对国内金融学教学质量的提高有重要的实际意义。本文以MOOCs为背景对金融学专业教学模式改革的研究文献进行了梳理和综述，以期对MOOCs背景下金融学专业改革提供理论支持和实践借鉴。

## 一、关于MOOCs的研究

MOOCs（Massive Open Online Courses）即大规模开放在线课程，2008年，

---

\* 北京联合大学教育教学研究与改革项目《MOOCs背景下金融学专业教学模式改革的研究与实践》（项目号：JJ2016Q048）资助阶段性成果。

由加拿大学者 Dave Cormier 和 Bryan Alexander 首次提出。2012 年，包括斯坦福大学、哈佛大学、麻省理工学院等在内的名校不约而同地掀起了一股 MOOCs 风潮，涌现出被称为"三驾马车"的 Coursera、Udacity 和 ed X 平台，受到了人们的热烈追捧。之后，各国高校开始纷纷加入这一潮流，中国也不例外。包括清华、北大等在内的国内知名院校在加盟三大平台的同时，也开发了属于自己的 MOOCs 平台，如学堂在线、好大学在线、爱课程等。根据已有研究现状，有关 MOOCs 的研究从以下几个方面展开。

## （一）关于 MOOCs 对高等教育影响的研究

国外有关 MOOCs 对高等教育影响的文献比较精练。David（2012）认为，MOOCs 的发展对于高等教育的影响是从波浪扩展成海啸，它将对高等教育带来深刻的影响和变革。John Daniel（2012）从四个方面分析认为需要理性看待 MOOCs 对高等教育的影响，更多地注重 MOOCs 对教育教学的影响，而不是技术层面。

国内有关 MOOCs 对高等教育影响的文献比较多，学者从不同角度探讨 MOOCs 的发展给高等教育带来的影响，大多数学者认为机遇与挑战并存。王文礼（2013）认为 MOOCs 的兴起，让更多的人可以接受到优质的高等教育，利于优化大学的教学方法，扩大高等教育的国际化，而如何保障 MOOCs 的质量是一个需要考虑的难题。顾小清（2013）对 MOOCs 实现本土化进行了分析，以及本土化过程中要面对的各种挑战。陈柳（2014）论述了 MOOCs 对高等教育理念、教学过程和教育质量带来的深刻影响，指出 MOOCs 与传统高等教育未来将会出现交叉、融合、竞争三大趋势。

## （二）关于 MOOCs 教与学的研究

国外关于 MOOCs 教与学的研究主要集中在对学习者和教师的体验以及学习评价等方面。Sui Fai John Mak（2010）通过实证研究发现，学习者在学习中会采用多种形式进行交流，但主要是博客，其次是论坛。Kop 等人（2012）认为对于 MOOCs，应当把注意力从资源转向学生，认为应当多关注 MOOCs 中的学习者。Yvonne Belanger 和 Jessica Thornton（2013）研究了学生的学习动机与期望、学习活动与效果，影响学生完成课程的因素和教师的体验等，认为影响学生完成课程的主要因素是缺乏时间、缺乏课程相关背景知识和技能。

国内关于 MOOCs 教与学的研究关注面比较广泛。樊文强（2012）剖析了 MOOCs 区别于传统课堂的特征，从学习支持的角度剖析了 MOOCs 的优势与不足，并对 MOOCs 学习中高退出率的原因进行了分析，提出在 MOOCs 学习中保持学习自组织与他组织之间的平衡是关键。李明华（2013）比较了MOOCs的"完全授课模式""网络课程+学生自助式面对面互动模式"和"网络课程+本地大学教授面对面深度参与教学模式"。刘禹、王萍（2013）比较了cMOOCs模式和xMOOCs模式，利用xMOOCs的优势，在教学模式和学习分析上进行改进，构建一个良好的学习生态系统。

### （三）关于MOOCs教育教学方法的探讨

J. Cabiria（2012）认为在MOOCs研究中，除了关注技术外，也需要关注学习理论、学习方法、学习体验及学习原则，包括正式的、非正式的和个性化的目标，MOOCs学习环境的发展或许是一种不错的关联主义学习范式。Apostolos Koutropoulos和Rebecca J. Hogue（2012）从许多方面对MOOCs学习者提供了可行性建议，提出学生在学习课程之前应有充分的准备，要有相应的知识准备、技能准备及思想准备，要准备相应的学习工具，并分析了学习者在参与课程学习中的交流礼节性的问题，探讨了学生在课后的学习策略等。Kop、Fournier和Mak（2012）研究了网络信息技术对课程设计、学习环境以及教学模式的影响，从网络课程学习中学习者和教育者的体验出发进行研究。

## 二、关于金融学专业教学模式改革的研究

### （一）关于教学改革的研究

王广谦（2001）认为金融学应定位在经济与管理、宏观与微观的结合上，课程体系和教学内容要突出前沿性。杨胜刚、乔海曙（2001）认为应该设计一套适应21世纪金融学人才培养要求的课程体系，广泛推行案例教学及模拟教学，并建立一支高水平的金融教育队伍。邵宇（2006）构建了金融专业本科阶段的课程体系：以微观金融理论为核心，宏观金融理论为基础，分析工具为辅助。赵洪丹、邹之坤（2011）认为金融实践国际化、金融学理论微观化和金融学科交叉化已成为现代金融发展的主要趋势，金融学专业教学改革应把握现代金融学发展的趋势，通过教学观念、教学内容、课程设置以及教学方法和手段等方面的改革实现其人才培养目标。张青龙等人（2013）从教育部的卓越工程师培养计划出发，从调整教学内容、改革教学方法、构建一体化实验金融学教学体系等方面系统分析了金融专业教学改革和实践措施。

### （二）关于教学模式改革的研究

国内有关金融学专业教学模式改革的文献主要集中在研究型教学模式和实践教学模式两方面，且多集中在实践教学改革模式的探讨上。张敏（2011）

分析了国外高等学校中的研究型教学模式，并结合金融学专业，从教学方法、教学内容及评价体系等方面给出了金融学专业教学模式改革的建议。胡士华（2012）以金融业全球化为背景研究高校金融本科专业的实践教学体系，提出加强金融专业实践教学的对策，包括改革课程内容、创新教学方法和实践手段、加强实践教学基地建设、建立实践教学环节的质量标准、加强高素质实践教师队伍建设。王伟、刘健（2015）通过对比发达国家或地区大学实践教学的培养模式，发现采用能力基础型培养模式可能更适合中国应用型本科院校金融学专业实践教学。裴东慧（2016）分析了新形势下金融学专业教学面临的挑战，并就金融学专业教学改革提出优化课程设置、提升课程的国际化、重视理论实践结合的教学、充分利用信息化教学的优势与资源等改革建议。

### 三、关于MOOCs对金融学专业教学模式改革的研究

国内外已有的关于MOOCs对金融学专业教学模式改革的研究不多，国内偶有关于MOOCs背景下金融学专业教学模式的研究也仅仅针对某一门金融类课程。罗长青、杨彩林（2016）基于MOOCs技术对金融学专业教学模式创新进行了研究，指出创新具体可以从MOOCs教学平台的构建、教学模式的改进、教学课程体系的优化、教学评价体系的建立以及实践教学体系的完善等方面来实施。罗长青、喻凌云（2016）提出创建基于MOOCs信息化技术的教学方法，建立金融学MOOCs教学平台，改进教学方案和模式，开发具有自身特色的MOOCs金融学相关课程。吴田、李小丽（2014）借鉴"慕课"与"翻转课堂"的先进理念，在金融理财课程改革方面提出要树立"以学习者为中心+"的学生"自主学习"理财教育模式，采用精熟教学法创新理财课程，构建理财课程的学科知识图谱，制作理财教学微视频，增设理财教学反馈与在线互动等措施。刘骅、倪桓（2015）阐释了基于MOOCs的金融审计课程教学模式理论框架，运用模糊综合评价方法对课程再造过程中师生特征、课程特征和平台特征影响因素进行甄别，实证分析表明，教师教学水平和课程体系设计对金融审计MOOCs教学效果的影响最为显著，最后提出MOOCs视角下课程再造的对策措施。

### 四、MOOCs背景下金融学专业教学模式改革的文献述评

综上所述，MOOCs作为一种新的教学模式，对高等教育变革的推动作用得到世界范围的关注，从理论层面到实际应用，从教育理念探讨到教育教学

方法，实证案例研究以及如何看待 MOOCs 对高等教育的影响等，这些研究成果都有着重要的作用。通过对文献的梳理发现，国外学者对 MOOCs 中的教与学相关课题研究较多，尤其关于 MOOCs 中学习者和教师的体验及学习评价等方面，相对国内关于 MOOCs 中的教与学的研究，国外部分研究选题更细化、更集中。国内大多数学者主要集中于从宏观层面论述 MOOCs 对教育的影响，从不同的角度研究了 MOOCs 引发的教育变革，这些文献大多篇幅比较短小、比较零散、缺乏系统性，而且具体研究金融学专业教学模式的文献很少，因此，在前人的基础上，基于 MOOCs 对金融学专业教学模式改革研究和探索具有一定的理论意义和研究前景。

## 参考文献

[1] Fox A. From MOOC to SPOCS [DB/OL]. 2013-12-20. http://www.cacm.acm.org/magazines.

[2] 吴维仲，关晓辉，曲朝阳. "慕课"浪潮引发的搞笑教学改革思考 [J]. 东北师大学报（哲学社会科学版），2015，2（2）：190-194.

[3] 罗长青，杨彩林. 基于 MOOC 技术的金融学专业教学模式创新研究 [J]. 鸡西大学学报，2016，3（3）：16-18.

[4] 李红美，陆国栋，张剑平. 后 MOOC 时期高等学校教学新模式探析 [J]. 高等工程教育研究，2014，6（6）：58-67.

[5] 罗长青，喻凌云. 金融学专业教学方法综合改革探讨 [J]. 教师，2016，4（4）：66-67.

[6] 张蕾蕾. "慕课冲击"与大学教学模式改革 [J]. 当代教育科学，2016，9（9）：36-39.

[7] 王晓，王志权. 慕课背景下中国高校教学模式研究 [J]. 国家教育行政学院学报，2015，10（10）：41-45.

[8] 王小云. 慕课视域下地方应用型本科院校教学模式探索 [J]. 中国成人教育，2015（15）：146-148.

# 企业战略管理课程 workshop 教学模式研究

■ 李新娥

**【摘 要】** workshop 是对当前欧美流行的研究小组的称呼，也叫"工作室"或"创意工坊"，实质是运用群体压力和有效的指导来完成复杂且具有挑战性的工作，常采用团队工作（teamwork）方式。本文探讨了企业战略管理课程中实施 workshop 教学模式的重要意义、实施方案和应注意的问题，可以指导企业战略管理课程教学，也可以为管理类课程的课堂教学提供借鉴。

**【关键词】** workshop 教学模式　课堂教学　实施方案

企业战略管理课程是工商管理专业的专业核心课，也是其他管理专业的必修课或任选课。该课程内容广泛，跨越多个课程门类，如营销管理、财务管理、人力资源管理、生产管理、企业文化等，面临的问题涉及企业产供销、环境、技术等众多方面，具有教学内容综合化、实践性非常强等特点。因此，在课堂教学过程中，如何把零散的预修课程知识整合起来解决复杂的战略管理问题，如何解决理论和实践相结合的常见教学难题，以及如何调动学生的学习积极性，培养其动手能力和实践能力，是课程教学的难点。引入 workshop 教学模式，可以提升学生的参与意识，调动学生的积极性和主动性，自觉地整合先修课程知识，探讨企业战略的实际问题；不仅可以提升课堂学习效果，还可以培养学生的动手能力、实践能力、创新创业以及沟通表达等能力。

## 一、workshop 教学模式简介

workshop 是对当前欧美流行的研究小组的称呼，也叫"工作室"或"创意工坊"。workshop 教学模式在欧美国家的教学和科研活动中应用广泛，常采用小团队工作（teamwork）方式。其特点是从实际项目出发，营造反映真实

活动的复杂学习环境，并针对理论知识与实践对接所产生的问题，进行灵活教学。学生在实际问题前自觉自主地融合以往所学的分散知识，在项目情境学习中逐渐完成认知过程，其实质是运用群体压力和有效的指导来完成复杂且具有挑战性的工作。在 workshop 教学模式中，教师以训练学生解决实际问题，培养其实践能力、动手能力、创新思维能力、沟通合作能力等为目的，因此，也是一种激发学生创造性思维的教学模式。在国内高校的课堂教学中，workshop 教学模式也被少数高校引入了建筑、工业设计或艺术类课堂教学。

## 二、workshop 教学模式在企业战略管理课程教学中的意义

### （一）可以有效提升学生学习的积极性和主动性

workshop 教学模式是一种任务型、互动型和体验式的教学模式，侧重于学生技能的提升和任务的完成。在课程教学中，可以引导学生组建团队，设计虚拟项目或模拟一家公司的创立和运营，结合章节内容，设计公司产品或服务，从企业战略分析和调研入手，涉及公司使命、公司愿景、总体战略和职能策略，策划产品/服务、组织架构、人力资源、营销、财务、技术、生产等各个环节的问题。这不仅需要学生在课堂上理解和掌握课程内容和要求，还需要在课堂之外搜集和整合与项目有关的理论和知识，必要时还需要团队之间、师生之间通过互联网渠道开展即时、便捷的沟通，突破课堂教学的时间和空间的界限，引导学生积极参与课堂教学，提升学生积极性和主动性，以利于教学目标的实现和课程任务的完成。

### （二）可以培养学生的团队协作精神以及实践动手能力

workshop 教学模式是体验式学习模式的一种，在企业战略管理课程教学中，可以结合课程特点，利用虚拟项目营造反映真实活动的复杂学习环境，可以引导学生在实际问题前自觉自主地融合以往所学的零散知识，在虚拟项目情境学习中完成认知过程，并在训练过程中不断超越自我；不但可以营造学习情境，激发学生的学习兴趣，引导学生进行自主性学习和研究性学习，培养学生的实践动手能力，还可以锻炼学生的沟通能力和协作能力，培养其团队协作精神。

### （三）可以培养和锻炼学生的沟通表达能力

在企业战略管理课程中开展 workshop 教学模式，可以结合课程特点，通过虚拟项目，进行方案构思、方案完善并进行陈述展示。要求各 workshop 小组以头脑风暴的方式创意某种产品或服务，所选项目的实现需要学生到类似行业进

行锻炼和考察，项目的完成可以以项目答辩的方式开展，不仅可以充分锻炼学生的实践能力，还能提升学生的沟通表达能力，提升学生的综合素质。

（四）可以培养学生的创新创业能力

大学生创新能力的培养必须依赖一定的创新教育体系，而创新教育体系需要以课程为背景，从课程教学角度研究大学生创新创业能力培养应该成为高校应用型人才培养的选择。战略管理是一门实践性非常强的学科，管理理论只有和实践结合起来，才能提升学生的综合素质，开发战略思维方式和能力，创造性地解决实际问题。在企业战略管理课程教学中，通过设计虚拟项目，以 workshop 方式开展团队协作，可以引导学生了解公司创立、目标设定、公司治理、战略落地等企业战略管理的方方面面，不仅可以和课程内容高度契合，还可以激发学生的创业意识，培养学生的创新能力。

## 三、企业战略管理课程 workshop 教学模式实施方案

（一）项目设计

workshop 教学模式的关键之一是要有合理的和有新意的项目吸引学生的兴趣和关注，调动学生的学习积极性。为此，可以在学生自愿组建团队的基础上，利用头脑风暴，创意公司的产品或项目，并结合企业战略管理课程内容和课程进度，完成企业使命和愿景构建、战略分析、总体战略选择、职能战略选择。在项目完成过程中，每个团队设计的公司项目虽然是虚拟的，但是要解决战略的落地问题、战略的实施问题，完成营销、财务、人力资源、生产、研发各个环节的任务。

1. 团队构建

团队成员不宜过多，5~6 人为宜。过少不容易集思广益，过多容易产生搭便车的行为。要鼓励每位团队成员的积极性，明确每位成员必须参与讨论和思考的规则，确保每位成员真正参与到项目中来。

2. 头脑风暴，创意项目

头脑风暴法是由美国创造学家 A. F. 奥斯本于 1939 年首次提出、1953 年正式发表的一种创造性思维的方法。可以在学期初的课堂上，设定时限和情境，在无约束的环境中，鼓励 workshop 成员创意公司的产品或服务、卖点、广告、定位人群、公司 LOGO 等。

（二）项目开展

workshop 教学模式的关键之二是有合理的阶段性任务安排和项目评价标

准，为此，需要提前设定阶段性任务，明确要求和安排；合理安排项目展示并设计合理的项目评价标准和方式。

1. 设定阶段性任务，提前发布要求

结合企业战略管理课程内容，划分不同的教学模块，设定阶段性任务，并提前公布要求和任务。课程教学模块和对应的任务要求示例如表1所示。

表1　课程单元教学模块和阶段性任务设计

| 教学模块 | 阶段性任务 |
| --- | --- |
| 战略概述 | 组建团队，创意产品或服务 |
| 使命和愿景 | 设计公司使命和愿景 |
| 外部环境分析 | 进行外部环境分析，了解行业情况；了解主要竞争对手情况；设计调查问卷，进行市场调查 |
| 内部环境分析 | 盈亏平衡分析，确定投资回报；价值链分析；SWOT分析 |
| 战略选择 | 确定公司的竞争优势和基本的竞争战略；确定公司的职能策略 |
| 战略实施 | 识别公司面临的风险，确定公司的退出机制；明确公司内部控制的重点和难点 |

2. 课堂讨论和展示，引入答辩环节

课堂展示除了制作PPT外，不限形式，鼓励以各种灵活的方式展示项目内容；鼓励其他团队成员提问和质疑；其他团队要根据展示团队的表现、项目的可行性等方面进行打分和评价。项目评分示例如表2所示。

表2　项目评分示例

| | |
| --- | --- |
| 语言举止<br>(10分) | 准备充分，语言流利，举止端庄，脱稿演讲（8~10分） |
| | 准备较充分，举止端庄，语义基本清晰（5~7分） |
| | 准备不足，语义含混（1~4分） |
| 内容的专业性<br>(10分) | 逻辑清晰，观点正确，专业词语使用准确（8~10分） |
| | 逻辑比较清晰，观点基本明确，适当使用专业词语（5~7分） |
| | 缺乏层次，观点模糊，专业词语使用不恰当（1~4分） |
| 项目可行性<br>(10分) | 有调研基础，项目分析合理，项目前景好（8~10分） |
| | 有调研基础，项目分析较合理，项目前景较好（5~7分） |
| | 项目分析一般，项目前景一般（1~4分） |

续表

| 回答问题或者互动（10分） | 项目展示有吸引力，听众注意力集中，班级气氛好；能流利、正确回答教师或同学提问（8~10分） |
|---|---|
| | 项目展示比较有吸引力，听众注意力比较集中；能较好回答教师或同学提问（5~7分） |
| | 项目展示枯燥无味，听众注意力不集中；不能较好回答教师或同学提问（1~4分） |

## 四、企业战略管理课程实施 workshop 教学模式应注意的问题

### （一）积极探索和优化课程教学内容，重点难点突出

在企业战略管理课程教学中，采用 workshop 形式组织课堂讨论、项目分析时，要结合专业实际设定不同的教学模块，根据教学内容、教学进程，设定特定的项目或任务，突出重点和难点；结合学生学习特点，精心设计授课内容、授课计划、教学环节、学生互评标准等，确保课堂教学的顺利组织和进行。

### （二）不断提升教师自身专业素质和课堂把控能力，充分做好课前准备

workshop 课堂教学模式不仅对教师的专业素质有较高的要求，对教师的课堂教学方式、课堂组织方法、课堂把控能力也有较高的要求。因此，本课程的授课教师要持续改进课程教学，不断提升专业素质和业务素质。教师在上课前要有充分的准备，设想好课堂教学的每一个环节和可能出现的问题，提前做好预案，防止课堂教学中出现不可控的情况。

### （三）持续探索和改进教学方式和教学手段，注重教学效果反馈

在教学中，要持续探索和改进教学方式和教学手段，注重教学效果反馈，注重考察学生的学习效果，以跟踪 workshop 教学模式的成效和不足，不断完善。随着信息技术的发展，互动型、网络型沟通越来越成为学生之间、师生之间的便捷沟通方式，可以借助互联网技术开展即时、便捷的反馈，以便发现问题及时改进。

## 参考文献

[1] 张晓瑞，郑先友. 基于 Workshop 的建筑学专业教学模式探讨 [J]. 高等建筑教育，2009，18（3）：137-139.

[2] 谢亮，阳巧. 高校环艺专业校企合作教学中 workshop 工作法的引入 [J]. 兰州大学学报，2012，40（3）：176-178.

# 城市型应用型大学电子商务专业毕业论文"双导师制"指导模式探析[*]

■ 裴一蕾　薛万欣　李丹丹

**【摘　要】** 鉴于城市型应用型本科电子商务专业建设发展的需要，毕业论文这一实践教学环节的作用日益显现出来。本文根据城市型应用型本科电子商务专业的人才培养目标，构建了"双导师制"指导模式，全面分析了模块的各个方面，并简要探讨了实施的价值。

**【关键词】** 毕业论文　双导师制　电子商务专业　应用型本科

城市型应用型本科电子商务专业与社会现实紧密地结合在一起，应用性非常强，需要与企业等有机融合，以提升学生分析、解决实际问题的能力。本文所探讨的"双导师制"指导模式很好地迎合了这方面的需求，能够培养学生理论联系实际的能力，更好地满足用人单位的需求。

## 一、城市型应用型本科电子商务专业毕业论文"双导师制"的含义

双导师制产生于20世纪90年代初，最早是指运用于研究生教育中的校内外导师共同培养人才的方式。其目的是提升学生理论与实践相结合的能力，为社会培养更多实用人才。而在社会主义市场经济体制改革下，"自主择业、双向选择"成为现实。双导师制正是在这种改革背景下产生的。本文所探讨的城市型应用型本科电子商务专业毕业论文"双导师制"指导模式是一种因材施教的柔性培养模式，依据城市型应用型本科电子商务专业的培养目标和特点，结合电子商务专业的学生特点，通过校内专业教师与来自互联网行业

---

[*] 本文为北京联合大学教育教学研究与改革项目"电子商务专业毕业论文双导师制实施效果评价研究"（项目号：JJ2016Q047）的研究成果。

企业的校外企业导师联合指导，在选题环节、理论环节、实践环节、整合环节、答辩环节等方面均有两位导师一起探讨决定的毕业论文指导模式。通常，校内导师侧重于指导学生的学术方面；而校外导师则强调毕业学生的实践工作能力及待人处事等各项能力的训练。

## 二、城市型应用型本科电子商务专业毕业论文存在的问题

### （一）认识不到位、态度不端正

首先，不少学生认识不到位。据课题组调查，超过半数的学生认为毕业论文或毕业设计不用做实际调研，到最后一个月就可以把它赶出来。其次，大部分学生对毕业论文或毕业设计持不认真、不重视的态度。学生在心理上轻视毕业论文，认为毕业论文或毕业设计不过是走走场、作作秀，最后都会通过考核，而学姐学长给其传递的负面信息也加深了其漠视的心理。

### （二）选题陈旧、缺乏定量分析

电子商务专业与现实联系非常紧密，可根据企业实际问题或现象完成毕业论文或设计题目。但学生在确定题目时，往往选择前几届毕业生已经做过的题目，题目陈旧、无创新；一些设计题目仅凭自己的兴趣而定，均为虚拟题目，没有实际企业为依托。同时，电子商务专业的学生在统计分析方面基础较弱，虽然学习了统计学及数据分析实训课程，但学生在写毕业论文进行调查分析时，仅使用简单模型和软件进行简单分析。或仅为了运用分析工具，对论文中两个非重要变量进行分析。

### （三）毕业论文撰写模式重理论、轻实践

电子商务专业毕业论文以往过于重理论、轻实践，强调系统完整的理论分析和严格规范的统一格式。而一些学生没有养成良好的思考习惯，理论基础较差，搜索文献资料的能力较弱，论文的规范性方面也难以做好。因此，指望他们写出较高理论深度和具有一定实践意义的论文是不现实的。

## 三、城市型应用型本科电子商务专业毕业论文"双导师制"的构建

### （一）构建模块

导师遴选。构建电子商务专业毕业论文"双导师"教学团队。与校内教学活动不同，毕业论文指导的特殊性在于实施地点由学校转至企业。这一教学活动的特殊性决定了校企双方必须在已有合作共赢成果的基础上开展充分

的沟通交流，就毕业论文指导目标与指导内容、校企导师指导职能与指导过程等问题达成共识，肯定并认可对方在学生论文指导工作中的积极作用，关注并支持毕业论文写作与顶岗实习的一致性。双方应以合作育人为目标，在提升毕业论文质量的进程中提高学生对实习单位的关注度与归属感，借助论文实践研究为企业储备人才，开通"实习—就业"直通车。电子商务专业毕业论文校内指导教师从专职教师队伍选拔，须为具有丰富知识储备，从事本专业教学工作三年以上并受聘于讲师及以上岗位，拥有一定互联网企业或电子商务企业实践经验的双师型教师。同时，在十余年的专业建设中，电子商务专业与北京市知名的十余家互联网企业建立了稳定的课程实训与实习就业联系，培养了一支素质过硬的毕业论文指导企业导师队伍。企业导师应为互联网行业专家、电子商务协会专家、电子商务企业专家，组成以互联网行业、电商企业运营为背景的强大的校外企业导师团，能够切实发挥实践研究指导作用。由此，"以学校为主导、以企业为主体"的毕业论文指导校企共同体正式形成，实现了互动、互助、互利的双赢教学成效。

推进电子商务专业毕业论文"双导师"指导工作。毕业论文"双导师"指导工作是依据电子商务专业办学目标和专业需求，结合该专业学生特点，由校内指导教师与企业指导教师开展联合指导的毕业论文指导模式。在毕业论文指导的不同环节，双导师发挥各自的理论或实践优势，帮助学生研究分析实习企业网络营销、网站运营、网站推广实践，结合企业现状提出对策建议。具体指导进程中，企业导师更加了解学生的实习岗位、工作职责与工作内容，在指导学生完成选题的同时，在后续专业技能实践、企业素材收集等环节均可发挥校内指导教师无法替代的论文指导作用。校内导师则对专业理论知识与论文写作规范及要求更为明了，并可针对学生论文中提及的操作技能、实践手段、管理方式的科学性进行核实，在审定论文结构、规范语言表述、厘清论述逻辑等方面发挥专业理论优势。

毕业论文/设计选题。这是做好毕业论文工作的首要环节，严格把好选题关是保证毕业论文质量的前提。根据应用型本科电子商务专业人才的培养目标，校外企业导师从毕业论文/设计选题开始就介入其中，提出若干电商企业在运营、管理上遇到的实际问题和实际需求，然后由学生在校内指导老师的指导下，选择符合学生兴趣特点并有利于增强其自身实践能力的题目。这样的选题就不会脱离社会实践，同时也具有一定的理论价值，能够体现学院的应用型人才培养目标。

实践锻炼。第七学期后半学期，学生正式进入企业实习。校外企业导师根据企业的实际岗位需求，为学生提供有针对性的实习岗位，或指导学生选择适合的岗位，开展半个学期的实践活动。在实习期内，由校外企业导师监督、指导学生的实习活动，培养其形成良好的职业习惯，提高其实际动手能力。同时，校内专业教师也需要及时和校外导师沟通，帮助提高学生理论联系实践的能力。

毕业论文/设计定稿。学生在实习结束之后，回到学校对实习过程中学到的知识进行总结，对前两个阶段的工作进行整合。在企业导师的指导下，完成毕业论文/设计的访谈、调查问卷的发放和数据回收，或毕业设计功能和栏目的完善，进而完成毕业论文/设计定稿。学生需要结合校外企业导师和校内专业导师的建议，把大学期间所学专业知识与实习企业中所获实践经验进行对接，对整个毕业论文/设计进行思考和总结。

毕业论文答辩。在每年的5月初，电子商务专业组织全体学生进行统一答辩。校内外双导师联合组成答辩小组，毕业论文/设计的成绩评定除了参照毕业论文/设计的质量和答辩的表现外，还要看校外企业导师提供的考勤统计、现实表现等资料报告，由双导师共同评定论文/设计成绩。

完善电子商务专业毕业论文"双导师"评价考核机制。电子商务专业毕业论文"双导师制"的深入推进，离不开校企合作单位的鼎力支持与倾力配合。其中，对校内指导教师与企业指导教师的评价考核机制也由校企双方合作构建，并加入学生评价因子，三方平行开展对双导师论文指导实施效果的认定与考核。电子商务专业相关部门与企业人力资源部对论文指导双导师实施效果的评价方式保持一致性，电子商务专业相关部门重点考察校内指导教师，企业人力资源部重点考察企业指导教师。双方同时就导师对学生的指导过程开展量化考核，涵盖师生定期见面的频率、导师指导论文的及时性、导师提供帮助的有效性与校企导师的合作程度等方面。学生评价中，通过指导对象的反馈信息，校企双方主要了解双导师论文指导的积极性、主动性与指导效果，客观了解学生对双导师指导活动的组织、解惑答疑的态度与效果的评价。

依据评价结果，校企双方将学生论文质量与双导师工作绩效相挂钩。其中，自上而下的专业考核与企业人力资源部考核侧重制度执行力，体现为过程性考核；自下而上的学生评价则侧重考核指导活动效果，是对双导师制实施内容与实施效果的服务方评价。基于毕业论文"双导师制"的育人目标，学生评价成为两种评价方式的重中之重。校企总结三方评价结果，收集归纳具体建议与改进意见，有助于进一步完善毕业论文"双导师制"实施方案，提升工作实效。

（二）价值

毕业论文/设计由双导师联合指导，无论从学生、企业，还是从学校和教师的角度来看，都在某种程度上具有一定的积极意义。

对学生而言，通过在企业完成毕业论文，可以显著增强学生包括专业水平和实践能力在内的综合能力。学生在尽快了解企业的基础上，其理论知识的应用性得以提高的同时，还可以增强学生的沟通能力、抗挫能力，为以后尽快适应社会奠定基础。

对企业而言，通过与校内专业教师共同指导毕业论文/设计，可以减少企业成本并增加对"未来"员工的了解。

对学校和老师而言，有利于缓解校内教学资源紧缺的矛盾，加快科技成果的产业化步伐。

# 翻转课堂模式在移动商务课程中的应用研究与实践

李立威　王晓红

**【摘　要】**"翻转课堂"作为一种新型的教育趋势，在全球受到广泛关注，在国内外很多大学都已经开展了基于翻转课堂模式的教学改革探索。为了提高学生的学习兴趣，激发学生学习的主动性，加强教师和学生的互动，我校移动商务理论与实务课程也逐步开始在教学中探索翻转课堂模式。学生在课前通过相关学习资源完成自主学习任务后，对于理论性和综合性内容要求学生完成案例任务，对于应用性比较强的教学内容要求学生完成实践任务，提出问题，在课堂上进行汇报、展示、讨论、答疑，逐步形成翻转课堂模式驱动下，案例教学、项目驱动教学等多种方式融合的混合式教学模式。

**【关键词】**移动商务课程　翻转课堂模式

## 一、引言

随着智能手机的普及，电子商务从 PC 端向移动端转移成为时代趋势，移动互联网快速渗透到生活的方方面面，移动商务新型的商业模式层出不穷，移动商务发展迅速，很多学校纷纷开设移动商务相关课程。为了适应当前产业发展的需求，我校在 2015 级、2016 级的电子商务专业本科教学计划中增加了移动商务理论与实务课程，在 2015 年电子商务专升本专业中增设了移动商务课程，同时在 2016 年面向全校学生开设了移动商务校级公选课程。

前期在该课程教学中曾试过案例教学、项目教学等多种不同的教学方法，虽然取得了一定的教学效果，但是也暴露出如下问题：（1）教材内容严重滞后于移动商务快速发展的实践；（2）教师先讲，学生后做，学生学习主动性不够。在目前我国移动商务商业模式快速创新的实践背景下，90 后学生作为互联网和移动互联网的"原住民"，对移动商务相关知识和技能有一定基础，如何调动其学习的主动性和学习兴趣，是迫切需要解决的问题。

作为紧密贴合移动互联网发展的前沿课程，移动商务课程内容涉及面广、具有较强的时效性、应用性和开放性，采用传统的"演示+练习"的教学模式难以有效驱动学生积极思考和实践。为了提高学生的学习兴趣，激发学生学习的主动性，加强教师和学生的互动，我校移动商务课程也逐步开始在教学中探索翻转课堂模式。

## 二、翻转课堂模式概述

翻转课堂式教学模式是起源于美国的一种新型教学方法，是一种混合课堂教学的组织形式。相较于传统以教师为中心的课堂模式，翻转课堂教学法将课堂的重心转变为以学生为中心。传统教学模式是教师在课堂上讲授知识，学生在课堂上理解和领会讲授的内容，学生课后通过完成教师上课所布置的课后作业进一步掌握和巩固知识；而翻转课堂则恰恰相反，其主要形式是学生利用课外时间先完成知识内容的学习，再在课堂上与老师和同学之间开展互动讨论，解决学习中存在的诸多疑惑，学生能够更加灵活地运用自己所学的知识，从而达到融会贯通，实现最佳的教学效果。"翻转课堂"将传统课堂中的知识传授和知识内化过程进行了颠倒，促进教师和学生角色的转换，有助于促进学生自主学习能力、协作沟通能力和创新能力。

"翻转课堂"作为一种新型的教育趋势，在全球都受到广泛关注，在国内外很多大学都已经开展了基于翻转课堂模式的教学改革探索。近年来，越来越多的教师开始在不同层次的课程中采用翻转课堂模式。国内部分高校电子商务专业在相关专业课程中也已经开展了基于翻转课堂等教学模式的探索与实践，例如，西安外事学院移动商务课程已经开始了基于翻转课堂的教学探索，浙江农林大学电子商务概论课程、浙江师范大学电子商务课程也尝试了采用翻转课堂的教学实践。

## 三、翻转课堂模式在移动商务课程中的应用研究

1. 实施基本流程

在课程教学实践过程中，主要分成四个步骤开展。

课程知识模块分解。根据翻转课堂模式的特点，重新梳理课程内容，对课程知识模块进行划分，将每一章节内容划分成若干个微型知识点，挑选适合翻转课堂的知识模块。

不同知识点的教学模式设计。根据每一知识点的特点，设计不同的教学模式、流程，搜集所需资源，尤其主要区分理论性内容和实践性内容教学模式。

教学资源的设计与制作。制作相应知识点的课程微内容，制作配套学习内容、课件、任务、测试题、讨论问题、学习指南等资源，通过课程微信公众号及网络学堂发布教学资源，完善课程公众号和网络学堂建设。

课内外教学环节的设计。针对采用翻转课堂教学的主题模块，将其采用的翻转式教学过程分为课前、课中和课后三个阶段。课前阶段是让学生个人自主学习教师在网络学堂、微信公众号等平台上发布的学习材料，完成相关知识的预习和学习，通过完成实际任务让学生应用相应的知识。在课中阶段，各小组将完成的任务以及学习心得和体会进行汇报，组与组之间互相提问与交流，老师给予点评，并对学生仍有不理解的知识点和疑难问题进行具体讲解和解答，逐步使学生完成知识的内化。课后阶段是学生对课堂上交流所得收获的一个重吸收环节，学生可以在微信平台及网络学堂上与老师和同学们进一步进行线上互动答疑交流。

2. 教学内容的选择

选择适合翻转课堂教学模式的知识模块是开展教学改革与实践的关键问题之一。根据翻转课堂模式的教学理念，结合移动商务课程内容更新比较快的特点，将课程内容重新整合并分解成具体的模块。根据每一模块的知识内容，将各个模块的翻转程度分成完全翻转、部分翻转和传统教授三种不同形式。

（1）知识内容与实际联系紧密、实践性强，学生有能力完成自主学习的内容，例如移动电商、移动支付、二维码营销、微信营销等，选择完全翻转和项目驱动结合的模式。要求学生课前完成自主学习，并完成相应的实践任务，学生在课堂上对完成的实践任务进行汇报、展示，与同学和教师进行讨论，汇报完成后由教师进行提问、答疑。

（2）知识内容与实际联系紧密、理论性强，但是部分内容学生理解起来有一定难度，例如移动互联网思维、移动商务模式等采用部分翻转+案例分析+课堂讲授的模式。要求学生课前完成自主学习，并完成相应的案例分析任务，学生在课堂上对完成的案例任务进行汇报和展示，同时教师在课堂上对该模块中的重点、难点内容进行必要的讲解，使学生更好地理解和把握课程理论体系。

（3）知识内容与实际联系不紧密、理论性较强，学生自主学习难度较大的内容，例如移动商务技术模块，采用翻转课堂的教学模式并不太合适，仍然采用课堂讲授的教学模式。

3. 教学资源的建设

目前在国内外翻转课堂的教学实践中，初步形成了基于慕课和微课等的不同教学模式，不管是哪一种模式，课外教学资源的建设都是翻转课堂模式中比较关键的问题。一般是让学生在课外利用微视频及网络等资源自主学习。对于普通教师而言，自己录制视频存在一定困难，短期内难以解决，因此在初期教学实践中主要采用互联网上已有的相关视频和教学资源。在教学资源建设方面，教师会定期将课前学习任务、课外资料和相关教学微视频、微语音发布到课程网络平台上，结合目前互联网上移动商务相关的案例、调研统计资料和视频资源较为丰富这一优势，还会通过在线学习平台发布与本专题模块相关的其他电子学习资料。

而对于教学资源的发布渠道，除了采用学校的网络学堂之外，结合移动商务课程特点及学生喜欢使用微信等状况，课程同时结合微信群和微信公众号进行教学资源的发布。

## 四、结语

经过初步探索和实践，目前在移动商务课程教学中逐渐形成了翻转课堂模式驱动下，案例教学、项目驱动教学等多种方式融合的混合式教学模式。在经管类课程中适度进行翻转课堂模式的教学探索与实践，对促进以教师为中心向以学生为中心教学理念的转变、深化课堂教学模式改革以及提高人才培养质量有一定的作用，进一步为电子商务专业以及经管类相关课程教学模式改革积累经验和基础。

今后将开展更多课程的翻转课堂模式改革，通过多角度、多方式的进一步研究和实践，对翻转课堂教学模式进行进一步的总结、反思、推广，对翻转课堂模式的实施效果进行测评，对实施过程中存在的困难和问题进行总结，并对已进行的翻转课堂教学进行进一步的改进和完善，为电子商务专业及相关课程的翻转课堂教学模式改革提供更好的、可借鉴的实施方案。

## 参考文献

[1] 李绩才. 基于翻转课堂模式的电子商务学教学改革与实践 [J]. 高教学刊，2017（6）：107-108.

[2] 孙晓庆，等. 基于翻转课堂电子商务基础与应用课程教学设计 [J]. 电子商务，2015（8）：75-76.

# 搜索引擎技术与应用课程教学模式的研究与探索

■ 赵森茂

**【摘 要】** 搜索引擎技术与应用课程是信息管理与商务数据分析专业方向的专业课程，其具有专业性强、综合性强、实践性强的特点。本文以课程特点与目标的研究为起点，对教学内容、教学方法和考核方法等方面进行了教学设计，并尝试在本课程中构建探究型教学模式，以期对学生的成长和能力培养起到促进作用。

**【关键词】** 搜索引擎 教学模式 探究型学习

## 一、搜索引擎技术与应用课程的教学实践背景

### （一）课程特点与目标

信息管理与商务数据分析专业方向是综合了信息技术、数学和管理学科的交叉学科方向。在学校"学以致用"的校训和立足于建设城市型应用型大学的主旨引领下，在教学过程中更应突出培养学生提出问题、分析问题和解决实际问题的能力，以及在此基础上的创新能力。搜索引擎技术及应用课程是该专业方向本科学生的一门专业课程，是一门理论与实践结合紧密，应用性、实践性较强的课程。

"搜索引擎"涉及网络爬虫技术、搜索引擎索引技术、链接分析技术、中英文分词技术等技术，其主要目的是从互联网中获取大量数据，并对其进行索引、加工、排序以及按需求格式存储，以备后续进行数据分析之用。"搜索引擎"获取并整理的数据是数据分析的主要源头，"搜索引擎"是数据分析的第一步。

搜索引擎技术及应用课程的教学目标是使学生能够理解搜索引擎的工作原理，能够使用并编写简单的爬虫工具对网络资源进行抓取，能够对获取到的信息进行简单的索引和分词处理。

（二）课程现状与问题的提出

随着大数据技术与数据分析市场应用的迅猛发展，获取第一手的、高质量的以及具有良好结构的数据已经越来越重要，品质优良的数据对数据分析与挖掘工作的展开至关重要，这其中也孕育着巨大的商机，信息管理与数据分析、数据挖掘行业需要大量的技能型人才。商务数据分析专业方向是新的专业方向，搜索引擎技术及应用课程也是一门较新的课程，本课程具有技术性、专业性、综合性和实践性较强的特点，同时由于本课程所涉及的技术、思想较难，知识与技能的综合性较强，学生掌握起来较困难，此外对于经管类学生，本就对技术类课程具有畏难情绪，这就更加大了本课程的教学难度。这就要求在课程教学中不能再以理论灌输式的教学模式为主，必须在教学实践中调动学生的主动性和积极性。本文从教学实践出发，对教学内容、教学方法和考核方法等方面进行了重点研究，以期能够指导教学活动的顺利开展。

**二、课程研究与探索**

（一）教学内容的设计

经过对专业培养方案的研究以及行业调研，可以归纳出搜索引擎技术与应用课程的教学目标与课程内容。

1. 教学目标

（1）掌握搜索引擎的基本原理、体系结构和相关技术。

（2）初步掌握简单的网络爬虫编程技术、倒排索引技术、分词技术及链接分析技术。

2. 课程内容

（1）搜索引擎概述

- 掌握搜索引擎的定义及搜索引擎的发展史
- 了解建立搜索引擎的关键技术
- 了解中文搜索引擎的发展趋势

(2) 搜索引擎技术基础
- 掌握搜索引擎的工作原理
- 掌握搜索引擎的体系结构
- 掌握搜索引擎的分类
- 掌握搜索引擎的信息检索模型

(3) 网络爬虫
- 掌握网络爬虫运行流程
- 掌握爬虫类型及 robots 协议
- 掌握网页类型及网页抓取策略
- 理解正则表达式
- 理解简单爬虫程序
- 掌握爬虫质量评价标准

(4) 搜索引擎索引
- 掌握"单词—文档"矩阵
- 掌握倒排索引技术
- 掌握单词词典
- 了解建立索引的方法

(5) 链接分析
- 了解 Web 图
- 理解两个概念模型及算法之间的关系
- 理解 PageRank 算法
- 理解 HITS 算法

(6) 分词技术
- 掌握英文分词技术
- 理解掌握分词技术

**(二) 教学方法的设计**

搜索引擎技术与应用课程是一门实践性较强的课程,在教学中应随时注重理论与实践的结合,因此在教学活动中采用教师讲授、演示与学生练习、演讲相结合的方法,并辅以课堂讨论和网络学堂等方法。

1. 教师讲授、演示

搜索引擎技术与应用课程理论性与实践性都较强,教师的课堂讲授十分重要。但在教学实践中为了避免重回传统的灌输式课堂,以知识的应用性为导向，在课前利用网络学堂布置任务，让学生对即将讲授的内容进行先期思考与准备，使他们带着问题进入课堂，去探索知识的内涵，成为课堂的主人。

2. 学生练习、演讲

由于课程的实践性较强，"练"是必需的，也只有通过练才能更充分地掌握所学的理论知识。学习"网络爬虫"时，掌握理论知识后必须编写程序实际爬取网页信息；学习"分词技术"时，也必须编写程序实现分词任务。此外，为了杜绝学生等、靠、抄的想法，促进学生真正动手参与实践，提高学生的参与度，在教学过程中安排专时组织学生就某一主题进行演讲。

3. 充分利用网络学堂

通过网络学堂教学是一种高效的教学模式。现在学校建设了优秀的网络学堂平台，学生可以 24 小时使用网络学堂，在教师的辅导下开展探究式的学习。作者多年从事一线教学活动，利用既往经验建立起搜索引擎技术与应用课程的网络学堂，通过网络学堂发布课程资料、外围阅读材料、实践例程等教学资源，在网络学堂中通过讨论版向学生发布新的任务，并与学生讨论（图1和图2）。

**图1  网络学堂电子教案**

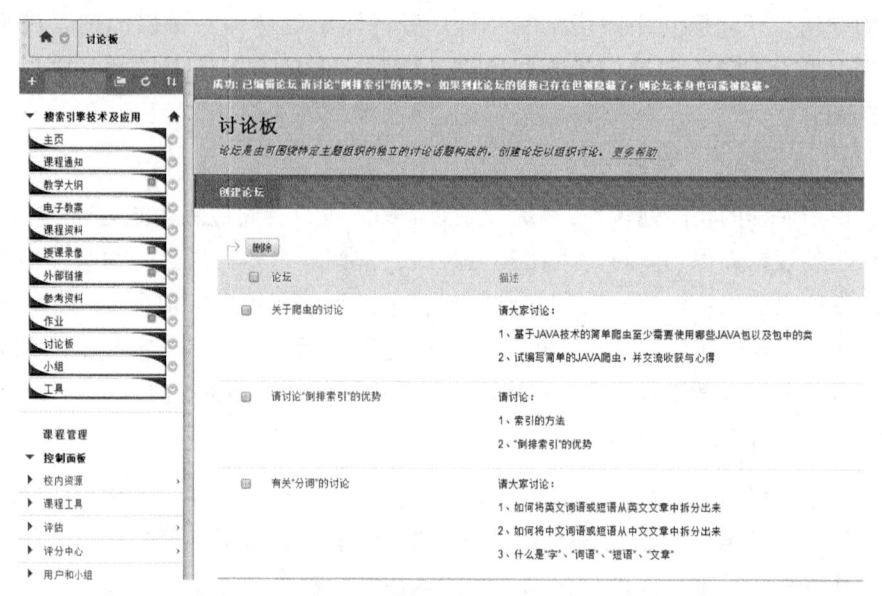

图2 网络学堂讨论版

### （三）考核方法的设计

俗话说"井无压力不出油，人无压力不做工"，从心理学的角度看，人都具有惰性，学生更不例外，所以学期末的考核非常重要，但传统的考核方式突出考核记忆，学生通过突击背题、背书即能通过，而学生的实际动手能力和对知识的掌握水平都较差，造成了比较明显的高分低能现象，很不符合搜索引擎技术与应用课程的教学目标要求。

因此，本课程的考核应是一个考核体系，而不仅是单次考试。考试应包括笔试（考核学生对理论知识的掌握情况）、上机实践（考核学生的实际动手能力）和项目汇报（考核学生理论联系实际以及分析问题、解决问题的能力）。

### 三、构建教学模式

探究型学习是指学生在教师指导下，从生产实践中选定主题进行研究，并在研究过程中主动地获取知识、应用知识，以解决问题的学习活动；是教师与学生共同探索学习新知识的学习过程；是围绕生产实践中的实际问题共同探究知识本质、完成知识积累、探索解决问题方法的交互式学习过程。

在搜索引擎技术与应用课程教学中，应以学生为主体，教师为辅助，遵循以"提出问题→分析问题→解决问题→评价问题→反馈问题"为主线，展开教学活动，构建探究型学习模型。

在课程的探究型学习活动中，首先确定研究目标，比如"抓取网络中的信息"，并通过网络学堂发给学生，组织学生提出问题，并在网络学堂讨论版中进行讨论，经过一段时间的积淀，组织课堂讨论，并给予学生必要的指导，帮助学生分析问题，明确课程中的相关知识点。其次，在讨论的基础上，组织学生编写爬虫程序，并随时关注网络学堂讨论版解答学生的提问，帮助学生解决问题。最后，安排专门的学时组织学生对"抓取网络中的信息"任务进行演讲。

## 四、结束语

搜索引擎技术与应用课程是信息管理与商务数据分析专业方向的专业课程，其具有知识专业性强、综合性强、实践性强的特点。面对授课对象为经管学院学生的实际情况，本文以课程特点与目标的研究为起点，继而在教学内容、教学方法和考核方法等方面进行教学设计，并尝试在本课程中构建探究型教学模式，以期对学生的成长和能力培养起到促进作用。

## 参考文献

[1] 王述，张玉岚. 探究式教学在计算机教学中的应用 [J]. 辽宁农业职业技术学院学报，2012（5）：42-43.

[2] 李志刚，朱东芹，刘艳. 信息组织课程的探究型教学模式研究 [J]. 福建电脑，2011（4）：41-42.

# 电子商务专业第二课堂活动设计与实施

■ 王晓红

**【摘　要】** 电子商务的迅猛发展使社会对电子商务高素质创新型人才的需求更加迫切。电子商务专业的课程体系虽已加大实践环节比例,但在创新型人才培养方面仍显不足,而第二课堂在提升大学生创新素质方面具有独特优势。本文从第二课堂活动设计、活动内容、活动管理及成效等方面介绍了电子商务专业第二课堂建设情况。

**【关键词】** 高校第二课堂　电子商务专业　大学生创新素质

国家先后颁布《关于深化教育改革全面推进素质教育的决定》《关于进一步加强和改进大学生思想政治教育的意见》《国家中长期教育改革和发展规划纲要（2010—2020年）》《关于大力推进高等学校创新创业教育和大学生自主创业工作意见》等,要求高校开展丰富多彩的课外活动,加强社会实践,培养大学生的创新能力、实践能力和创业精神,将创新创业教育纳入文化素质教育教学计划和学分体系。高校应通过第二课堂教育活动创新培养机制,推动由模仿重复式向发展创新型培养模式的转变。目前高校第二课堂存在着学生参与度不高、与第一课堂脱节、教学体系不系统、教学效果不明显等问题,急需加强建设和改革,以便更好地服务于大学生创新素质的培养。北京联合大学电子商务专业依据专业定位、专业特点等,积极开展第二课堂的建设与改革,已取得较好效果。

## 一、电子商务专业开展第二课堂活动的意义

作为国家知识创新和技术创新的重要载体,高等教育肩负着为国家培养具有创新精神和实践能力的高素质人才的重任,高校第二课堂教育在创新素质培养方面具有独特优势。高校第二课堂是指由学校组织或认可的在常规课

堂之外，有利于提高学生综合素质和创新能力的教学活动。第二课堂作为高校人才培养体系的重要组成部分，是大学生提升综合素质的重要载体，是大学生增强实践能力、开拓社会视野的最佳途径，是高校实施创新创业教育的重要渠道之一，对于弥补学生的社会经验不足和学校创业课程的局限性具有重要的意义。

《电子商务"十三五"发展规划》提出"电子商务全面融入、覆盖国民经济和社会发展各领域，成为经济增长和新旧动能转换的关键动力"的发展目标，将进一步助推电子商务快速发展，其持续创造就业机会的社会意义将更加重大，社会对电子商务创新型人才的需求将更加迫切，而现有的电子商务专业课程体系虽然已加大实践环节的比例，但在创新型人才培养方面仍显不足。因此，电子商务专业可通过加强第二课堂建设，有效开展创新创业教育，更好地服务于创新型人才的培养，这是现阶段高校教学改革的必然选择。

## 二、电子商务专业第二课堂活动设计与内容

### （一）活动设计

根据应用型大学特点、电子商务专业培养目标及定位、地区经济社会发展对电子商务专业人才的需求，按照创新型人才培养模式的要求，以提高大学生综合素质为目的，以培养学生的创新精神和实践能力为重点，进行电子商务专业第二课堂活动设计。

考虑互联网时代大学生的学习特征和需求。互联网使得高等教育的教学环境由封闭空间转变为开放空间，增加了学生学习的自主度和广度，学生由过去的被动学习走向自主学习，师生间的互动变得更加便捷。互联网有助于塑造大众创业、万众创新的氛围，鼓励个性化与多元化的人才培养，使学生的专业学习真正与社会需求紧密相连，在创业实践中有效提升创新能力。

考虑两大课堂教育的协调发展。高校第二课堂教育作为第一课堂教育的有效延伸，应注重两大课堂的融合互动。由于第二课堂活动涵盖的内容广泛、涉及的学科门类繁多，为此可有重点、有层次地设置活动模块，构建全方位、多层次的第二课堂活动体系。

尊重学生主体性和个性化。充分发挥学生的主体性，学生既是活动的参与者，也是活动的组织者，通过活动激发学生学习的热情和兴趣，拓展学生学习的路径，引导学生自主学习。注重学生的个性化发展，因材施教，使不同年级、不同专业、不同性格、不同个性的学生各展所能、各尽其才。

## （二）活动内容

北京联合大学电子商务专业第二课堂活动的内容主要由人文素养、思想素质、学术科技活动、社会实践、社团活动、创业实践6个模块构成，各模块都有明确的活动内容及培养目标，见表1。

表1 电子商务专业第二课堂活动内容及培养目标

| 模块名称 | 模块内容 | 模块作用 | 培养目标 |
| --- | --- | --- | --- |
| 人文素养 | 文艺演出、体育活动及竞赛、心理辅导等 | 寓教育于文体活动中，有助于学生内在品质的形成 | 培养学生良好的审美情趣和人文素养，促进学生身心和谐发展 |
| 思想素质 | 党团组织生活及主题教育、党课学习、形势政策报告等 | 引导学生将理论知识内化为自身的价值观，外化为自身的实际行动 | 培养学生的政治信仰、思想素质、道德修养和敬业精神 |
| 学术科技活动 | 学科竞赛、学术讲座等 | 有助于学生将课堂所学的理论知识用于解决实际的问题 | 增强学生的创新意识，培养学生的创新能力和实践动手能力 |
| 社会实践 | 社会调查、志愿服务、公益活动、勤工助学等 | 有助于学生了解国情和社会，开阔视野、丰富阅历 | 增强学生的社会责任感和使命感，培养学生适应社会和服务社会的能力 |
| 社团活动 | 专业类社团、综合类社团等 | 有助于营造大学校园文化氛围，利于学生进行自我教育、管理和服务 | 提升学生综合素质，培养学生适应社会的能力 |
| 创业实践 | 网上创业、虚拟校园企业、创业项目等 | 有助于学生积累相关岗位的实战经验，为就业创造机会 | 提升学生综合素质，提高学生就业率 |

## 三、电子商务专业第二课堂活动管理与成效

### （一）活动管理

高校第二课堂建设需要教务处、学生处、校团委、科研处、财务处、学院（系部）等部门的大力协同、密切配合。通过分层管理、合理培养，为人才成长创造有利环境。学校层面主要是提供物质保障和配套制度；各部门主要是明确相应的职责和开展合作；院系主要是实施和推动第二课堂活动的

开展。

北京联合大学已将第二课堂创新实践活动纳入人才培养方案的课程体系及教学管理过程，2014年学校发布了《北京联合大学创新实践学分管理办法》，将专业教育与第二课堂有效结合起来；将指导教师的工作任务折算成工作量，使第二课堂能够持续、稳定地开展。管理学院成立了学生课外科技活动指导委员会，负责学生课外科技活动的有效实施；电子商务专业发动专业教师积极参与第二课堂建设，加强对创业实践活动的指导和支持，重点扶持在第二课堂教育上有发展潜能的中青年教师。

（二）活动成效

北京联合大学电子商务专业积极开展第二课堂建设工作，取得了较好的教学效果，不仅提升了学生的综合素质，而且促进了教师教研、科研与教学的联动。

1. 第二课堂建设提升了电子商务专业学生综合素质

电子商务专业第二课堂建设提高了课堂教学质量，开拓了学生视野，提高了学生电子商务操作技能，使学生具有了一定的创新意识和创新思维，使其能够学以致用，更贴近行业和企业。

电子商务专业以全国大学生电子商务"创新、创意及创业"挑战赛、全国大学生"互联网+"创新创业大赛、全国大学生服务外包创新创业大赛、"挑战杯"全国大学生课外科技作品竞赛、"启明星"大学生科技创新项目等为重点，广泛开展学科竞赛、科学研究和科技创新活动。近年来，学生在各类学科竞赛中取得了很好的成绩，如获得"创青春"全国大学生创业大赛国家级银奖1项，全国大学生电子商务"创新 创意 创业"挑战赛国家级特等奖3项、一等奖2项；学生参与教师科技论文的撰写，在第三届北京市大学生创新创业教育成果展示与经验交流会上进行交流。在社会实践活动方面，获得2016年首都高校思想政治理论课学生社会实践优秀论文二等奖1项。电子商务专业鼓励学生成立各类学生社团，并积极开展形式多样、丰富多彩、个性十足的社团活动，学生先后成立联合扬帆、四麦活动社、数据分析等专业性较强的学生社团，其中联合扬帆荣获"2009年度北京高校职业类优秀学生社团"称号。在创业实践中，大禾拍务农、时间银行、四麦创意工作室、食播间等项目先后入驻管理学院创办的蜂巢创意空间，进行项目孵化和品牌项目培育；学生在校期间成立了四麦科技文化有限公司，作为合伙人成立了海南岛购电子商务有限公司等。

2. 第二课堂建设促进了教师教研、科研与教学的联动

电子商务专业第二课堂建设锻炼和提高了电子商务专业教师的实践能力和教学能力，有效促进了教师教研、科研与教学的联动。专业教师依托专业第二课堂建设发表多篇论文，成功申报了多项高级别项目，如 2015 年北京市教育科学规划项目 1 项、北京市社科基金基地项目 1 项、北京市朝阳区协同创新项目 1 项等；近年来，电子商务专业教师获评北京市优秀教师 1 人，校级优秀教师 2 人，校级教学优秀一等奖 1 人、二等奖 1 人，获批校级教学成果奖 2 项等。

## 参考文献

[1] 秦玮. 浅谈台湾高校第二课堂建设对应用型本科高校人才培养的启发——以三明学院第二课堂建设为例 [J]. 高教探索, 2016 (S1): 29-31.

[2] 安美忱, 张卫国. 高校第二课堂教育探析 [J]. 教育探索, 2016 (5): 91-93.

[3] 刘树春. 基于第二课堂建设推动创新创业教育有效开展 [J]. 江苏高教, 2015 (3): 119-120.

[4] 沈忠华. 地方高校应用型人才培养的探索与实践——以电子商务专业为例 [J]. 中国大学教学, 2015 (11): 48-49.

[5] 陈乐天. 高校创业型人才培养机制探索——以电子商务专业为例 [J]. 中国高校科技, 2015 (10): 85-87.

[6] 罗海燕. 高等教育阶段第二课堂的定位反思 [J]. 当代教育科学, 2013 (13): 12-13.

[7] 朱闻亚. 基于"专业—就业—创业"的电子商务专业实践教学体系研究 [J]. 中国高教研究, 2012 (2): 107-110.

[8] 刘兵. 完善高校第二课堂培养模式研究 [J]. 中国高等教育, 2009 (18): 59-60.

[9] 庄青竹. 谈高校第二课堂活动设计与创新型人才培养 [J]. 商业时代, 2008 (20): 65-66.

# 高校中青年教师新开设课程集体备课研究

■ 兰昌贤

为了促进高等教育质量的提高，教育部连续发文要求提高高校教学质量。2010年教育部颁布实施《国家中长期教育改革和发展规划纲要》，提出："要全面提高高等教育质量，提高质量是高等教育发展的核心任务……严格教学管理，健全教学质量保障体系。"2012年3月19日，《教育部关于全面提高高等教育质量的若干意见》印发实施，提出把本科教学作为高校最基础、最根本的工作，领导精力、师资力量、资源配置、经费安排和工作评价都要体现以教学为中心；高校要每年召开本科教学工作会议，着力解决人才培养和教育教学中的重点难点问题。

高校教学管理的根本任务就是提高教学质量，这就需要为培养优秀的高级人才保驾护航，建立符合高校当前实际的科学化管理体系，不断提高管理水平和能力。高校设置新课程是为了适应社会经济发展需要，是专业教学改革的重要组成部分。新课程教学质量的关键在于教师自身知识储备的丰富程度以及教师将知识传输给学生的能力（教学方法）。由于中青年教师对新知识学习和掌握的能力较强，使用教学新技术的能力也较强，并且精力充沛，充满了工作热情，因而很多的新课程教师主力是中青年教师群体。但是由于中青年教师在教学中存在经验不足和知识储备等问题，使得新课程的教学能否顺利开展并获得学生的认可存在不确定性。这些问题可以通过教师集体备课得以解决。

## 一、中青年教师在新开设课程教学中存在的问题

### （一）新课程知识储备不足问题

尽管中青年教师较之老教师更易于接受新知识和掌握前沿动态，但仍有

部分教师未能熟练掌握新课程内容；尤其是多个班级同时开设新课程时，情况更为严重，因为更多班级上课就意味着需要更多教师承担该课程的教学任务，这就会导致少部分知识储备不足的教师被迫仓促上阵。

另外，新课程对所有教师都是新的挑战，备课是教师最基本的教研工作，备课能力是一个教师最基本的业务能力。但是，在知识转型和教育改革背景下，教师的这个能力遭到了时代的挑战，如何备课变成了一个新的研究命题。教师不仅需要全面掌握教材内容，还需要花更多时间在该课程领域探索钻研，充实自己。

### （二）教学方法和教学经验不足

每门课都有其自身特点，都需要与其相对应的教学方法和手段；新设立的课程也不例外。因而教师需要探索适合该门新课程的教学方法，以便把握如何在有限的上课时间内传授给学生最丰富的知识；使用最具艺术性的教学手段，吸引学生的注意力；把握教学内容的难易，重点符合教学大纲的要求；选择与教学内容联系最紧密的教学案例等。如果教师沿用原有其他课程的教学方法，可能不利于吸引学生注意力，造成学生对该门课程不感兴趣，教学效果就会受到很大影响。另外，青年教师对实际教学情况的预测和把握能力较为欠缺，也会导致教学效果大打折扣。

正是因为中青年教师在新设立的课程中存在以上问题，因而迫切需要通过集体备课来提高自身知识储备能力和改善教学方法。

## 二、中青年教师集体备课的作用分析

### （一）集体备课可以促进教学资源内部共享，提高教学质量

随着信息社会的发展，每个教师都可能通过各种渠道搜集到不同的教学资源。教师之间的集体备课与合作可以在较短时间内了解获得新课程教学资源的渠道，丰富教学资源，提高备课效率和教学质量。

### （二）集体备课可以为中青年教师搭建相互学习交流的平台

现代社会日新月异，知识更新换代快。教师走上教学岗位后，如果仅凭已有的知识进行教学实践与研究是远远不够的，仍然需要不断丰富和更新自己的知识体系，与时俱进。中青年教师通过集体备课，与其他教师进行思维的碰撞和交流，有助于相互学习，不断完善自身知识体系，提高教学技能，避免出现职业倦怠感。

### (三) 集体备课有助于在青年教师中形成教学研究的学术氛围

青年教师初涉讲台，对教学研究不知从何入手。集体备课可以让青年教师在认真准备和研讨的过程中，更加深刻地理解教育教学的理论并付诸实践，帮助青年教师不断反思自己的教学方法和教学理念，重视合作与交流，重视思考与研究，形成浓厚的教学研究氛围。

## 三、中青年教师对新开设课程集体备课方法分析

中青年教师对新开设课程集体备课并没有固定模式。集体备课可以通过以下方式来进行。

### (一) 集体制作新开设课程课件

集体制作课件，能够规范教学过程，促进教学质量的提升。集体制作课件有利于教师拓宽课件原始素材获得渠道，同时制作课件的过程也是中青年教师巩固和提高新开设课程教学知识储备的过程。集体制作课件并不意味着教师要在统一的时间、地点进行课件制作；相反地，除了初期统一思路时需要集体会议研讨以及在课件制作过程中需要偶尔集中讨论总结以外，教师可以利用分散时间和地点来制作分配好的课件内容。另外，也不要求全部的课件内容和讲课内容一致，否则教师不过是讲课机器，体现不出高等教育的多元性。

尽管课件制作的时间和地点等不做统一要求，但还是要对课件的质量做出硬性规定，比如制作课件资料的来源须做登记、课件内容不能出现错误、各单元之间的关联性和逻辑性要强、课件内容能配合教学方法的使用以及符合该课程的教学目标、把握教学重点、统一但不乏教师的个人特色等。

### (二) 教师内部研讨

教师内部研讨是集体备课很重要的一项内容，内部研讨可以促进教师教学内容和经验的共享。教师内部研讨可以通过头脑风暴、有经验教师讲座等方式进行。在新开设课程正式上课前一个学期或更早时间举行多场内部研讨会，互相探讨教学方式、方法，取长补短，讨论备课内容，提升教师教学能力。实现"以老带新，以强带弱"，丰富每位教师的教学资源和教学方法。经验丰富的教师可以为经验缺乏的教师在课前开展专题讲座研讨。对于经验缺乏的教师来说，一两场讲座可能不能解决问题，而是需要长期甚至整个学期的讲座培训辅导。这就涉及学校层面对该问题的支持力度。因为经验丰富的教师可以无私地为其他老师开展一两场讲座，但是长期来看很难坚持下来。

从学校层面来说,最好能考虑到该种集体备课形式的特殊性,给予课时和费用方面的双重补助。

### (三) 教师集体或分散参与外部研讨或实践

教师除了参加课程群内部研讨以外,还要加强与国内名校、企业的学术交流与联合,建立调研基地。一方面,要与国内名校和该课程相关的名家建立联系,了解、探讨、交流前沿知识或理论趋势,特别是学习其先进的教学理念、内容和方法;另一方面,要与相关企业建立联系,确定调研基地,提升教师的实践能力,从而进一步更新教育观念、转变教学思想。教师应该树立强烈的实践意识,使加强实践教学、强化教师实践能力培养成为从管理层面到操作层面的自觉行为。同时,高校教师应清醒地认识到提高个人实践能力的必要性和紧迫性,应该去校外参加相关工作或实习半年以上以提高实践能力。另外,教师可以参加一些企业培训,学习企业培训讲师的教学方法和理念。

总之,中青年教师可以通过多条集体备课的途径提高自身的教学水平,同时结合自己的实际教学班级学生的兴趣爱好、能力水平,做到因材施教,改善、提高新开设课程的教学效果。这不仅需要教师自身及其课程团队的努力,更需要学校层面加大对中青年教师开展新开设课程的备课工作的关注度和支持力度。

### 参考文献

[1] 李新芝,马克涛,孙红,等. 从标准化课件做起,强化教学过程管理,全面提高教学质量 [J]. 现代生物医学进展,2013,13 (11): 2162-2164.

[2] 郑志祥,苟国敬. 加强集体备课促进青年教师成长 [J]. 西北医学教育,2008,16 (2): 306-308.

# 教学效果评价与质量改进研究

于丽娟

**【摘　要】** 为将教学效果评价用于促进教学质量的提高，本文从教师的"教"和学生的"学"两方面设计了课堂教学效果评价的指标体系。基于此，通过问卷调查，应用统计分析的方法研究了教学设计与学生学习效果之间的关系，并根据教学基本规律，验证了教学设计及其实现的有效性，发现了存在的问题，提出了改进意见。

**【关键词】** 教学效果评价　教学质量　教学设计

## 一、引言

课堂教学效果是衡量教学质量的基础性、关键性因素，因此，对高校教师课堂教学效果进行科学的评价，是建立和提高教学质量长效机制的重要内容。目前高校课堂教学评价仍存在一些问题，制约着课堂教学评价作用的发挥。例如很多评价指标仅指向教师的"教"，关注教师个人在课堂"表演"的水平和效果，如教师形象、态度、语言表达以及教学文件是否齐备等，较少将学生的"学"纳入评价范围，忽视了学生学习的水平和效果，没有将学生掌握知识的程度作为教师课堂教学效果价值判断的标准。

课堂教学评价的目的是通过评价，让教师反思自己的教学工作，及时发现和解决教学中存在的问题，提高课堂教学质量，促进自身教学水平的提高。教学效果评价不仅应包括对教师的"教"的评价，还应重视对学生的"学"的评价，从这两个方面着手才能确保评价的全面性和客观性。出于对以上问题的考虑，本文结合教学设计，从课程教学过程出发，通过问卷调查方式，了解学生课堂学习的效果，试图从学生"学"的过程中探索出合理的评价指标，从而为教师做好课堂教学设计、改进教学方法、改进教学质量评价方法提供一些参考。

## 二、教学评价方法

本文结合课堂教学过程,将教师"教"的过程与学生"学"的过程相结合,从学生对于各教学环节所能感知的目标及目标达成的角度,设计教学评价指标及问卷,面向各届教学班级进行调查,再应用统计分析方法,对各影响因素进行统计分析,发现其中各因素之间的相关关系,从而为今后教师的教学设计与改进,以及教师教学质量评价提供参考。问卷面向的调研课程是管理类统计学,班级是2013—2014级两届的会计专业学生,发放调查问卷140份,回收100份,有效问卷73份。设计的教学评价指标如表1所示。

表1 教学评价指标

| 一级指标 | 基本信息 ||||平时学习及作业|||||平时测验及兴趣 ||||教师教学及设计 |||||
|---|---|---|---|---|---|---|---|---|---|---|---|---|---|---|---|---|---|
| 二级指标 | 性别 | 文理科背景 | 是否计划升学 | 预计想从事的岗位 | 个人平时作业完成度 | 估计全班作业完成度 | 个人课堂掌握知识程度 | 个人课后自学掌握知识程度 | 个人专注听课时间占比 | 个人平时测验得分 | 估计全班平时测验得分 | 对平时总成绩的心理预期 | 个人对课程综合成绩的预期 | 对本课程的兴趣程度 | 课程知识讲授的清晰度 | 课后作业安排方式的满意度 | 课程考核方式的满意度 | 对教师亲和力的满意度 | 对教学总体设计的满意度 |
| 变量定义 | JB1 | JB2 | JB3 | JB4 | ZY1 | ZY2 | KT | KH | TK | CJ1 | CJ2 | CJ3 | CJ4 | XQ | SP1 | SP2 | SP3 | SP4 | SP5 |
| 取值 | 男1,女2 | 理科学1,文科2 | 不升学1,升学2 | 管理1,会计2 | 0%:1;25%:2;50%:3;75%:4;100%:5 ||||| 0~59:1;60~69:2;70~79:3;80~89:4;90~100:5 |||| 很低:1;低:2;中等:3;高:4;最高:5 |||||

将回收的问卷数据进行整理和分析,主要是对各变量描述性统计以及各变量之间相关性进行分析,除此之外,还结合教师对学生学习过程的把握,如平时作业实际完成情况等,与以上指标变量进行综合分析,从而发现教学反映的问题,并提出改进意见。

## 三、结论与建议

### (一)基本统计分析

对基本信息类变量进行频数分析,反映被调研学生的基本情况。结果表明,女生偏多,占比76.7%;具有文科背景的偏多,占比57.5%;想继续升学的偏多,占比68.5%;想从事会计岗位的偏多,占比68.5%。

对平时学习表现及作业的统计表明,由于学生认为作业在一定程度上会影响课程考核成绩,希望能通过平时成绩拉高综合成绩,因此大多数学生的作业完成程度较高，同时也预估了全班作业完成的程度，两个指标的中值和众数都为4；认为课堂课后知识掌握程度以及听课时间占比不会影响最终成绩，因而对后三个题的回答比较客观，其中值和众数都是3，处于平均水平。

对平时测验及课程兴趣的统计表明，学生个人平时测验得分与预估的全班平均平时测验成绩都是3，前者的众数为4，后者的众数为3；学生预期的课程平时成绩和综合成绩都较高，中值和众数都是4；对课程的兴趣众数与中值都处于中位，这对于文科偏多的学生来说还算理想。

（二）相关分析

对一级指标各组内的二级指标进行组内变量相关性分析。结果表明，平时学习及作业、教师教学及设计内的二级指标变量相互间有较强的正相关关系，这是符合实际情况的。如个人课堂掌握知识的程度、自学掌握知识的程度越高，一般平时作业完成的程度就越高；再如教师的课程知识讲授清晰度越高，则对教学总体设计的满意度也会越高，对教师亲和力的满意度也会越高。

对一级指标各组内的二级指标进行组间变量相关性分析。例如，分析性别与对教学总体设计满意度之间的相关性，亚茨校正卡方值为15.186，双侧检验概率值为$p=0.000$，如果$\alpha=0.05$则相关性显著。Phi 相关系数0.49达到了中度相关，Goodman 及 Kruskal tau 系数的值都是0.240，显著性$p=0.000<0.05$，说明用两变量相互预测时都能消减误差24%。Some'd 三种相关系数检验统计量的概率值$p=0.000<0.01$，应拒绝零假设，说明相关性极其显著。将两变量视为对称关系时，$d=-0.487$，用教学总体设计预测性别时，$dy=-0.437$，用性别预测教学总体设计时，$dx=-0.550$。两变量呈反向相关，说明男性相对女性学生对教师的教学总体设计有较高的满意度。性别与教师教学及设计的其他指标也具有同样的相关性。此外，是否继续升学与平时学习及作业、平时测验及兴趣中的各变量也有显著的相关性，学生如有升学计划，那么就会比较努力，学习过程中会有较高的主动性和积极性，从而提高课程的平时测评得分，获得较高的成绩。

平时学习及作业类各变量与教师教学及设计类各变量都具有正相关性，说明学生如能加强平时学习、完成作业较好、课堂掌握及课后学习效果都较好，就会提高对教师教学及设计的满意度；反之，如果教师教学及设计能使学生有较高的满意度，也能促进提高学生平时学习及作业的效果。但平时学习及作业类中除了课后学习与平时测验及兴趣中的各变量有相关性外，其他变量与平时测验及兴趣中的变量不具有相关性，说明学生通过完成教师布置的课程作业来提高学习成绩的作用不大，而学生通过自主安排学习计划对学习成绩的提高有促进作用。这个结论也反映了目前的平时学习及作业各指标情况没能有效地提高学生的学习成绩，如果能做到有效，则该组各指标与平时测验及兴趣类和各指标呈现显著的正相关性。由此应进一步完善平时学习及作业内的各指标情况。

平时测验及兴趣中变量个人平测得分与估计的全班平测得分、对平时总成绩的心理预期都有显著的正向相关性，说明学生对全班平测的心理预期较高，学生依然特别看重获得较高的分数。该类各变量与教师教学及设计类各变量之间不具有相关性。

### （三）存在的问题及改进

通过以上分析可见，本问卷设计及其调研结论多数反映了教学过程所体现的实际情况，符合基本的教学规律，但也存在一些问题需要改进。

一是有个别问题的分析结论与现实存在差异。例如，按照实际情况，会计专业学生很多来自一本，学习的自觉性、主动性较高，因此对自己平时的学习过程管理较好，多数能按照课程要求完成作业，因而能够取得较高的平时测验成绩和综合成绩。但分析结论中，平时学习及作业组指标与平时测验及兴趣组的指标间并没有发现明显的正向相关性，这说明教学设计特别是平时学习及作业指标的各环节，在设计或者实施方面存在不足，应加强改进。再如，就课程兴趣而言，如兴趣程度较高，那么预期的平时学习及作业完成程度也较高，它们之间存在正向相关性，同时平时测验及兴趣内除兴趣以外的其他指标得分也应该较高，但分析结论却是不具有相关性，说明教学设计中相关的平时测验方法还存在问题，这也是应该进一步改进的地方。

二是此次分析未能与学生的实际课程综合得分相联系，因而在评测课程收获与平时教学过程设计的相关性问题上还存在不足，不能全面反映课程绩效，为此需要在今后教学测评中加进此部分内容，使教学评价更具全面性和客观性。

### 参考文献

[1] 冯利英，任良玉，刘益东. 高校教师课堂教学效果评价研究综述 [J]. 内蒙古工业大学学报（社会科学版），2014, 23 (2): 81-85.

[2] 宋彩萍，王江红. 教师教学效果评价研究 [J]. 教育理论与实践，2014, 21 (2): 28-31.

# 第四部分
# 教学方法改革

# 管理学课程教学方法探讨与设计

■ 龚秀敏　陈　琳

**【摘　要】** 管理学是系统地研究组织管理行为中的一般规律和工作方法的科学。管理无处不在，因此，在本科人才培养过程中，让学生了解管理的基本概念和理论并掌握管理的工作方法和技能是非常必要的。但是对于大学新生来说，要学好管理学并不是一件容易的事情，这就需要教师设计一套有效的教学方法，这样才能引导学生学好管理学，并将管理思想和技能应用于未来的职业生涯中，为学生的学业成长和知识结构的完善奠定坚实的基础。

**【关键词】** 管理学　教学方法　设计

管理学是工商管理类专业学生的专业基础课，是学生们进入大学后最先接触的具有系统性、交叉性、分析性、开放性和实践性特点的课程。因此，对于从高中升入大学的学生来说，学好管理学是有一定难度的。这就要求教师在课程内容和教学方法上进行精心设计，以便很自然地将学生引入充满思考乐趣的管理大世界，使管理学的教学在保证理论性、系统性、准确性的同时也不失趣味性、思考性和活跃性，只有这样才能实现较理想的教学效率和教学效果。

## 一、管理大类学生的特点

### （一）学生素质较好，但学习死板

整体来说，学生的基本素质较高，比如在出勤、作业、课堂讨论、学习积极性、与老师交流、团队活动等方面都有较好的表现。但是在高考指挥棒引导的大背景下，学生的学习比较死板，缺乏主动探究的精神。学习比较被动，常常等待老师布置任务，而缺乏自学能力。

### （二）生源多是外地和偏远地区

很多学生都是外地生源，部分学生来自偏远地区。外地生源的大幅度增加也会对教学产生影响，使教学过程面临较大的难度。

其一，外地学生在心理上有紧张感和陌生感，一些偏远地区的学生有着复杂的弱势心态以及大都市恐惧症。在大学初期，不太能主动地与同学和老师自然地交流。在课堂上也羞于主动表达自己的观点。

其二，外地学生来源比较复杂，这可能在知识水平、结构以及学习的心态方面有较大差异。

其三，因教育资源不平衡导致偏远地区学生视野比较窄、信息量少、读书阅读量小、对重大经济事件缺乏常识性认知、较少接触新技术和新观念、缺乏创新意识。

其四，部分学生的英语和计算机水平较低，这会直接影响查阅文献资料和完成相关作业的效果。

### （三）缺乏团队合作精神

独生子女时代成长起来的学生明显缺乏团队合作精神，这会在不同程度上影响小组活动和团队项目的效率和效果。

### （四）学习的功利性

大学新生普遍的特点就是学习目标过于单一，挣学分是他们学习的主要动力。这会直接导致他们倾向于看重成绩，依赖书本，机械而被动地学习，忽视交流沟通、开阔视野和追求丰富的经历，使学习的过程带有功利性。

## 二、管理学教学方法改革及设计

基于学生的上述特点，在管理学课程的教学过程中，将根据教学内容的不同，采用多元的教学方法，巩固学生的基础，开拓学生的视野，培养个性化思维，以达到提高整体综合素质和能力的目标。

### （一）案例教学

工商管理类专业的培养目标就是培养具有较高素质，能有效、高效地进行管理活动的管理人才。因此，其教学模式重在实际操作能力，而传统的教学方式很难满足这一目标，案例教学正好可以弥补原有传统授课的缺陷。与传统授课方法相比，案例教学不只是"教"的过程，更强调"学"的过程。

在教学过程中将选择相关的案例作为课程内容,通过案例分析、案例讨论等教学环节,促进学生加深对课程内容的理解并与现实环节产生联结。案例既是一种研究工具,也是一种灵活的教学工具,目的是使学生处于研究者和决策者的情境中,深入理解知识点,并基于所学知识提出解决现实问题的方案。案例的真实性、启发性和思考性可以有效地调动学生的学习积极性,增加学生的学习兴趣和自主探究问题的兴趣。案例教学的几个关键环节如下:

1. 避免教师唱独角戏

案例教学的主要目的不是传授知识,而是通过学生的参与,唤起学生对现实问题的关注兴趣以及激发学生的潜能。因此,案例教学不是教师向学生展示案例中的情景、问题和结论,而是引导学生开展讨论,通过对同一问题的不同观点的争论,激发学生的创造性思维,提高判断能力、分析能力、决策能力、协调能力、表达能力和解决问题的能力。

2. 寻找熟悉的事件作为案例

当学生对案例不了解或者无法理解时,他们就没有兴趣参与讨论。因此在选择案例时,尽可能选择他们熟悉的时代背景或者能够快速熟悉的内容作为案例,而避免生涩的内容,避免过于机械地使用案例。

3. 创造和谐的争辩氛围

在案例讨论中,抓住矛盾焦点,制造争辩环节是非常重要的。但教师不直接批评或评论任何一种观点,而是将观点的评判机会交给学生,引导学生按照一定的逻辑,将问题的思考引向深入。教师应表现出开放、接纳和包容的心态,创造一种宽松的讨论氛围。

(二) 团队项目研究

研究项目是针对大类的管理学课程进行的教学改革。目的是激发学生的学习自主性和内在的创造性。主要的做法就是在学期初为学生提供一系列有研究价值的课题,让学生以团队的形式去尝试着展开研究。在这个过程中,学生要学会研究方法、查找数据、建立研究框架、发现问题、分析问题成因、寻找解决方案、提出启示性想法,并在学期末向全班发布研究报告,分享研究成果。基本上这些话题都是与中国或全球企业管理领域相关的话题。比如:

• 为什么曾经如此成功的柯达会消失?(对企业外部环境的变化和变量因素的思考)

• 为什么"苹果"公司如此成功?(对企业技术创新、产品创新、流程

创新的思考）

• 为什么麦当劳和星巴克会快速遍及全球？（对企业战略及商业模式的思考）

• 为什么大企业更有衰败的危险？（对官僚的组织结构和大企业病的思考）

……

在学生从事团队研究项目过程中，要严格遵守相关要求：研究框架合理、层次清晰；数据来源准确且出自权威；引用最新的数据和资料；鼓励引用英文资料；问题聚焦准确且分析到位；有个性化想法；格式标准；每个团队要有1~2个所创新点。事实证明，这些看似苛刻的要求，学生基本上都能严格遵守。这个教学环节让我们看到了学生内在的巨大潜能和优秀素质。

学生作为充满能量的年轻人，他们在课堂上也会有自我实现的冲动和愿望，一旦教师为他们提供一个平台，他们就会欣然地接受挑战性任务，并努力在这个平台上展示自己的潜能、才华和创新的想法。这个平台在帮助学生启蒙批判性精神、掌握初级研究方法的同时，也在无形中帮助他们建立起一种积极学习的良性循环氛围和良好的班风和学风。

### （三）专题讨论

为了加深学生对某些关键问题的理解和认识，增加课堂的活跃气氛和竞争气氛，训练学生的独立思考能力，在课堂教学过程中还需采用专题讨论的教学方法。具体做法是：由教师提出目标问题，组织学生围绕该问题进行自由阐述、分析和争论。最后由教师对学生的意见和观点进行归纳、整理，并提出自己的意见和观点。专题讨论的关键：第一，提供可能会使学生产生意见分歧的有争议的话题。第二，提供典型的开放式问题，使学生有足够的空间进行思考和评论。第三，提供学生较熟悉领域中的问题，这样可使他们尽快地进入探究的角色。第四，教师要做最后的总结，但应该强调教师的结论不代表权威，仅是个人的观点。

### （四）启发式教学

即通过教师的暗示、提示和必要的背景说明等，让学生自悟出某些原理。运用这一教学方法，可吸引学生的学习注意力，由教师的单向思维转为师生的双向思维，增强学习效果。启发式教学的关键在于教师提出有影响力和吸引力的问题。可以借助一些数据、图表、照片等资料提出问题，引导学生进行发散性思考。启发式教学的技术环节在于，教师不能很快地给出答案，而是应该引导学生进行思考后总结出答案。这样的教学过程会使学生很有成就感，这会进一步刺激学生的学习兴趣和探究精神。

（五）角色扮演

角色扮演实际上是学生比较陌生但也很感兴趣的环节。一般来说，应该由教师布置任务，由学生任意发挥，将现实问题通过角色再现的形式展现出来，使学生有身临其境的感觉，并能设身处地地思考问题，提出解决问题的方案。角色扮演的难点在于：学生是否能很好地把握内容要点、突出问题所在、提供启发式的借鉴，而不是演变为娱乐性的闹剧。角色扮演最大的好处是学生在生动的角色扮演中掌握了知识点，并训练了他们的想象力、创造力和表达能力。

（六）模拟训练

为了使学生更好地掌握管理学内容，了解企业运作的过程和经营中的环节，在管理学课程计划中设计了企业流程模拟训练环节。该活动模拟一个真实的企业环境，让学生在这个模拟背景下扮演生产商的角色，为企业的经营活动做出各种决策，并想办法应对随时面临的风险和突发事件。通过模拟活动，学生能够了解企业的生产流程、资金与实物的循环过程、投资决策、风险储备金决策、财务风险意识、现金的管理、基本的记账方法、产品质量观念等。该环节的关键点是：提前准备好所有模拟活动道具、活动流程、活动情境及模拟岗位的分工，并在模拟结束后对模拟过程中出现的问题进行汇总和评价，这对教师的分析和概括能力提出了很高的要求。

（七）读书与分享

教育在改变人的过程中，读书是很重要的一个环节，一方面可以帮助学生尽早地进入一个感兴趣的领域，为未来的专业发展奠定坚实的基础。另一方面，读书也应该是大学通识教育的重要组成部分，它可以帮助学生开阔视野，建立独立的思维分析体系和正面的价值观。因此，在管理学课程的设计中加入了读书的环节。一般在学期初，根据学生人数，给学生提供40~50本管理领域及其他相关领域的有影响力的书籍或专业著作，然后要求学生写读书笔记。本环节的设计目的是培养学生读书的习惯，并引导学生从博览群书中找到自信的力量。

三、教师的角色与责任

21世纪的今天，教师的角色已经不能简单地描述为教书匠，今天的大学教师应该是设计师。从设计教学内容、教学方法，到设计人才培养方案和路径，所有这些工作都证明大学教师拥有设计师的特点，对讲授管理学课程的教师来说更是如此。因此，作为课程的设计师，我们应该将每一节课设计成有质量的作品，这样才能保证教学的高效率和好效果，这是我们应尽的责任。

### 参考文献

[1] 赵善琼. 管理学课程教改研究 [J]. 中国管理信息化，2015（4）：254.

[2] 马超. 关于应用型本科院校管理学教学方法的研究 [J]. 现代企业，2016（9）：62-64.

[3] 孟洁. 基于应用型人才培养的管理学课程教学探索 [J]. 产业与科技论坛，2014（21）：196-197.

# 管理学平台课程统考分析与教学改进

■ 李英爽

**【摘 要】** 本文对北京联合大学管理学院 2013 年 12 月以来的最近 4 次管理学统考课程成绩合格率等指标进行了对比统计，进而分析管理学统考课程成绩波动的原因及存在的问题，并为进一步做好管理学统考课程考试工作提出应对策略。

**【关键词】** 管理学  平台课  统考  教学探讨

## 一、管理学课程基本情况

管理学是研究如何不断地、有意识地对组织的资源进行合理配置，并对组织进行塑造的方式与方法的应用学科。它以企业的生产、营销、财务、人力资源活动为直接研究对象，以计划、组织、协调、领导、控制等为基本职能。它贯穿于企业管理的全过程，是现代企业管理的重要内容之一。随着我国经济改革的不断深入，现代企业管理的理论和实践也不断丰富和发展，管理在现代企业管理中的核心作用愈加突出。目前，管理学已经成为管理类、经济类各专业本科及研究生教学的核心课程之一。

管理学课程的学习，有利于培养学生分析问题、解决问题的能力，提高学生的综合管理素质。加强管理学课程建设和教学改革，对于培养 21 世纪高水平、复合型管理人才，对于我国企业适应日益激烈的国际竞争环境具有重要的理论和现实意义。

课程考试的主要目的就是考查学生对管理学的基本知识的了解和掌握情况。从考试的情况来看，基本上反映了教学的实际情况，绝大部分同学对基本概念了解清楚，具备了一定的分析问题和解决问题的能力，达到了教学的目的，这也说明已进行的几次统考是成功的。

## 二、试题结构分析

本课程考试的命题依据是教学大纲和我校自主开发编写的《管理学》教材。试题的特点是，在考查学生基础知识的同时，重点考查学生的分析能力和灵活运用能力。考试形式采用 A、B、C 卷的形式，其中 C 卷与教务处抽取的考试用卷题目相同，题序不同。从试题难度上来看，其中基础知识题和中档难度试题所占比例较大。

考试方式为闭卷考试，笔试时间为 90 分钟，试卷满分为 100 分，附加题 10 分。试卷结构见表 1：

表 1 分值分配表

|  | 题目序号 | 题目名称 | 题数 | 分值（分） | 计划用时（分钟） |
| --- | --- | --- | --- | --- | --- |
| 理论知识考核 | 一 | 单项选择题 | 20 | 20 | 20 |
|  | 二 | 判断题 | 10 | 20 | 15 |
|  | 三 | 简答题 | 3 | 25 | 15 |
|  | 合计 |  | 33 | 65 |  |
| 知识应用能力考核 | 四 | 计算题 | 1 | 15 | 15 |
|  | 五 | 案例分析题 | 1 | 20 | 15 |
|  | 六 | 附加题 | 1 | 10 | 10 |
|  | 合计 |  | 3 | 45 |  |
| 总计 |  |  |  | 110 分（含附加题 10 分） | 90 分钟 |

## 三、成绩分析

1. 基本情况统计

从管理学院近几年的情况来看，管理学课程期末统考的通过率在 50%~60%，平均得分在 60 分左右。存在一定范围的小波动，命题人会根据上年学科普遍的考试成绩统计进行适当调整，上年难度大了今年就调小，上年难度小了就调大，尽管由命题组人为进行了一定程度的控制，但从考试结果来看，总体保障了试题难易适中，基本使试卷难度保持在一个相对稳定的水平，既有一定的区分,同时能够得到一定效果的控制,从而可以排除试卷难度上的差异影响,分析出不同年份考生水平上的差异。

另外,从考试优秀人数和比例来看,最近两年优秀率保持了总体上升的态势,如上分析,优秀率高并不完全说明试卷简单,可能是学生的整体水平提高的表现。一方面优秀率比例在增加,另一方面优秀率有待进一步提高,该指标可客观反映出学生在个体学习上的效果存在较大差异,见表2。

表2 考试基本情况统计

| | 学院 | 实考人数 | 及格人数 | 通过率(%) | 优秀人数 | 优秀率(%) | 平均分 |
|---|---|---|---|---|---|---|---|
| 2016—2017 | 管理学院 | 759 | 370 | 48.75 | 32 | 4.22 | 58.64 |
| 2015—2016 | | 427 | 258 | 60.42 | 36 | 8.43 | 63.81 |
| 2014—2015 | | 358 | 164 | 45.81 | 5 | 1.40 | 58.21 |
| 2013—2014 | | 378 | 237 | 62.70 | 11 | 2.91 | 62.30 |

2. 分数分布统计

从不同分数段人数的分布情况来看,位于60分以上分数段的学生人数比例有明显提升,占到60%;60分以下人数比例明显下降,2015年该项比例为54%,2016年下降至40%,学生的成绩分布逐渐呈现向正态分布靠拢的趋势。

此外,不同分数段间的人数级差较大,说明试卷的区分度较好,但这也客观体现了学情基本状况的差异(见表3)。

表3 试卷得分分布情况统计

| 分数段 | >90分人数 | 80~90分人数 | 70~80分人数 | 60~70分人数 | <60分人数 |
|---|---|---|---|---|---|
| 2015 | 1 | 17 | 54 | 92 | 194 |
| 占总人数比(%) | 5 | | 15 | 26 | 54 |
| 2016 | 19 | 45 | 87 | 107 | 169 |
| 占总人数比例(%) | 15 | | 20 | 25 | 40 |

## 四、试卷内容分析

管理学课程在期末试卷中设有六种题型:

1. 客观题占 20 分,包括单项选择题和判断题两种题型,各 10 分,各 10 道小题,考点基本涵盖了各个章节的内容。

2. 主观题方面,包含四种题型,合计 80 分,包括:

(1) 名词解释占 15 分,3 道小题,考查学生对第一章组织中的管理、第六章组织以及第七章领导的有效性中的管理的有效性、无边界组织以及管理方格图的识记和理解。

(2) 简答题占 25 分,3 道小题,涉及第三章国际环境中的企业管理、第六章组织以及第九章沟通中的知识点,考查学生对企业国际化经营的动因、沟通对于管理的重要性以及对集权制组织与分权制组织的特点的理解和总结概括能力。

(3) 计算题(应用题)占 20 分,2 道小题,重点考查学生对第四章决策部分中定量决策方法的掌握和应用能力。

(4) 案例分析题占 20 分,1 道题,考查学生对第三章国际环境中的企业管理以及第五章计划部分中国际商业环境的构成以及计划类型中战略计划和战术计划的区别两个重要知识点的理解和应用分析能力。

总体来看,试卷内容在全面覆盖知识点的基础上,将集中体现管理理论发展和实践趋势的知识点作为考查重点,本着活学活用的课程学习目标,突出了试题的思辨性和推理性,重点对学生的理解应用能力以及分析概括能力进行了考查。在一定程度上来看,对于大一学生而言,具有一定的挑战性和难度,对他们提出了更高的要求。

## 五、答题情况分析

从客观题的答题情况来看,学生的平均得分为 10.5 分,可见学生对管理学基本概念、理论和原理的理解和应用还不够系统和扎实(见表 4)。

从各个题型的得分情况来看,名词解释题和计算题平均得分分别为 7.0 分和 9.5 分,得分率分别为 47% 和 48%,得分均未达到分值的一半,说明学生在核心概念和运用管理学方法解决实际问题方面还存在一定的差距;简答题平均得分为 13.9 分,得分率为 55.6%;案例分析题平均得分为 14.6 分,得分率为 73%,简答题和案例分析题的平均值超过了分值的一半,特别是案例分析得分达到 70%以上，说明学生初步具备了管理思维，掌握了基本的管理原理，能够用于分析解决一般的管理实践问题。

表 4 试卷主客观题平均分统计

| 平均分\题型\学院 | 客观题 20 分 | 名词解释 15 分 | 简答题 25 分 | 计算题 20 分 | 案例分析 20 分 |
| --- | --- | --- | --- | --- | --- |
| 管理学院 | 10.5 | 7.0 | 13.9 | 9.5 | 14.6 |

总体来看，虽然得分情况不是很理想，但考虑到大一学生的实际情况，取得这样的分数也基本合理，结合之前的考试内容分析，本次考试覆盖面广，学生在复习过程中有所疏漏，另外为了适当拉开分数差距，个别题的设计适当地超出了考试大纲的范围，体现了对学生更高层次能力的要求。

### 六、改进措施

根据学生答题情况，今后可以从以下几个方面尝试采取措施帮助学生提升对课程内容的理解与掌握，提高统考合格率。

第一，改革教学方式方法，突出应用为本的课程学习理念。就管理学院学生而言，适当结合企业管理背景知识，提升学生的专业认知和行业认知水平。在管理学的日常教学中，授课时应加强对重要知识点和理论的教学和强化。要对学生加强督促，严格要求，需进一步增加随堂测验和课堂练习次数，期中、期末前多做练习多讨论，反复强化重要知识点。

第二，不断探索改进教学方法，优化教学内容，加强案例讨论，可通过网络学堂进行课程建设，进行师生互动。加大学生课堂练习和案例分析比重，增强学生理论联系实际的能力。可采取个人学习和小组学习形式，加强课堂互动，提升学生管理决策能力以及运用管理原理知识分析管理问题的能力。

第三，关于统考命题，鉴于学生的学习基础，在今后的命题工作中，名词解释、简答题可围绕管理的职能（即四大职能）、国际化经营章节中的基本概念进行命题，以考查学生对管理学原理中最核心概念的掌握情况，也便于学生在今后的实践工作中更深刻地理解和掌握管理的内涵。

第四，课堂的组织和管理按照教学讲授和工作实际相结合的方式进行，讲解基本方法知识点——学生自己动手操作——工作过程管理——工作质量控制——工作效果评价。注重对学生职业素养的培养，如岗位的划分可锻炼学生的分工与合作的团队意识，管理工作的过程要自觉遵守，学生主动分析问题和解决问题的能力等。每一个工作任务必须实现预期的目标，在实现目标的过程中让学生充分体会和感悟，在深刻理解基本规律的同时，取得实际的经验，达到理论和实践的统一。

第五，教学的过程要照顾到不同能力的学生，努力做到因材施教，在练习的时间安排上有一定的弹性，充分照顾到能力差的学生，使其得到更多的锻炼机会。保证每一个学生在自己努力的前提下能够获得成功，逐步建立学生学习的兴趣和自信心，特别是通过管理团队的共同努力，取得管理任务的成功，这样的成功可以激发学生进一步学习探究的极大热情。

第六，从考试成绩来看，今后可适当调整命题难度和考核范围，增强期末考试评价的信度和效度。加强命题环节的沟通，推进命题的科学化和合理化，考虑开发建立管理学试题库。

## 参考文献

[1] 郑秋莲.高校课程考试管理研究［J］.统计与管理，2016（6）：54-56.

[2] 郝志娜.近二十年国内高校课程考试评价体系研究综述［D］.武汉：华中科技大学，2012.

[3] 朱永梅，王明强.高等学校课程考试评价研究［J］.管理观察，2009（3）：88-89.

[4] 陈楠.管理学课程考试方式改革探索与实践［J］.吉林农业科技学院学报，2012，21（2）：92-95.

# 应用型高校创新思维方法课程的教学思考

■ 王晓芳

**【摘 要】** 应《教育部关于做好2016届全国普通高等学校毕业生就业创业工作的通知》的要求，北京联合大学管理学院从2016年起针对全体大一新生开设了创新思维方法课程。这门课程教学内容抽象，而且由于是新开课，存在未形成稳定的教学体系、未建立完善的教学支持体系等问题。针对这些问题，本文提出了问题导向式教学、参与式教学、注重学科交叉知识点和开设网络课堂等对策。

**【关键词】** 应用型高校　创新思维方法　课程教学

以创新为特征的21世纪是一个充满竞争的世纪，人类的生存与发展遇到了严峻的挑战，中华民族的生存与发展遇到了严峻的挑战，而我国创新人才相对短缺。另外，我国高校毕业生就业形势非常严峻，2016年高校毕业生是765万人，比2015年增加16万人。在此背景下，2015年12月教育部颁布《教育部关于做好2016届全国普通高等学校毕业生就业创业工作的通知》，从2016年起所有高校都要设置创新创业教育课程，对全体学生开发开设创新创业教育必修课和选修课，纳入学分管理。

## 一、应用型高校创新思维方法课程教学特点

应用型高校是相对于研究型高校和教学研究型高校而言的，以应用型为办学定位，普遍重视实践教学，强化应用型人才培养。应用型高校创新思维方法课程教学是培养学生实践能力和创新能力的重要环节，也是提高学生社会职业素养和就业竞争力的重要途径。创新思维方法课程具有两个明显的特征。

## （一）教学内容的抽象性

20世纪二三十年代格式塔心理学家马克斯·韦特海默重要著作《创造性思维》的发表标志着创新思维研究的真正开始。随之创新思维培训也接踵而至，日本表现最为突出。日本凭借政府的重视和支持，不仅在学校开设课程，而且社会上还大力支持，通过制作电视台节目、创办刊物等形式提高人们创新思维能力或意识，在科学界、教育界和企业界掀起开发学生创新思维的热潮。同时，苏联也建立起大量发明创造学校，以推动创新思维的发展。近几年，上海4000多个企业开展创新训练。思维是在表象、概念的基础上，进行分析、综合、判断、推理等的认识过程。创新思维就是不受现成的常规思路的约束，寻求对问题全新的独特性的解答和方法的思维过程。因为思维是人类最本质的特征，而创造思维是非传统的、目的十分明确而又持续的思维，其成果对思维者或对人类文化都是新颖的、有价值的。创造思维的特性决定了创新思维方法课程教学内容的抽象性。

## （二）教学对象的复杂性

在当今社会中，学生接受教育，不仅要学习文化知识，更要开发自我的创造潜能。在我国教育中，严重缺乏对激发学生创造思维的课程训练。由此致使学生以完成作业、考试合格为目标，缺乏深入探究、挑战权威的意识，向"高记忆力，低创造力"的方向发展。与创新思维方法类似的课程基本都是各类社会培训机构的课程或者企业内训课程，教学对象甚至包括学龄前幼儿。虽然人人皆可创新，但普遍认为关注早期培育最为重要。日本著名育儿专家内藤主张尊重孩子的生命，这种尊重表现在尊重其人格和个性上，婴幼儿期是智力和行为的可塑期或关键期，而且一个人的早期表现和后期有很大的延续性。对于进入大学阶段接受教育的本科生而言，他们来自全国各地、各个阶层、各种不同的背景，已经形成了其固定的思维模式，从而导致创新思维方法教学对象的复杂性。因此激发学生的创新意识，调动其创新的勇气，需要深入了解学生的思维特点，最根本的是要尊重学生的个性和想象力。

## 二、创新思维方法课程教学中存在的问题

由于这门课程是2016年的新开课，仍存在诸多问题。

### （一）没有形成稳定的教学体系

根据教育部的规定，2016年起所有高校均开设创新创业课程。但不同的学校开设方式不一：有些学校长期开设相关课程，并产生了比较好的教学效

果。例如，自 2002 年起，烟台大学在全校开设了科技方法与创新思维公开选修课；大连理工大学很早就开设了创造性思维与创新方法课程，并于 2012 年在网易公开课发布；有些是与专业结合，将原有设计课程更名。比如上海第二工业大学将原有课程机械创新设计加入新的内容并更名为创新思维与现代设计。有些学校开设了全新课程创新思维方法，例如北京联合大学管理学院。对于新开课的高校，由于开课时间短，准备时间相对有限，而这门课又是新的教学内容，因此没有形成相对统一的教学大纲以及相对完善的教学体系。

### （二）没有建立完善的教学支持体系

根据教育部的要求，高校要对有创业意愿的学生开设创业指导及实训类课程。对已经开展创业实践的学生开展企业经营管理类培训。要广泛举办各类创新创业大赛，支持高校学生成立创新创业协会、创业俱乐部等社团，举办创新创业讲座论坛。高校还要设立创新创业奖学金，并在现有相关评优评先项目中拿出一定比例用于表彰在创新创业方面表现突出的学生。但由于投入期限等原因，配套教学支持体系非常不完善，甚至连教材都欠缺。当前比较流行的相关书籍包括梁良良主编的《倒立看世界：创新思维训练》（2013），张正华、雷晓凌著的《创新思维、方法和管理》（2013），王惠连、赵欣华、伊蕾主编的《创新思维方法》（2011），（英）博诺著、冯杨译的《六项思考帽》（2013）等。但这些书籍更接近训练习题集，缺乏理论基础，而非本科教学教材。

## 三、提升创新思维方法课程教学效果的建议

### （一）问题导向式教学

鉴于创新思维方法课程的特殊性，应打破传统教师"一言堂"的局面，进行学生参与式教学，将"问题"作为学生学习研究的主题，围绕问题进行课堂教学，开展课堂思维活动。以学生为本位，从做中学，培养学生的创新思维。例如近些年比较热门的翻转课堂。翻转课堂利用丰富的信息化资源，让学生逐渐成为学习的主角，以老师提问的形式"塑型"到思维方式，通过有效的思维活动将问题引向深入和全面。这种授课方式对教师提出更高的要求，要求对参与式教学整体方案进行设计，将教学内容创设为一系列问题，形成螺旋上升的"问题链"，并随时对课堂讨论内容及方向进行引导管控。

### （二）注重学科交叉知识点

创新思维培养的关键因素在于使思维远离平衡态。也就是说，应用型本

科学生除了学习本专业领域的知识，还需要跨越本专业领域的界限，广泛学习吸收如管理学、经济学、法学、数学等其他学科的知识和方法。从而打破传统学科体系的思维方式，在广阔的知识领域中构建新的思维方式。一般来讲，在学科交叉领域中，思维往往处于"非平衡态"，很容易产生创新的火花。学生在多学科交叉知识点的学习中，逐步研究看似无相关性的现象之间的联系，将很好地锻炼其辩证思维能力。相关实践研究表明，拥有多样性、差异性知识的人所产生的创新能力远远强于仅获得一种同质知识的人。

### （三）提高授课教师的教学水平

创新是一个民族进步的灵魂。创新思维是一个人素质的重要标志之一，也是提高素质的重要目的之一。授课教师要把自己的价值放在培养受教育者的创新能力，尤其是培养受教育者创新思维能力上来。教师首先要加强理论学习，提高自身修养。创新思维课程有其深厚的学术背景，授课教师必须认真学习。通过外出参加培训、请名师进课堂等方式，提升教师的专业水平。而且授课教师可以通过集体备课的方式，多向同行学习。集体备课中，大家通过头脑风暴法，研究教学方法，分享教学中成功与失败的案例。教学过程不单纯是教师教和学生学，同时也是师生双方感情和思想的交流与碰撞。师生关系直接影响着学生的学习积极性和克服困难的意志，影响着学生的认知能力。虽然"闻道有先后、术业有专攻"，但创新思维方法课程是最容易实现师生互动和教学相长的课程之一。

## 参考文献

[1] 朱燕燕. 基于 Web 的小学生创新思维课程开发与应用［D］. 临汾：山西师范大学，2010.

[2] 岳晓东，龚放. 创新思维的形成与创新人才的培养［J］. 教育研究，1999（13）：9-13.

[3] 汪琳，韩可卫. 经济类研究生创新思维培养机制研究——论研究生经济学原理课程教学改革［J］. 高教学刊，2016（23）：81-82.

# 创新思维方法课程设计的思考

■ 胡艳君

**【摘　要】** 2015年国务院印发《关于深化高等学校创新创业教育改革的实施意见》，全国各高校积极开展各种形式的创新创业教育，在这样的大背景下，在2015版本科培养方案修订过程中，学院决定开设创新思维方法课程，作为创新创业系列课程之一，以通识教育必修课的形式面向管理学院一年级本科生开设。本文将对目前该课程的开设情况、课程内容设计中存在的问题等方面进行分析，并提出对该课程进行改进的思考。

**【关键词】** 创新思维方法　课程设计　思考

随着我国经济社会发展进入新常态，党中央、国务院做出了加快实施创新驱动发展战略、建设创新型国家的重大决策。人才是创新的核心要素，创新驱动实质上是人才驱动，迫切需要深化教育教学改革，加快培养富有创新精神的人才队伍。从中央到教育系统，全面、深入开展创新创业教育改革已成为共识。国务院总理李克强指出：大学生是实施创新驱动发展战略和推进大众创业、万众创新的生力军，既要认真扎实学习、掌握更多知识，也要投身创新创业、提高实践能力。

2015年5月13日，国务院办公厅印发《关于深化高等学校创新创业教育改革的实施意见》，全面部署深化高校创新创业教育改革工作。据教育部统计，2015年以来，全国已有82%的高校开设了创新创业相关的必修课或选修课，设立的创新创业资金达到了10.2亿元，吸引校外资金达到了12.8亿元。高校设立的创业基地数量和场地面积不断增加，参与创业创新活动的大学生达到了300多万人次。这对提高高等教育质量、促进学生全面发展、推动毕业生就业创业起到了重要作用。

近几年，管理学院也积极开展各种形式的创新创业活动，并把创新创业作为学院的发展特色和主题，创新创业教育体系也在不断建立和完善。在2015版本科培养方案修订过程中，学院决定开设创新思维方法课程，作为创新创业系列课程之一，以通识教育必修课的形式面向管理学院一年级本科生开设。本文将对目前该课程的开设情况、课程内容设计中存在的问题等方面进行分析，并提出对该课程进行改进的思考。

## 一、创新思维方法课程设计及开设现状

### （一）课程开设目的、课程性质

在管理学院本科各专业2015版培养方案中，创新思维方法作为通识教育必修课在一年级第二学期开设，32学时2学分。目的是适应大学教学改革的要求，把培养学生的素质、能力放在比让学生多掌握和记住知识更为重要的地位，把培养学生的创新思维能力和创造能力作为教学改革的重要方向之一。希望学生可以通过学习该课程，了解各种创新思维的基础知识和有关理论，掌握各类创新思维的重要案例的分析方法，了解创新思维基本方式；进行各类创新思维方法训练，培养学员进行创新思维的良好习惯；掌握创新思维方法的主要技术；初步学会运用唯物辩证法的基本观点和创新思维的基本方法观察问题和分析问题，从而提高学生创新思维的基本能力。

### （二）课程内容设计

目前，创新思维方法课程主要包括两大块内容：一是创新思维相关理论，包括创新思维的基本原理和方法、阻碍创新思维的基本因素、怎样进行创新思维以及创新思维技法；二是在理论学习基础上的创新思维训练。

创新思维相关理论内容如表1所示。

表1　创新思维方法课程理论内容

| 单元（章） | 具体内容 |
| --- | --- |
| 绪论 | 创新、思维、创新思维 |
| 创新思维的方法 | 逻辑思维、发散思维、收敛思维、想象思维、联想思维、直觉思维、灵感思维、幻想思维 |
| 创新思维的基本原理 | 陌生原理、归本原理、诉变原理、中介选择原理、迁移原理、综合原理、分离原理、还原原理、相反原理、换元原理、群体原理 |

续表

| 单元（章） | 具体内容 |
| --- | --- |
| 阻碍创新思维的基本因素 | 阻碍创新思维的客观因素：守旧观念、传统教育、传统的家庭教育模式；阻碍创新思维的主观因素：固定观念、思维定式（经验思维定式、从众思维定式、权威思维定式、书本思维定式）、自我思维及其他思维障碍 |
| 怎样进行创新思维 | 扩展思维视角：肯定—否定—待定、今日—往日—来日、自我—非我—大我、求同—求异—求合、情感—理智—理想、无序—有序—超序；激发思维潜能：良性（正面）暗示、开发情商、幽默感、快乐心灵 |
| 创新思维技法 | 奥斯本检核表法、和田十二法、5W1H法、头脑风暴法等 |

创新思维训练则安排在每个理论讲授的过程中或讲授完之后进行。

（三）**教学方法**

由于创新思维方法课程的实践性比较强，每个理论需要学生亲自练习或实践才能真正体会和掌握，因此该课程的教学方法更多地采取讨论式教学法、案例式教学法以及游戏式教学法，有一定的效果。

因为课程中会有大量的小组讨论，第一节课就会要求学生自由分组，5~6人一组。例如在介绍发散思维方法时，要求每个小组分析当前市场上的雨伞存在哪些问题，并提出相应的解决方案。讨论的结果出乎意料，每个小组都提出了很多雨伞的问题，并想出了不少实用又可行的解决方案。

案例式教学法应该是运用最多的教学方法，对于任何一个理论知识点的介绍，都需要一定的案例进行解释、说明和分析，使理论知识能够通俗易懂，学生更容易理解和掌握。例如在讲授激发创新思维潜能的方法之一——开发情商时，通过著名的"软糖实验"的视频和文字介绍来说明情商的重要性。

而游戏式教学法寓教于乐，使学生在欢快的气氛中学到了知识。例如在介绍自我中心型思维障碍时，让学生以小组为单位做了一个"传话游戏"：每组选出5名同学，第一名同学随机抽一张纸条，并把纸条上的内容背下来，然后将纸条收回。由第一名同学小声告诉第二名同学，但是绝对不能让第三个人听到，由此类推，到最后由最后一名同学在黑板上写出答案。最终大家发现能写对的小组寥寥无几，通过这样的方式，学生对自我中心型思维障碍有了深刻的认识。

（四）**考核方式和评价标准**

创新思维方法课程属于考察课，与其他通识课如英语、数学等课程相比，更侧重于对学生创新精神和能力的训练和培养,因此考核方式为过程化考核。过程化考核是对教学的各个环节进行考核,包括出勤、个人表现、个人作业、小组课程报告(作品),该四项构成平时成绩,所占比重分别为20%、20%、20%和40%,平时成绩占总成绩的70%,期末考试占30%。这样可以督促学生养成良好的学习习惯,同时培养学生自我管理、主动学习、解决问题的能力。让学生参与各环节的考核,也可以实现以学生为主体、教师为主导的教学模式。

(五)目前开设情况

目前创新思维方法课程已经面向管理学院2015级近500名各专业本科生完成1次授课任务。班级容量设置最大值为57人,由5名教师承担了10个班的授课任务。

## 二、创新思维方法课程目前存在的问题

从创新思维方法课程对学院2015级本科生授课情况,包括学生和老师的反馈来看,存在以下几方面的问题。

(一)课程定位狭窄,学生认可度不高,课程性质有待商榷

创新创业教育首先应该是一种理念、精神教育,其本质是一种素质教育。但是从目前该课程内容的设计和授课情况看,更多的是对某些创新理论和技能的学习和训练,面对众多的创新知识和技能,32课时的设计又只能学习一些"皮毛",进行一些简单的训练。所以学生认可度不高也是正常的。

目前创新思维方法课程为通识教育必修课,意味着所有的学生都必须学习这门课,但从目前的授课情况看,有些同学有较强的学习兴趣,学习积极性比较高;也有不少同学没有学习热情,疲于应付。因此老师们也在讨论是否改为选修课更好。

(二)创新思维方法的学习和训练没有与专业教育结合起来

目前,该课程的内容设计与专业教育结合不紧、与实践相对脱节,造成了"好看不好用"的现象。有老师提出,在课程内容设计上能否考虑与管理学院的专业相结合,或者形成创新创业教育的系列课程。总之,如果不能与专业教育很好地结合起来,或者形成一定体系的创新创业课程规划,创新思维方法课程未来的授课质量和效果还会有很大的不确定性。

(三)授课教师基本零基础,授课质量不高

2015级学生对该门课程任课教师的评教结果都不尽如人意,这样的结果

在意料之中。创新创业教育内容涉及广泛，实践性和技术性很强，教师不仅要有深厚的专业知识，更需要丰富的社会经验与职业观念。而担任 2015 级授课任务的 5 名教师除个别教师对创新创业教育有所接触外，其余教师均为经济学、管理学以及法学等专业教师，在创新创业教育方面基本零基础。受水平所限，很多时候信心不足，只能照本宣科，授课效果可想而知。

**（四）上课所需的一些客观条件的缺失也在一定程度上影响了授课质量**

创新思维方法课程在课程设计上经常需要学生进行分组讨论，有时候还需要进行小组游戏，要求教室里的座椅最好是可以移动的，但目前这些条件都很难满足。另外，没有合适的教材也是一大问题。

### 三、对创新思维方法课程设计改进的思考

针对目前该课程存在的一些问题，建议做以下几方面的改进。

**（一）构建有针对性和实效性的创新创业教育课程体系，实现创新创业教育和专业教育的有机结合**

专业教育和创新创业教育是不矛盾的，是教育的两个方面。要从培养什么人、怎样培养人的根本上解决二者相互割裂的问题，对人才培养进行顶层设计。建立健全创新创业教育与专业教育紧密结合的教学体系，在专业教学中更加自觉地培养学生勇于创新、善于发现创业机会、敢于进行创业实践的能力。南京大学在这方面就做得很好，南京大学设置了多层次、多类型的创新创业课程，其中，在创新教育方面，开设新生研讨课 182 门、高水平通识教育课 107 门、高年级研讨课 115 门；在创业教育方面，开设了创业平台课程、行业课程，以及在专业课程中融入就业创业的嵌入式专业课程。这样就实现了创新创业教育和专业教育的有机结合。

**（二）"走出去"与"引进来"相结合，有效解决师资问题**

针对目前师资力量较弱的问题，通过"走出去"与"引进来"相结合的方式，组建多元化的师资队伍。充分利用校内优秀师资和校外资深学者、杰出校友以及产业界领袖和创新创业实践者，共同组建一支学术与实务相结合、创新与创业相结合、本土与国际相结合的课程教师团队。一方面，邀请专业、成功创业人士等为学生开课，传授创新理念和创新意识，并通过分享自身经验与经历，激励学生树立创新意识和自主创业的信心；另一方面，通过定向培训、专题进修等方式，提高教师的创新创业素养与能力，做到真正懂创新创业、会创新创业后，再来教创新创业。

### (三) 改善上课所需的客观条件，提高授课质量

针对目前上课所需要的一些客观条件缺失的问题，希望未来能够尽量实现小班授课；尽快自主开发实用的教材；学院正在申请建设的创新思维实验室和创意工坊也将为创新思维方法课程训练部分的有效开展提供良好的环境。

## 参考文献

[1] 张杰. 推进创新创业教育的"四个关键"[EB/OL]. http://edu.people.com.cn/n/2015/0602/c1053-27090633.html.

[2] 史晓琪. 高校创新创业教育不能"好看不好用"[EB/OL]. http://news.163.com/17/0117/07/CAVFCBEG00014AEE.html.

[3] 张烁. 创新创业，高校怎么教[EB/OL]. http://www.moe.cn/s78/A08/gjs_left/s3854/s5673/201507/t20150709_193194.html.

[4] 夏超群. 创新思维训练课程教学模式的探索与实践[J]. 科教导刊, 2014 (29): 149-150.

[5] 杨小川. 基于"创新思维训练"课程改革的教学模式与方法研究[J]. 乐山师范学院, 2014 (5): 102-106.

[6] 高校创新创业教育大家谈 2015 [EB/OL]. http://www.ncss.org.cn/tbch/cxcyjyzt/.

# 商务谈判课程教学法研究

■ 张选伟

**【摘　要】** 新修改的工商管理专业培养方案，要求增开商务谈判课程。如何开好这一课程，是摆在任课老师面前的一个亟待解决的任务，因此，认真分析研究该课程的教学方法，是开好这门课程，带好学生的第一步。本文从培养本科生在未来商务活动中开展商务谈判的实际操作能力出发，分析了应该着重讲授的重点内容、关键知识点，规定了参与式案例分享的团队任务，精选了来自全国集体谈判大赛的经典实操性模拟谈判案例，选择了最终的考核形式——模拟谈判，设计了关键采分点和集体打分方法。本课教学法的核心是：围绕实际谈判能力建设展开教学活动；抓住关键问题阐述基本知识；通过分享大量精彩实际谈判案例来提高学习兴趣，增加学生对实际谈判类型、原理、流程、方法、策略的理解；采用全国谈判大赛案例展开期末考核；通过民主打分提高学生的主动性、参与感、成就感。通过初步实验，获得了比较满意的结果。

**【关键词】** 商务谈判　教学法　模拟谈判　案例分享

## 一、商务谈判课程的性质及开设目的

商务谈判是一门综合学科，具有科学性和艺术性，涉及社会政治、经济、人文环境、人格、需求、心理、思维、策略、礼仪、文化类型、项目实践、沟通技巧、经济法、合同、营销、管理、团队、外语、经济学、签约等综合内容。商务谈判更加注重"谈判"本身，包括商务谈判的概念、作用、类型、内容、流程、阶段、策略、礼仪等，有关的环境分析在营销学里详细展开；有关的价格理论在经济学里展开；有关的团队管理在创业、管理学里展开；

有关的经济法在专门的经济法课程里展开；关于签约部分的合同类型在经济法中的合同法课程里展开；本课程不再详细涉及。本课程更注重实践性、应用性。我校作为应用型城市型大学，工商管理学科的在校大学生学习商务谈判课程的目的是掌握谈判原理，增强商务谈判的实操能力，能够在未来的职场上参与甚至主持商务谈判。为了达到这一目的，顺利完成教学任务，有必要对该课程的教育教学方法进行认真探索。鉴于此，本文在实践的基础上，以大学生谈判能力建设为核心，以案例建设、参与式分享为抓手，展开教学探索，以求找到合适、有效的完整教学内容、方法、手段。

## 二、商务谈判课程的授课对象、时段、课时选择

由于本课程是作为管理学院院级任选课设计的，要求选修的同学至少学习了管理学、经济学、企业管理综合实践（美国职业经理人培训用决策模拟软件）、营销学、经济法等先修课程，对于具体的商务文化环境以及其中的商务活动有比较清醒的认识，甚至要求有实际商务活动经验。因此，三年级以上的同学选修最为合适。从压缩课时、增加信息量、增加参与感的要求出发，课时总量在32学识，2学分比较合适。这就要求对于讲授部分进行压缩、提炼，对于参与部分加大力度。以此为准则，提出下文的内容和方法设计。

## 三、商务谈判课程应关注与培养的核心能力选择

为了使学生学完课程以后具备实际的谈判能力，并为后续深度学习打下基础，本课程应该抓住以下能力展开培育：①谈判类型识别能力；②谈判过程把握能力；③谈判准备要点判断能力；④谈判约束识别能力；⑤谈判空间及谈判策略空间设置能力；⑥谈判团队组建、分工、配合能力及必要的商务礼仪训练。除此之外，还要掌握必要且足够的实际谈判案例。为此，下述的知识模块、核心内容、关键知识点设置以及资源准备、过程、方法、考核都要围绕上述能力建设来展开。

## 四、商务谈判课程应包括的知识模块、核心内容、关键知识点选择

为了配合上述核心能力培育设计，专门研究制定了有针对性的教学大纲，对上述内容进行了详细的规定与设置，限于篇幅，此处不再赘述。总之，知识模块、核心内容、关键知识点选择必须紧紧围绕上述几方面能力建设展开，为最终达成教学目的服务。值得强调的是，除了按大纲要求完成授课内容之

外，为了增强学生对于课堂教学的参与性，一个必要而且有趣、有效的教学内容是学生以小组为单位，收集与分享谈判案例，老师进行点评，这对于加深知识模块、核心内容、关键知识点是非常有效的。

值得注意的一个问题是，面对全球化浪潮，学生或早或晚都会接触国际谈判，其中国际文化差异是必须注意的一个内容，而目前的教材又大多没有交代清楚，因此，作为授课老师，必须在国际文化差异上下一定的功夫，给学生一个比较清楚的交代，特别是对我国"和为贵""和气生财"以及西方"合同至上"的文化精神分野讲解清楚。

### 五、抓住兴奋点、提高学生课堂参与感的办法

为了抓住学生的兴奋点，提高学生课堂参与感，教学活动基本由三个部分组成：①授课教师饶有趣味的原理讲解；②小组为单位的经典谈判案例分享与教师点评；③期末采用队式谈判比赛，使学生通过案例阅读明白谈判局势，拟定己方谈判策略，灵活运用谈判策略展开谈判，现场打分。

课堂上，对于各个小组的案例分享演讲有如下要求：

第一部分，商务谈判案例故事。

第二部分，对于谈判局势（分为双方组织性质、价值需求、合作利益空间大小、谈判失败风险、各自商业模型……）、类型、约束、策略展开具体分析。

第三部分，效果分析以及经验教训。每个小组演讲时长不超过30分钟。

实验的结果是，同学们深感刺激、饶有兴味、收获很大。可以说，这样的设计已经取得初步成功。

### 六、商务谈判课程的教学资源、过程、考核手段选择

教学资源主要包括有针对性的教材、PPT、案例、全国劳资谈判比赛资料、学生自己制作分享的案例展示。本课程主要采用了美国教材，其优点是直接引导学生进入谈判情境，比较有趣，其缺点是缺乏系统性；同时，也准备了国内教师编写的备用教材，其优缺点与国外教材刚好相反。它们有个共同的缺项，那就是国际文化差异及其对谈判的影响，这就需要授课教师仔细准备。

为了贯彻内容、提高兴趣、加强参与、提高实际谈判能力，教学过程如下：①案例、概念、原理分享；②提问，点评；③学生小组案例分享；④老

师点评打分（平时分数的主要部分）；⑤回答学生提问。

上述已经提及，期末考核使用全国劳资谈判比赛资料，分发给每个小组，抽签决定比赛对象以及代表劳方还是资方，经过认真的前期准备，在课堂现场进行比赛，根据比赛规则打分，作为期末考试成绩。

### 七、效果观察与建议

经过两轮共5个班的教学实践，已经取得了预期的效果，同学们参与感很强，收获较大。基本内容、手段、过程、资源配合都比较有效，应该继续坚持，逐步改进。而对于原理部分，要逐步细化、精练化。

### 参考文献

[1] 列维奇，等. 商务谈判 [M]. 5版. 程德俊，译. 北京：机械工业出版社，2012.

[2] 易开刚. 现代商务谈判 [M]. 2版. 上海：上海财经大学出版社，2009.

# 研究型教学方法在宏观经济学教学中的应用

■ 杨艳芳

**【摘　要】**宏观经济学课程是本科院校学生的专业基础课，单一的教学方式不利于培养学生的创造能力，研究型教学方法可以弥补传统教学方法的不足，有效提高学生的应用和创造能力。本文从教学内容、教学方法、课外实践活动和考核方式设计四个方面介绍了研究型教学方法在宏观经济学教学中的应用。

**【关键词】**研究型教学方法　宏观经济学教学

## 一、引言

宏观经济学是本科院校经管类专业的专业基础课，是金融学、管理学、市场营销、国际贸易等课程的基础。宏观经济学主要研究社会总体的经济行为及其后果，即对经济运行的整体进行研究。其研究对象是经济总量，如一国GDP、就业和价格水平等。宏观经济学与微观经济学相比，理论抽象，流派众多，学生不仅要掌握现代经济学的基本理论，还要掌握经济学的核心理念和思维方式，具备运用所学知识分析、解决实际问题的能力，为其他相关课程的学习打好基础。如何对宏观经济学本科课程教学进行改革是当前教学研究的热点之一。传统的教学方法以教师的课堂讲授为主，学生学习方式单一，不利于学生应用能力的提高。研究型教学方法在教学中侧重培养学生的创新能力和应用能力，在许多课程的教学中都得到了广泛的应用，本文拟探讨该方法在宏观经济学课程教学中的应用。

## 二、研究型教学方法简介

关于研究型教学的内涵，教育界有不同的认识。但大部分学者都认为研究型教学是一种全新的教学模式和教学理念。研究型教学的目标是培养具有创新精神和创新能力的人才,研究型教学的方法是为学生构建开放的学习环境,提供多种获取知识的渠道并将学到的知识加以综合应用于实践。教师以课程内容和学生的知识积累为基础,精心创设情景,引导学生充分参与、主动探究,自主发现问题、研究问题和解决问题,在研讨中积累知识、培养能力和锻炼思维。案例教学、基于问题的教学方法都属于典型的研究型教学方法。研究型教学模式通常包括以下五个教学环节:(1)创设情境:教师通过问题、任务等多种形式,使用适宜的教学手段来创设与此学习对象相关的学习情境,引导学生进入目标知识点的学习。(2)启发思考:学习对象确定后,为了使探究式学习切实取得成效,需要在探究之前向全班学生提出若干富有启发性、能引起学生深入思考、并与当前学习对象密切相关的问题,以便全班学生带着这些问题去探究。(3)自主研究:教学过程中应强调学生的自主学习和自主探究,以及在此基础上实施的小组合作学习活动。(4)协作交流:本环节是与前面的自主探究环节紧密相连的。学生只有在经过了认真的自主探究、积极思考后,才可能进入高质量的协作交流阶段。(5)总结提高:教师引导学生对问题进行回答与总结,对学习成果进行分析归纳,并可联系实际,对当前知识点进行深化、迁移与提高。

## 三、研究型教学方法在宏观经济学教学中的应用

### (一)教学内容设计

宏观经济学的教学思路应该是把重要的知识教给学生,并让学生掌握应用这些知识的能力,因此少而精是教学内容设定的原则。学生的学习任务主要可以分为三个部分:第一是教师指导学生学习,教师利用课上时间向学生介绍需要掌握的知识要点,并针对某些重要的问题进行辅导;第二是学生课后进行自学,主要包括阅读教师指定的论文和上网查阅相关资料;第三是完成课后作业等练习任务。教师在指导学生学习理论知识的时候,应把重点放在理论的应用上。例如IS-LM模型的教学中,教师对产品和货币市场均衡的基本理论进行阐述后,应引导学生针对现有的财政和货币政策进行调查分析,当将经济学理论应用于实际问题的分析时,学生解决问题的能力会大大提高。

### (二)课堂教学方式设计

教师的课堂教学方式应以学生为中心,强调培养学生的独立性和创造性。国外的教育理论认为,成人的注意力集中时间大约为20分钟,因此,课堂理

论讲授的时间不能连续超过 20 分钟。为了活跃课堂气氛，提高学生注意力，教师应积极鼓励学生在课堂上发言，提出问题，甚至提出反对意见。是否积极参加课堂讨论一般占学生期末总评成绩的 20%，甚至更多。在课堂上，学生如果有不理解的问题或有不同意见时，可以随时举手与教师探讨。

应在教学中广泛采用案例教学方法。由于宏观经济学课程内容大多是抽象的理论，教师可结合课程内容有针对性地选用案例，将理论知识与当前经济社会生活中的具体实例结合起来，不仅可以阐释知识要点，让学生从案例分析中理解和掌握经济学理论，同时能活跃课堂气氛，激发学生学习兴趣，吸引他们主动思考，变被动学习为主动学习，培养学生运用理论分析现实问题的能力。

专题讨论也是培养学生研究型能力、测验学生对知识掌握程度的一个最重要的手段。专题讨论一般是教师在讲授理论以后，整理出若干个与课程内容相衔接的讨论题目，学生组成学习小组，通过查阅、整理相关文献资料，在小组讨论的基础上撰写演讲报告，最后进行答辩演讲，回答其他小组同学和老师提出的问题，教师最后进行点评和总结。教师在确定讨论题目时，要紧扣现实，选择当前国内外金融、经济发展中与课程内容相关的热点、重点问题，既便于学生查找资料、获取信息，又能引导学生关注现实问题，理论联系实际。参与专题讨论的学生需要在课余查阅大量的资料，进行分析整理后才能对问题进行清晰的阐述，学生演讲结束后，通常可设置提问环节，引导学生对整个问题有深刻的思考。

（三）**课外实践活动设计**

研究型教学方法的开展需要构建开放的环境。大学生社会实践是理论联系实际，提升学生专业知识水平和社会实践能力的重要途径。教师可以通过指导学生社会实践项目的申报、问卷调查的设计、调研报告的撰写等环节，促使学生将经济学理论融会贯通到实践项目活动中去。学生通过利用寒暑假或节假日开展课外社会实践活动，一方面，能够把所学的理论知识运用于实践，加深对理论的理解，促进从理论到实践、从知识到技能的转化。另一方面，课外实践活动对培养学生独立发现问题、分析问题、解决问题的能力，培养学生的实践创新精神有着积极的作用。同时，课题项目组成员之间形成了分工协作、讨论交流的团队精神。还可以在此基础上组织学生申报国家大学生创新创业训练计划项目，使大学生得到创新性科学研究的锻炼机会，提升学生的科研能力。

也可聘请有实际部门工作经验的企业家、银行家等为兼职教授，定期或不定期地请他们来学院讲学，介绍经济学领域的最新发展和他们自己的工作经验。与此同时，任课教师还经常带领学生到实际工作部门去实习，提高学生对一些实际问题的认识。

### （四）考核方式设计

科学的课程考核方式应有助于激发学生的学习动力，有利于研究型教学活动的开展。单一的期末考试很难综合考量学生的知识运用能力和创新能力。根据宏观经济学的教学目的，应该建立以考核基本理论、基本知识为基础，以综合运用能力为重点，以学习态度和实践能力为参照的综合性过程考核方式。传统的闭卷考试形式在命题的过程中需要教师合理分布题量，把握主观题和客观题的比例，以防止学生通过考前死记硬背的方式取得高分，无法达到检验学生运用经济理论分析问题和解决问题能力的目的。因此，还应该加大考核学生实践能力的比例，通过课堂讨论、课程论文、研究报告、课后习题等方式检验学生的实践能力，将实践考核成绩计入学生的平时成绩或期中成绩，并结合期末考试成绩作为课程评定成绩的依据。

# 西方经济学教学中应注意的几个问题

■ 白云伟

**【摘　要】** 西方经济学已越来越成为社会科学的一门显学。不仅是经济及经济管理类专业学生的必修课程，甚至连工学、理学类专业的一些学生都愿意选修这门课程。但要学好这门课程，就应当注意理论学习和方法论学习的统一，应当与马克思主义政治经济学进行对比学习，应当在有关经验定律的学习中与中国的具体实践相结合，应当让学生弄清楚微观与宏观分析的异同，防止个量"加总"为总量时容易出现的"合成谬误"。

**【关键词】** 西方经济学　教学　应注意的问题

西方经济学作为经济和经济管理各大类专业的必修基础课程，在相关专业教学计划或培养方案中都占有十分重要的地位。这意味着，相关专业的学生应通过学习这门课程，掌握经济活动的行为规律性，并在此基础上学会应用经济学理论与方法分析实践中遇到的问题。然而，由于这门课程中大量使用数理方法进行逻辑推理，使得一些数学基础差的同学在学习中感到困难重重。加之西方经济学作为一门相对独立的学科，有自己独特的研究对象和方法论，而这些独特性常使得学生对西方经济学这门课程"学有所悸"，害怕学不好、学不通、学不精。总结自己多年的教学实践，笔者认为，在该门课程的教学中，应为学生学有所长、学有所用计，应注意给学生讲清楚以下几个问题。

## 一、应当把理论模型与方法论贯通起来，防止割裂二者关系，造成理论学习和方法论学习的两张皮

西方经济学作为一门相对成熟的学科，自从其独立之日起，就逐步确立

了自己的研究对象，并采用了不同于其他社会科学的方法论。特别是经历自19世纪70年代兴起到20世纪二三十年代趋于成熟的"边际革命"以来，经济学也由古典主义进入新古典主义的崭新阶段。在这一阶段，高等数学逐渐被引入经济学中，不仅成为西方经济学逻辑推理的通用工具，而且还给经济学理论披上了华丽的新装，让经济学由古典的"旧貌"换成新古典的"新颜"。但新古典主义的西方经济学并没有因此而改变自亚当·斯密创立古典经济学以来以"经济人"为对象的研究传统，反倒是借助于高等数学，使"经济人"行为规律的研究更加数理化，使经济科学越来越具有"理性"的气质，并成为社会科学皇冠上最璀璨夺目的一颗"明珠"。

新古典经济学的数理化虽然有利于对"经济人"行为进行逻辑推理，进而利于更加精确地揭示经济人的理性行为，但也会给初学者带来一种认识上的混淆，即把经济学理论与经济学数理方法相混淆。因此，在教学中一定要帮助学生弄清楚理论与方法论的区分，并在二者区分的基础上进一步将理论学习同方法论的学习统一起来。这种统一，也是让学生懂得数学方法只是进行经济学逻辑推理的工具，是服务于经济学理论构建目的的，切不可把高等数学当作经济学理论。比如，微积分之所以被用作新古典经济学边际分析的有效工具，其首要的原因在于它最适合对"经济人"进行个量的分析。这正与西方经济学个人主义方法论的传统相匹配，也是对追求"利益最大化"的个体理性进行优化分析的最方便的工具。

**二、应当与马克思主义政治经济学进行适当的对比，让学生真正理解西方经济学与马克思主义政治经济学的联系与区别，避免给学生造成不必要的混淆**

众所周知，马克思主义政治经济学作为一门经济科学，它能批判地继承古典经济学的合理成分，把资产阶级商品生产作为研究出发点，通过对资产阶级生产的细胞形态，即商品，进行解剖，区分价值和使用价值的商品二因素，并进一步创立具体劳动和抽象劳动的劳动二重性学说，以揭示资本主义私有制下的剩余价值的生产规律。最后，马克思主义政治经济学的结论认为：随着资本主义的不断发展，以资本主义私有制为核心的生产关系将越来越成为束缚其生产力进一步发展的桎梏，为冲破这一阻碍，生产力将为自己开辟道路，通过对生产资料私有制进行革命，建立与社会化大生产相适应的、以生产资料公有制为基础的共产主义经济制度。与马克思主义政治经济学不同的是，新古典经济学继承了古典经济学的庸俗成分，从抽象的"经济人"出发，无视现实社会生产活动中客观存在的，人与人之间在生产、分配、交换和消费诸环节的经济联系，也无视商品交换中所表现出来的交换价值的客观属性，或者把价值定义为经济人消费物品时所获得的主观满意度，或者干脆用反映供求关系的价格理论替代了价值理论，并以此确立起一个超阶级、超历史的庸俗经济学的分析框架，为资产阶级剥削工人阶级进行辩护。

针对上述情况，在教学中就应该让学生清楚马克思主义政治经济学与西方经济学之间的分野，懂得二者之间实际存在的为各自阶级服务的阶级属性。在此基础上，让学生明白，有一些基本概念，如价格、利润等，在马克思主义政治经济学和西方经济学中分别有不尽相同的含义。比如，马克思主义政治经济学对价格的定义是"商品价值的货币表现"；而西方经济学则把价格定义为：某物品或劳务市场上，供给与需求相均衡时的均衡价格。再如，在马克思主义政治经济学中，利润是指资本主义生产方式下由雇佣工人创造、并归资本家无偿占有的、剩余价值的转化形式；而在西方经济学中，利润直接被定义为企业销售收益扣除其成本的剩余。如果不能区分这些概念的差异，就容易使学生把马克思主义政治经济学与西方经济学这两门本来不属于同一范式的课程混同起来，最终影响学生的学习效果。

### 三、在讲授西方经济学的一些定律时，一定要区分定律形成的西方经验与我国实践的差别，不盲从于经济学中的一些"西式"教条

科学上讲，所谓"定律"都来自对经验事实的归纳和概括。因此，凡被称为"某某定律"的东西，也就有其特定时空的约束，一旦偏离其特定的约束条件，原来的谓之定律的东西就可能不再成定律了。比如，西方经济学有一个关于经济增长率与失业率之间的所谓"定律"，即一国的短期失业率与经济增长率之间存在反向变动的关系，且失业率变动与增长率变动之间存在相对固定的比值，即失业率每增加1%，经济增长率会下降2%；反过来，经济增长率上升2%，失业率就会下降1%。该定律最早是在1962年，由美国经济学家阿瑟·奥肯对美国的经济数据进行统计分析时得到的，因此被命名为"奥肯定律"。后来，也有学者用其他国家的数据进行过验证，得到与阿瑟·奥肯高度吻合的结论。既然被证实为"定律"，就有经济学家把"奥肯定律"作为政府决策选择时的圭臬，意思是，如果政府想实现低失业率，就必须保持经济的高增长；反过来，如果经济增长率不高，那高失业率就是必须承担

的代价。

问题是,把这则"定律"照搬到我国的实践当中,是否会仍然有效呢?毕竟这一定律借以成立的经验事实主要来自西方的数据,而且是来自西方工业化时代的数据。这与当下我国所处的工业化、信息化的新经济时代已然有很大差别。比如,在现代经济的新增长中,知识和信息的贡献占了很大比重,特别是随着企业智能化程度的提高,其对劳动力的需求已不再像工业化时代那样有刚性,这很可能使奥肯定律失效,至少经济增长率与失业率二者变动的比率不再是固定比率2∶1了。观察近年来我国经济的一些数据,似乎也不支持奥肯定律。比如,我国经济从前几年10%多的高增长率下降到目前的6.7%,但失业率变动不大,至少国家统计公布的失业率并没有多大变动。

针对类似奥肯定律这样的一些情况,在教学中一定不能教条主义地"照搬照学"西方经济学的一些现成结论,而是要结合我国实际,具体情况具体分析。

## 四、应当给学生讲清楚宏观总量分析与微观个量分析之间的联系与区别

在西方经济学中,区分微观与宏观的依据之一,就是看借以分析的经济变量是单个的微观变量,还是由微观变量"加总"合成的宏观变量。微观分析以微观变量为对象,宏观分析则以宏观变量为对象。问题是,从微观到宏观的过程中,由于掺入一个变量的"加总"环节,这就意味着一些微观分析得到的结论很可能与宏观分析得出的结论相抵牾,换句话说,一些在微观经济理论中被证明为合理的东西,很可能在宏观经济中就"有悖"了。比如,储蓄,在微观经济学中家庭节约开支,增加储蓄,有利于增加家庭的资本利得,进而有利于改善家庭未来的收入和消费状况,所以在世界上比较多数的国家中,都推崇勤俭持家的美德。但从宏观的角度看,一个国家或社会整体,如果储蓄过多就必然减少消费,这对于国民经济总体却是"致命伤",消费不足迟早会导致生产过剩。再如,工资,从微观上看,企业给工人低工资,有利于增加企业家利润,进而利于刺激企业增加投资促进生产;但从一国总体来看,如果劳动工资占其国内生产总值(GDP)比重过低,将不利于居民消费支出的增加,这又将不利于国民经济总体的增长。

正因为存在如上宏观、微观之间的"悖论",所以在教学中一定要告知学生不能把微观中合理的逻辑推论直接套用在宏观分析中,要尽量避免由微观

变量"加总"带来的"合成错误"。当然，类似的"悖论"也存在于微观分析中，比如，在完全竞争市场分析中，单个企业调整规模不影响产品价格，但如果是市场内所有企业都调整规模时，就会引起成本变化，进而引起产品的价格。这都说明个量分析与总量分析既相互联系，又相互区别。

综上所述，在西方经济学的教学中，笔者认为至少应该注意上述四个方面的问题，虽然并不是只要注意解决好这些问题就一定会达到令师生共同满意的教学效果，但如果能认真对待这些问题，一定能提升西方经济学课程的教学效果。

# 财务管理课程 PBL 教学法研究

■ 李秀芹

【摘　要】随着我国高校教学改革进程的不断深化，PBL 教学法逐渐应用到教学过程中。探讨如何将 PBL 教学法运用于财务管理课程的教学过程，对于改进教师的教学方法、提升学生综合素质具有一定参考价值。

【关键词】PBL 教学法　财务管理课程　课程设计

## 一、引言

PBL 教学法的全称是 Problem-Based Learning，即以问题为导向的教学方法。它通过设计真实性任务，把学习内容设置到复杂的、有意义的问题情景中。学生为解决问题需要查阅课外资料，归纳、整理所学的知识与技能，通过自主探究和合作来解决问题，从而学习隐含在问题背后的科学知识，形成解决问题的技能和自主学习的能力。PBL 教学法改变了"预习—听课—复习—考试"四段式教学方式，突出"课堂是灵魂，学生是主体，教师是关键"的教学理念。

财务管理是一门来源于企业实践的学科，其教学内容、教学方法、教学思想等都植根于管理实践。如何发现企业财务管理实务中的问题，找出解决问题的方法是财务管理教学的根本目的。利用 PBL 教学法，学生可以主动地发现企业财务管理中的一些问题，然后运用所学的理论和方法尝试去解决问题，这样可以极大地提高学生学习的兴趣和积极性。

## 二、PBL 教学法研究现状

### (一) 国外研究现状

PBL 教学法是 1969 年由美国的神经病学教授霍华德·巴罗斯在加拿大的麦克马斯特大学首创的，目前已成为国际上比较流行的一种教学方法。

国外学者对 PBL 含义的理解各有不同。巴罗斯（1969）认为 PBL 教学法是一种通过理解与解决问题的过程来获取知识和信息的学习方式。詹姆斯·亨利（1998）认为 PBL 教学法是一种教学策略，它是为了解决学生知识概念结构不完善的问题，而致力寻找的有意义的解决方法。凯尔森（1998）认为 PBL 教学法既是一种课程组织方法，也是一种教学策略，更是一种学习过程。圣·西蒙（2004）认为 PBL 教学法是一种教学指导方式，在这种教学中，学生通过能促进他们发展的问题的解决进行学习。

PBL 教学法以其独特的教学视角和教学效果受到世界各国知名学者和教育界的高度重视。俄罗斯研究者围绕 PBL 教学法的实施步骤对其展开研究，取得了丰富的理论成果。美国"普及科学——美国 2061 计划"提出，要把问题解决作为学校教学的核心，教师应积极营造有利于问题解决并充满发展生机的教学环境，教学过程应围绕问题解决来组织。日本文部省的教育规定对 PBL 教学法也有一定的描述，且鼓励教师在教学的过程中尝试使用 PBL 教学法。

### (二) 国内研究现状

20 世纪 90 年代，随着素质教育的提出，PBL 这个新名词被普遍定义为一种教学方法并迅速发展起来。通过在中国知网搜索"PBL 教学法"，发现 1992—2016 年的发表关于 PBL 教学法的研究文献有 7000 多个。对其理论的研究围绕 PBL 教学法的内涵、理论基础、基本特征和实施策略等方面。

关于 PBL 教学法的内涵，徐瑞华（2008）认为 PBL 教学法是通过创设一定的问题情境，引导学生在解决实际问题的过程中，主动获取和运用知识、技能，促进学生自主学习能力和创造性解决问题能力提升的教学方法。关于 PBL 教学法的理论基础，我国学者大多强调建构主义学习理论、情境化学习理论和人本主义学习理论等在 PBL 教学法中的指向作用，强调学习是学习者在一定的情境中，利用必要的学习资料，以已有知识经验为新知识的生长点，借助教师和伙伴的引导与帮助，主动建构知识的过程。对于 PBL 教学法的特征，我国学者也从不同角度对其进行了阐述，章晶晶（2010）认为有三个特征：(1) 真实世界的问题；(2) 学生为主体；(3) 小组合作学习的组织形式。林宜照（2008）将其总结为：(1) 问题—出发点；(2) 学生—中心；(3) 教师—促进者、指导者和合作者；(4) 合作性；(5) 建设性。李丽莉（2009）将其总结为：(1) 问题的真实性；(2) 学生的主体性；(3) 学习的合作性；(4) 过程的探究性；(5) 学科的综合性。不难看出，以问题为主线、学生为主体、以合作为平台、教师指导为条件等成为学者们普遍认同的特征。在问题设置上，学者们主张问题要有真实性、开放性，符合学生认知水平，并和新知识建立有意义的关联。

在实验研究方面，我国学者也进行了不懈的探索。早期研究大多集中在医学相关专业的教学实验中。总体来看，此类研究先从 PBL 教学法理论阐述入手，结合具体学科特点，找到 PBL 教学法应用于该学科的必要性与可行性，再通过理论分析，构建一般教学流程，即创设问题情境、分析问题、设计方案、解决问题、总结评价五个步骤。在一般教学流程的前提下，设计具体课堂教学方案进行实践，通过问卷、访谈、课堂实录、纸笔测试等方式来检验与分析教学效果，得出结论并指出进一步值得研究的问题。实验研究证明，PBL 教学法符合我国学科课程内容及学生发展特点，有助于提高学生学业水平、学习兴趣、问题分析与解决能力，提升学生的团队协作意识。

## 三、基于 PBL 教学法的财务管理课程教学模式设计

### （一）教学内容的设计

公司财务管理涵盖投资、融资、营运和分配四大活动，在财务管理课程教学中，应围绕这四大活动展开教学过程，以使学生能够掌握财务管理实务技能，培养公司财务管理人员应具备的职业素养。

(1) 适当增加货币时间价值的内容

货币时间价值的内容是理解和掌握证券估价、项目投资管理等内容的基础和关键，所以应该重点介绍。

(2) 增加实践教学内容

为了突出重点，增加证券估价、项目投资管理、营运资金管理的实践教学内容，可以通过实践基地、实训、实验模拟等方式完成学习任务。

(3) 增加财务分析的内容

财务分析是财务管理人员应掌握的基本技能，应该加强财务分析内容的介绍，以便学生将来能更好地进行投资分析和决策。

(4) 删减责任会计、成本管理的内容，避免与管理会计、成本会计等课程的内容重复。

**(二) 教学过程的设计**

1. 设计情景问题

根据财务管理的实践活动，将课程内容分为投资、融资、营运和分配四大模块，在明确各大模块的学习目的的基础上，结合当前各大领域的热点，模拟设计一家企业的运营过程中可能出现的投资、融资、营运和分配活动，制订教学计划。问题的设计要符合学生的知识基础，便于学生通过自学在一周之内予以解决。

2. 课前准备

教师首先要在上课前把情景问题告知学生，让学生有充分的时间去了解这些问题；其次，教师要从各个角度寻找问题的可能性答案，以及学生可能提出的见解；最后，教学条件的准备，包括多媒体设备、网络、软件、课件等。

学生首先组成研究小组，每组 6~8 人，并指定一名组长；其次，根据情景问题的要求，准备必要的研讨材料，包括软件、电子资料和纸质材料等；最后，学习情景问题所要求的预备知识和背景知识，根据情景问题要求，提出问题的解决办法、设计方案等。

3. 组织课堂讨论

课堂讨论是 PBL 教学的核心环节。在这个过程中，需要教师与学生双方积极参与。做好课堂讨论，首先要遵循师生平等原则，鼓励学生充分表达自己的意见；其次，鼓励学生提出不同的观点，培养学生独立思考和勇于创新的精神；再次，教师作为导师角色，需要掌握研讨的方向，紧紧围绕主题展开，善于发现讨论中出现的新问题。

4. 课后总结巩固

一是针对学生提出的问题，以及教学重点难点布置相应的练习题；二是和学生建立有效的交流平台，便于及时帮学生答疑解惑；三是各小组撰写研讨课题的总结报告，教师阅读学生报告，并及时总结经验，对教学活动进行调整。

**(三) 教学评价体系的建立**

与传统的教学方法下通过笔试评定学生成绩的方式不同，PBL 教学法对学生成绩的评定一定要充分体现学生参与、资料搜集能力以及自主学习和综合分析能力,并能对每位小组成员的实际贡献做出较为清晰的界定。

PBL教学法的实施需要采用以过程性考核为主的评价方式,采用下面的方法进行考核:总成绩=出勤×10%+课堂讨论×30%+课后作业×10%+期末考试×50%。课堂讨论成绩的评定根据讨论前的准备情况、研学成果展示和表述,以及个人撰写的分析报告三者综合确定。期末考试的内容可以以开放式的主观题为主,给出一家公司的财务数据或者案例,让学生运用知识进行综合分析,注重学生分析能力的考核。

## 参考文献

[1] 崔柄权,何震宇,王庆华. PBL教学法的研究综述和评价 [J]. 中国高等医学教育,2009,7 (7):105-106.

[2] 王宛秋,叶菲,蒋妍,等. PBL教学模式:提高会计专业本科生应用与创新能力的探索 [J]. 财会教育,2012,11 (4):55-58.

[3] 陈燕. PBL教学法在高中化学教学中的实验研究 [D]. 武汉:华中师范大学,2015:10-30.

[4] 冯静静. 财务分析与业绩评价课程改革探索 [J]. 产业与科技论坛,2016,1 (1):220-221.

# 贯穿式案例教学法在 Web 信息系统开发课程中的应用

■ 王艳娥

**【摘 要】** 针对 Web 信息系统开发课程的特点,课程教学中采用了贯穿式案例教学法。贯穿式案例将一个完整的案例分解成子项目,贯穿整个课程知识点。在实验教学中采用任务驱动的模式。

**【关键词】** 案例教学法 贯穿式案例教学法 任务驱动

Web 信息系统开发课程是信息管理与信息系统(简称信管)专业非常重要的专业课程。该课程是一门操作性及实践性非常强的技术性课程,要求学生掌握至少一种开发平台和语言系统的配置与设置,以此为基础实现基于数据库的 Web 信息系统的开发与应用。教学内容包括 Web 信息系统基本概念、Web 信息系统策划、Web 开发平台搭建、数据库技术、Web 信息系统程序设计等,课程内容综合性强,知识点繁杂。由于信管专业的学生文理兼收,部分学生认为难学、难懂,在教学实践中,不断探索和改进教学模式,在传统的案例教学法基础上引入了贯穿式案例教学法,并与任务驱动进行融合,开展教学活动。

## 一、贯穿案例教学法介绍

案例教学法最早始于 1918 年的哈佛大学工商管理课堂教学,并在之后的课堂教学中取得了良好的教学效果。该法直到 20 世纪 80 年代才被引入我国,并在教育学领域中得到重视及运用。案例教学法根据教学目的和培养目标,以教学案例为素材,将学生引入教学实践的情境中并分析和解决问题,培养学生的思考能力,挖掘其潜力。在程序设计技术开发类课程中,这种案例教学法已经广泛普及,能让学生直观感受和体验知识点的应用,将理论和应用有机结合。但很多情况下，这些案例之间是孤立的，这就导致学生虽然记住了各个知识点，却不能将这些知识点融会贯通，形成系统化的开发技能。而贯穿式案例教学法以一个完整的案例为中心，贯穿整个教学过程，这样就很好地解决了孤立案例缺乏连贯性和系统化的问题。

笔者在教学实践中结合Web信息系统开发课程的教学目标和课程特点，采用了贯穿式案例教学法。以一个企业实际的信息系统作为案例，将课程中的Web信息系统策划、数据库技术、Web信息系统程序设计等知识点贯通。通过不断完善该案例，帮助学生自主构建知识，并发展多方面能力。

## 二、贯穿式案例教学方法方案设计

贯穿式案例教学方法方案设计的关键点是教学内容知识点的梳理和教学案例的选择。

贯穿式案例教学法采用的是一个完整案例，各个部分之间联系紧密、逻辑性强。而一门课程的教学知识点往往会出现有些内容孤立，前后知识点衔接不是很紧凑的情况。那么要想采用贯穿式案例，首先就要求教师首先将知识点进行逻辑上的梳理，整理出重点和难点，这样便于选择案例。

贯穿式案例教学法中，案例是课程开展的重要支撑，所以案例的选取至关重要。案例选择上要遵循以下原则。

（1）案例功能要贴近生活实际，应选择学生容易理解的系统。

（2）案例难度适中，业务流程不能过于复杂，并且在教学初期就可以引入。

（3）案例所包含的技术要全面，有一定的层次性，既包含简单的基本技术，又包含略复杂的技术，以符合递进式的教学规律。

在对Web信息系统开发课程的教学内容和教学知识点进行梳理的基础上，根据上述案例选择的原则，课程选择了"企业职工培训管理系统"作为贯穿教学案例。案例的功能贴近生活，学生很容易理解。系统共有两种用户——后台管理人员和职工。后台管理人员进行培训课程信息管理、职工信息管理、职工报名参加课程信息管理、审核报名信息、汇总职工参加报名信息等的维护工作。职工可以在系统中进行注册登录、查看培训课程信息、报名参加培训课程、查看报名审核信息等操作。

案例的难度适中，既有简单初级功能，又有复杂功能。系统中培训课程信息管理、职工信息管理属于简单功能，职工注册登录属于稍有难度的功能，而职工报名参加培训、审核报名属于复杂功能。这个案例非常适合采用点、线、面这种从单一简单知识点到多个知识点融合的逐层递进式教学活动的开展。

### 三、贯穿式案例教学法的实施

#### （一）实施的步骤

课程选择企业职工培训管理系统作为案例，将案例进行了分解，在整个教学过程中，把案例层层分解。在教学各个阶段，都以案例为中心开展教学，并以任务驱动的实验教学作为辅助。

应用贯穿式案例教学法，首先要将教学内容进行全面分析，抽取课程知识点，根据知识点把案例进行分解，分解成对应的子项目。在课程第一阶段，就要全面演示整个案例系统，让学生对系统有整体把握，并吸取学生的兴趣，提高学习积极性。之后从系统的策划、数据库技术、程序设计开发技术等方面依次展示教学内容，让学生从项目工程的角度来理解信息系统开发。课程内容由浅入深，层层递进，案例系统功能也逐渐完善。

在教学实践中，笔者发现如果靠单一讲解案例的方式，而学生训练不够，容易出现学生学得快也忘得快的现象。为了解决这个问题，笔者提出了以任务驱动的实验教学来辅助完成教学知识点的强化训练。这些实验包含两类内容，一类是教师按照规定完成的任务，另一类则是学生应用之前所学知识，自主设计和实现的子项目，进行教学案例子项目的扩展。这样，教师在强化知识点掌握的基础上，锻炼了学生知识迁移和延展能力，增强了学生的学习能力和创新意识。表1就是根据 Web 信息系统开发课程教学目标而设计的贯穿式案例子项目、教学内容、阶段任务对应表。

表1 贯穿式案例子项目和教学内容、阶段任务对应表

| 序号 | 教学内容和知识点 | 操作和子项目功能 | 学生应完成的阶段任务 |
| --- | --- | --- | --- |
| 1 | Web 信息系统平台搭建 | 演示整个案例系统 | 调研和使用各种现有 Web 信息系统 |
| 2 | Web 信息系统策划 | 案例的策划方案 | 自行策划一个 Web 信息系统 |
| 3 | 数据库技术 | 实现培训管理系统数据库 | 完成自主设计的 Web 信息系统的数据库设计 |

续表

| 序号 | 教学内容和知识点 | 操作和子项目功能 | 学生应完成的阶段任务 |
|---|---|---|---|
| 4 | Web信息系统程序设计基础知识点：数据控件的使用及其简单功能 | 培训管理系统的后台管理模块中职工信息管理子功能 | 自行完成培训课程管理、职工培训报名信息管理等功能，并自主完成其他类似功能 |
| 5 | Web信息系统程序设计功能模块实现 | 培训管理系统的后台管理员登录功能 | 培训管理系统前台职工的注册登录功能，并自主设计和完成其他类似功能 |
| 6 | Web信息系统程序设计综合能力 | 培训管理系统前台职工报名参加课程、后台管理审核功能 | 培训管理系统前台查看课程信息、查看报名审核信息等功能，并自主设计完成其他综合性功能 |

### （二）实施中需要注意的要点

贯穿式案例教学实施过程中，教师需要对整个教学内容和教学知识点非常熟悉。在案例教学中，教师要尽量多地强调知识点和理论知识，因为Web信息系统开发这类操作性实践性的课程，需要在机房上课和进行实验，学生往往容易注重实际操作，而忽视了其中的理论知识。

在教学实施过程中，由于整个课程是一个完整案例，前后联系紧密，会出现个别学生因为前面子项目没完成好而影响后面项目的开展。这就要求教师在组织课程教学过程中，一定要注意督促和引导学生，并提供阶段成果供学生借鉴。

在实施中，还应鼓励学生接触更多类型的案例，可以结合所学知识点，进行案例的剖析，这样就可以拓宽学生思维，锻炼他们提出问题和解决问题的能力。在Web信息系统开发课程中，给学生演示以前毕业生所做的优秀毕业设计作品，如网上商店系统、某校考勤系统、某村信息化网站、某学院国际交流项目管理系统等，让学生指出其中采用的知识点、实现方法、思路，以及系统的缺陷和需要增加或改进的功能。通过这些训练，进一步巩固所学知识，提高学生的自主学习意识和学习主动性。

### 四、总结

贯穿式案例教学法通过将教学内容划分成若干子项目，并采用一个项目贯穿整个教学过程的方式。教学实践中，学生对课程知识点的掌握更加深入，学习积极性更高。教学效果证明贯穿案例教学法结合任务驱动是非常适合

Web 信息系统开发课程的,并可以在其他程序设计类课程中推广应用。

## 参考文献

[1] David A Garvin. Making the Case: Professional education for the world of practice [J]. Harvard Magazine, 2003: 9-10.
[2] 武建国. 关于案例教学法的几个问题 [J]. 忻州师范学院学报, 2004 (4): 80-83.
[3] 曹丹. 贯穿式案例教学法在 VB 程序设计中的实践研究 [J]. 电脑知识, 2016 (9): 87-88.
[4] 任平红. 贯穿案例教学法在 Java Web 程序设计教学汇总的应用 [J]. 计算机教育, 2014 (14): 67-70.

# 信息管理与信息系统专业认识实习改革与实践*

■ 董 爽  赵森茂

**【摘 要】** 专业认识实习是创新创业人才培养的基础实践环节。本文详细阐述了信息管理与信息系统专业认识实习在教学内容和教学方法方面的改革。结果表明,认识实习改革有助于促进学生全面发展。

**【关键词】** 认识实习 教学内容改革 教学方法改革 实践教学

党的十八大明确提出,"科技创新是提高社会生产力和综合国力的战略支撑,必须摆在国家发展全局的核心位置。"2015年3月5日,李克强总理在《政府工作报告》中提出"推动大众创业、万众创新"作为中国经济发展的新引擎。国务院办公厅《关于深化高等学校创新创业教育改革的实施意见》中要求树立先进的创新创业教育理念,面向全体、分类施教、结合专业、强化实践,促进学生全面发展。北京作为京津冀区域一体化及全国经济发展的领航者,迫切期望地方高校能培养出满足不同类型、层次和规格的高素质应用型创新人才。高校毕业生能否适应社会的需要,是否具有实践能力,已成为现代社会衡量人才的一个重要标准。

## 一、认识实习的作用和地位

在当代信息社会中,信息化已融入各行各业的发展中。创新创业精神、专业职业素质和创新创业实践能力是信息管理与信息系统专业创新创业型人才必不可少的三种能力[1]。信息管理"专业素质链"从认知—理解—应用—

---

\* 基金项目:教育部高教司 2016 年第二批产学合作协同育人项目,互联网+下电子商务专业产学研合作育人培养创新(201602016027)。

创新四个环节对学生能力培养提出了进阶式的任务和要求[2]。

培养方案为学生规划了一个形成专业能力的知识网络，所有课程是网络的节点，课程（即节点）之间有或多或少的联系。对于在校学生来说，他们是从专业知识网络中相对基础的节点开始，并行或者串行地学习各节点的课程。如果授课教师只关注本门课，不启发学生该门课与其他课程之间的联系，多数在校学生即便再努力，学到的也只是专业知识网络中的点，很难建立起点与点之间的连线，也就难以形成真正的知识网络。学生知识网络不健全导致他们的能力与企业实际需求之间有差距；同时，在校学生也面临就业的迷茫，不知道自己学的知识有什么用，不知道自己该如何定位。

认识实习是本科实践教学体系的基础环节，通过认识实习，增强大学生对专业知识的感性认识，加深对专业知识的理解，了解所学专业理论知识在实际工作中的应用，这些都将有利于培养适应社会发展所需要的新型专门人才。同时，认识实习还提供给学生接触社会、了解产业状况、了解国情的一个重要途径，从而培养大学生的社会责任感、勇于探索的创新精神和善于解决问题的实践能力[3]。认识实习是大学生培养方案中实践环节的重要组成，也是大学生培养体系中的一个重要环节。认识实习教学内容和教学方法的改革是一个持续不断的过程，必须紧密围绕当前培养创新创业型人才的需要。

## 二、认识实习教学内容改革

实践创新能力是人才培养的重要一环，认识实习是实践教学体系的初级阶段，必须放在创新人才培养体系的大背景下设计和规划。因此，认识实习改革也要紧密围绕当前国家人才需求的整体背景进行变革。

依托校外实习基地，借助校企合作平台，由来自企业且具有多年教学经验的老师和合作企业共同规划实习内容，采取以下步骤：（1）评估参与认识实习的学生所具备的知识和能力，明确认识实习目标。即从职业素养、专业技能、行业发展趋势、创新创业四个方面进行全面的认识和提升。在培养方案中，认识实习安排在二年级暑假，这个时期的学生刚刚学习部分专业基础课，如数据库，尚未建构完整的专业知识网络，缺乏对已学或将要学的专业课程的作用和意义的认识，几乎不了解专业的应用领域及发展趋势。通过评估二年级学生的特点，明确认识实习的需求，即通过认识实习，使学生概括了解专业知识网络及专业应用领域，开阔专业视野。（2）挖掘企业资源，满足认识实习需求。我们合作的企业是东软集团旗下的东软睿道，该公司拥有离岸外包团队，拥有从事多年信息系统开发的专业师资力量，拥有信息系统开发专项技能的培训经验。但认识实习需要的不是某一项目专门培训，在充分挖掘企业资源后，校企双方进行多轮沟通，整合资源、能力和需求并达成一致，形成包含四大模块的认识实习教学内容。

### 三、认识实习教学方法改革

在认识实习教学方法方面进行了以下改革。

1. 采用"走出去，请进来"的方式

"走出去"是到校外实习基地进行现场实习，学生参观东软集团产业园，了解智慧家庭、远程医疗等都是信息技术涉足的领域；感受IT达人的工作环境和氛围；参观沈阳机床集团，精致的鸟巢成品、倒咖啡的机器人等带给学生新奇的体验。"请进来"是请具有资深经验的专家为学生讲解IT前沿技术，如大数据、云医疗、软件开发过程、职业素养、创新创业等。为提高认识实习教学效果，每个模块的教学都设计了互动环节和开放式课后小组作业，通过互动环节，启发学生尽快地切入新概念、新领域、新思维。课后作业促进了学生增大扩展阅读量，强化了当天学习的内容。通过小组讨论集思广益，培养团队合作精神。

2. "以学生为中心"，改革实习教学方法

认识实习以演讲、现场参观、案例分析、小组讨论、任务驱动等多种方式相结合。以学生为中心，设计了企业导师与学生互动、实习指导教师与学生互动、学生之间互动及团队协作、微信互动等多个互动环节，从课上到课下，全方位覆盖。

在认识实习过程中，强调互动式、启发式教学，引导鼓励学生对问题进行深入的分析和思考。在实习课堂上，通过企业成长、大数据联盟、云医疗专题视频资料展示，引导学生进行实例分析，并展示分组专题讨论成果，增强学生对新领域和新知识的兴趣。通过参与式、体验式实习教学环节，培养学生的实践创新能力，激发学生的专业实践潜能。

3. 结合过程管理，促进学生创新思考

初步接触专业领域实际案例后，一定能激发学生的各种好奇、创新的思考，这种思想的碰撞对大多数学生来说可能一闪而过，为了让学生抓住瞬间的创新想法，要求记实习日记，内容包括：每天的学习内容，自己的感受和体会。写日记成为驱动学生再思考的一个过程。实习带队教师定期抽查学生

日记，一方面，可促进学生用心完成日记，达到梳理知识、拓展思维的目的；另一方面，指导教师通过查看学生日记，了解学生的关注点或者困惑，及时找学生谈心，进行疏导和启发。

### 四、认识实习改革与实践效果

本专业自 2015 年开始进行认识实习教学改革。认识实习改革与实践效果主要体现在以下 3 个方面：（1）实习现场学生收获多，反映良好，从学生的实习心得和实习日记中得到反映。（2）激发了学生对后续专业知识的学习兴趣。通过认识实习，学生了解了在本领域发展所需要具备的专业技能，在学习管理信息系统分析与设计、高级程序设计语言等课程时，主动性增强，同时能够很容易与实习所见所闻建立关联，并很快掌握专业理论知识。（3）有助于学生提早进行职业规划。以往学生到四年级找工作时都很迷茫，不知道自己能做什么。通过认识实习，学生开始对自己的能力和兴趣进行评估，开始思考自己的未来，为自己做职业定位，比如系统开发、UI 设计、产品经理、创业、人力资源、电子商务等。沿着自己的职业定位，学生在以后的假期中，积极投入社会企业进行实习，到大学四年级时基本都有非常明确的职业目标，能轻松地适应企业的人才选拔要求。

### 参考文献

[1] 袁红，李颖. 信息管理与信息系统专业创新创业教育调查与分析 [J]. 图书馆学研究，2016（19）：2-7.

[2] 苑隆寅，宋利利. 信息管理"专业课程链"的建设与实践 [J]. 求知导刊，2017（5）：118.

[3] 王延庆，等. 专业认识实习教学研究与实践 [J]. 实验技术与管理，2016（4）：166-168.

[4] 朱梦冰，等. 应用型创新人才培养实践教学改革 [J]. 实验室研究与探索，2016（7）：186-189.

# 论因材施教在大学生就业指导课程中的应用

■ 谢飞雁　郝卫峰

**【摘　要】** 随着大学生就业形势日渐严峻，就业指导课对于大学生职业发展中的重要性日益显著。本文通过分析当代大学生就业指导现状主要存在的两方面问题，按照分类指导的思路，因材施教地给出如何针对考研学生、就业学生、创业学生、出国学生开展就业指导工作。最后，文章指出了因材施教应用于就业指导类课程教学的保障制度。

**【关键词】** 因材施教　大学生　就业指导课程

"因材施教"以承认差异、重视差异为前提，要求在教育教学中从学生实际出发，针对学生的不同特点，采取不同的途径和方式，以取得最佳的教育、教学效果。它要求教师在教学中根据不同学生的认知水平、学习能力和自身素质进行有针对性的教学，这就需要教师善于发现和培养学生的特殊才能，进而进行差异化的教学，使学生的个性能够得到充分的施展。

大学生就业指导类课程是大学生课程的重要组成部分，该课程立足于对大学生就业进行指导。而就业，尤其是大学生就业，一直是全社会关注的焦点之一。党的十八大报告提出，推动实现更高质量的创业与就业，深入贯彻落实劳动者自主创业与就业、市场调节就业以及政府促进劳动者就业和创业的政策，实施就业优先战略和更加积极的就业政策。2016年全国普通高校毕业生约为770万人，总数比2015年增加21万人，再创历史新高。面对当前严峻的就业形势，大学生就业难的问题日益凸显，已经引起了党和国家的高度重视，成为社会广泛关注的焦点，做好大学生就业指导与服务工作是高等学校肩负的社会责任。同时，就业工作是高校教书育人工作的重中之重，是关系到学生切身利益和学校发展的重要内容，是社会衡量学校办学水平的重要评价指标。因此，做好大学生就业工作意义重大。如何加强和提高新形势下大学生就业工作水平，需要对相关问题进行认真研究分析。

## 一、当代大学生就业指导现状分析

当代大学生就业指导现状主要存在以下两方面问题：

1. 毕业生就业信息系统和就业服务体系不完善

目前，大学生主要通过学校、人才市场举办的招聘会等方式获取就业信息，与需求方直接见面，信息渠道比较窄。此外，大学毕业生的就业指导工作极为薄弱，就业指导教师水平参差不齐，专业的、高素质的就业指导教师少，而且缺乏优质的就业指导教材。具体情况如下：就业指导工作功能单一，内容狭窄；就业指导职业化、专家化程度较低；就业指导在教学上存在不足之处。

2. 学生心理素质和就业观念现状

（1）学生就业心理准备不足。首先，自我角色转换不够及时。相关调查显示，对于80%的学生来说，大学阶段与现实社会自然存在一定的距离。在大学生活结束之际，踏上工作岗位之前，不能够迅速完成自我角色转换，做好就业心理准备。其次，自我认识和自我了解不够准确。对自己充分地了解，是每一个求职者进行职场定位的依据与前提，而大学生在面临巨大的就业压力时，往往很少能真正做到全面了解自己。

（2）学生个人就业观念有偏差。在就业市场化的情况下，大学生个人的就业观念需要有一个转变，全社会对大学生的就业观念也需要调整。然而现实情况并非如此，大学生盲目跟潮、不能根据自身特点进行择业调整等问题依然存在，其主要不良倾向表现为：注重物质利益，功利色彩浓重；以自我为中心，个人主义倾向严重；缺乏端正的就业心态。

## 二、大学生因材施教人才培养在就业指导类课程教学中的实施

大学生就业指导工作要想全方位进行，取得更好的效果，应对其进行分类指导，有针对性地开展就业指导工作。学生个体因背景、性格特点、个人志向及努力程度的不同，导致了在大学期间发展水平的差异，客观上形成了学生不同的发展诉求，大致可以分成考研学生、就业学生、创业学生、出国学生四类。

1. 考研学生群体分析与指导

考研学生在高校应届毕业生中占有较大的比例，这部分学生一般目标性

明确,自律性强。目前高校针对考研学生这部分就业群体所做的就业指导工作并不充分,在资源上脱节,不能满足该部分学生的需求。外语、政治和数学等基础课成绩的好坏在某种程度上对考研具有很大影响,甚至对于某些考生具有决定性的影响。学校应该充分利用教学资源,利用双休日、假期等时间,举办强化培训班、考研培训班等,提高学生应试能力和应试技巧。学校应建立校园局域网,并使每个寝室都能享受互联网服务。建立考研信息中心,收集和整理全国各高校的招生信息及考研资料等,与已经考上研究生和已经毕业在高校和科研单位工作的往届学生保持密切联系,建立人才档案,这不仅可以激励在读生的学习热情,更重要的是它可以使我们掌握更多的考研信息,并和有关院校建立学术交流和联系,甚至为学校人才队伍的建设和学科建设提供支持。通过加大精力和资源的投入,使学生在精神上得到充分的指导,在物质上得到较好的满足,这样不仅对提高考研率有所帮助,也可以在一定程度上降低考研失利学生的后续就业问题的难度。

2. 就业学生群体分析与指导

就业学生是大学生就业群体中的主力,也是高校学生就业指导工作的重点。纵观各专业的毕业生,都会发现有一些出类拔萃的学生。他们学习成绩良好,组织能力优秀,团队能力、合作能力均表现良好。在激烈的就业市场上具备较强的竞争优势。与其他同学相比,他们获得的就业机会明显要多一些。那是否意味着这些学生的就业就没有问题了呢?其实,这一类学生虽然就业机会较多,但也会存在这山望着那山高的心理,拿到一家公司的入职通知后不是急于工作,而是期望找到更好的机会,可在等待的过程中往往错失良机;或是漫天要价,令招聘单位难以承受,转而求其次,把到手的机会拱手让人。等错过了企业招聘高峰期后,他们又容易出现较大的心理落差,在找工作时出现病急乱投医的倾向。对于这类学生,要对其择业心理加以引导,帮助他们分析自身优势,找准自身定位,为其设计职业发展规划,引导他们选择适宜的岗位和发展机会,而不要幻想一步到位或盲目攀比,遇到合适的机会不要犹豫,以免错失良机。另外,学校就业主管部门在向企业推荐人才时也不应一味地把机会给予这类毕业生,而应照顾其他同学,避免浪费就业资源。

3. 创业学生群体分析与指导

部分学生有创业的激情和能力,他们不甘心为别人打工,不热衷于找寻就业机会,而对创业抱有很大热情。据统计,我国大学生创业比例很低,根本不能与发达国家相比。鼓励大学生创业、为大学生创业搭建良好平台是解决高校毕业生就业的重要思路。创业的前提是创新，因此高校在对大学生的创新意识、创新精神和创新能力培养方面应加大工作力度。

4. 出国学生群体分析与指导

出国学生的比例相对于推荐免试研究生比例要小，但是在就业群体中所占的总人数也是不可忽视的，而国内高校针对出国的这部分就业群体开展的针对性指导工作微乎其微，该部分学生几乎处于孤军奋战、多方求助的状况，办理出国手续的工作比较困难和烦琐。高校就业指导机构应该设立负责该部分出国学生群体工作的工作小组或指定专门的负责人，从而使这部分学生在心理上和实际中得到满足，提高学生就业满足感。

### 三、因材施教应用于就业指导类课程教学的保障制度

制度是保证一切措施运转的基础，为了确保因材施教应用于就业指导类课程教学，应进行如下的制度保障。

1. 建立加强大学生因材施教辅导员的导师队伍

能否拥有一支高素质、专业化的就业指导队伍，是关系到就业指导工作成败的关键。一流的就业指导，根本上还是依赖于一流的就业指导队伍。就业指导属于高校素质教育的范畴。就业指导教师在大学生就业过程中扮演着多重角色，肩负着多重任务，既是"知识的传播者""团体的领导者""家长的代理人"，又是"心理辅导员""生涯设计指导者""职业工作介绍者""劳动力市场信息员"。因此，对就业指导教师的各方面要求也相对较高。教育部要求各高校"尽快提高就业指导教师队伍的整体业务素质，把就业指导教师队伍建设摆到整个高校师资队伍建设的重要位置，努力提高就业指导队伍的专业化和职业化水平。"

2. 实行专业化的就业指导工作，建立专家化的指导团队

要做好因材施教，就要使就业指导课专业化，形成就业指导教师的专家化，这要求就业指导课教师具备良好的业务素质，熟悉相关的就业法律法规、政策措施，需要具备职业规划、心理学、教育学、社会学、政治学等方面的知识。建立学生就业指导资料库，实施心理测评，开展个别和团体心理咨询等形式的就业指导活动，在实践中不断深化因材施教的教育理念，提高就业指导课的专业化水平。建立大学生就业指导教研室，切实承担起就业指导课的建设、组织和实施，结合教学安排和市场需求制订规范化的教学大纲和教学计划，推动就业指导课的科学化发展。并要定期对就业指导课教师进行理

论知识和实践能力培训，提升教师的科研水平和授课能力，完善就业指导课教师的考核体系、评估体系，激励教师创造创新教学模式，拓展教学内容，进而形成专家化的指导团队。

3. 谋求与社会资源的对接，建立长期的校企联合制度

通过校企合作培养，增强大学生适应能力等的培养。适应能力包括问题解决能力和创造性的思考能力。校企合作培养是增强大学生问题解决能力的良好途径。在企业工作期间，大学生要根据问题的实际情况进行创造性思考，以达到高效率地完成工作。当然，这些培养平台所有功能的实现都需要政府的支持。政府支持是释放高等学校潜能的有力保证，也是校企合作培养人才顺利进行的重要保证。

4. 加强教育与职业信息的收集与运用

信息对大学生成功就业非常重要，占有信息就是占有机会。这里的"信息"是指广义的信息，是社会需求、就业政策、求职技能、生涯规划、职业知识、就业形势等的总和。这些信息丰富并且在不断更新变换中，必须采取全方位互动的信息服务方式。

5. 打造就业信息交流平台

信息服务是高校就业服务体系中最基本、最重要的组成部分。通过校企合作，首先可以完善用人单位信息库，减少大学生因信息不对称所导致的盲目择业。用人单位信息库所提供的信息至少应包括三个方面：一是企业自身信息，包括企业的行业背景、组织机构、管理风格、组织文化、员工数量等；二是招聘信息，包括历年来企业招聘的岗位及数量、招聘形式及具体考核内容、招聘的时间段、具体招聘岗位所需的能力和素质、技术需要、具体工作环境、工作量等；三是优秀毕业生信息，通过优秀毕业生的成长经历，详细了解就职企业典型的职业轨道、升职政策甚至福利待遇等。其次，加强就业创业咨询平台建设。高校可以邀请企业专家共建就业创业咨询机构，为在校大学生提供就业创业指导，提高大学生就业创业的成功率。最后，通过校企合作，加强就业信息跟踪反馈平台建设。通过对已走向工作岗位的毕业生就业情况的追踪，及时了解用人单位对毕业生的使用情况及评价，对人才的需求动态以及对学校人才培养的意见和建议，为学校今后的专业设置和课程设置、人才培养目标的改进提供依据，从而切实提高人才培养质量。

## 四、结语

因材施教的就业指导课教学任重而道远。高校在开展就业指导工作时，应该注意大学生的差异性诉求，从而使得指导工作更具有针对性和渗透性，更好地帮助解决大学生就业问题，使其拥有更美好的职业生涯前程。

## 参考文献

[1] 张之翰. 校大学生就业指导工作的挑战及对策研究——基于三所高校的调查分析 [D]. 昆明：云南大学，2014.

[2] 张彦. 论"因材施教" [D]. 天津：天津师范大学，2007.

[3] 李博. 大学生个性化就业发展指导体系培养途径研究 [J]. 石河子大学学报（哲学社会科学版），2009（6）：54-55.

[4] 李玉龙. "因材施教"的教学方法 [M]. 长春：东北师范大学出版社，2010.

[5] 王雷，张淑苹. "因材施教"的教育艺术 [M]. 长春：东北师范大学出版社，2010.

[6] 巫春英. 我国"因材施教"教育思想价值取向演变评析 [D]. 桂林：广西师范大学，2007.

[7] 刘晓峰. 中小学教师专业发展培训模式研究与实践 [D]. 上海：上海师范大学，2007.

[8] 李泽宇. 我国基础教育课程改革的适切性研究 [D]. 长春：东北师范大学，2010.

[9] 闫莉. 基于多元智能理论的学生评价研究 [D]. 西安：西安电子科技大学，2010.

[10] 于丰园. "因材施教"原则的运用及其与现代教育理论冲突的探讨 [D]. 南昌：江西师范大学，2006.

[11] 王忠民，陈继祥，续洁丽. 影响员工离职的九大组织因素 [J]. 人才开发，2002（2）：22-24.

[12] 樊永兵，徐超. 大学生分类就业指导工作开展浅议 [J]. 出国与就业（就业版），2011（16）：52.

[13] 高珊珊. 基于e-learning的大学生就业指导课的教学设计 [D]. 宁波：宁波大学，2009.

[14] 孙旭. 论大学生"就业指导"课程的因材施教 [J]. 辽宁医学院学报（社会科学版），2013（3）：81-82.

# 基于蓝墨云班课的移动信息化教学改革初探

■ 刘 成

**【摘　要】** 移动信息化的普及和深化催生了教学中的一些新问题，也为针对解决这些问题而开展的教学改革提供了思路和工具。本文从移动信息化工具平台的应用、教学环境的建构和移动信息化教学方式的运用等方面介绍了基于蓝墨云班课的移动信息化教学改革的初步探索。

**【关键词】** 蓝墨云班课　移动信息化　教学改革

移动信息化是近年来随着移动终端（智能手机、平板电脑、可穿戴设备等）迅速普及、移动互联替代桌面互联成为主流而出现的概念。移动信息化在技术层面代表着信息与通信技术的最新发展，在应用层面则刻画出移动互联在人们生活、工作、学习、娱乐等几乎所有方面的普遍化和人们对移动互联依赖程度的深化。根据友盟统计分析报告，"截至2015年9月底，我国活跃移动设备数量已达到10.8亿，较2014年增长20%"❶，"截至2016年第三季度，国内活跃设备总量达14.5亿，对比第二季度增长11.5%，移动活跃设备总规模进一步扩大"❷，这表明移动互联已取代桌面PC互联成为主流。与此同时，互联网+的持续快速发展，使人们的吃、住、行、买卖、社交、阅读等日常的方方面面日益与移动互联深度交织，对移动互联的依赖达到前所未有的程度。

移动信息化对教育的影响，如OECD（2008）所指出的那样，"信息与通信技术在教育中所带来的显著变化至少在三个重要方面不同于任何以往的变

---

❶ 数据来源：http://tech.sina.com.cn/i/2015-12-18/doc-ifxmszek7237142.shtml.
❷ 数据来源：http://www.ebrun.com/20161117/202367.shtml.

革。首先，早期的课程改革是在教育内部激发的，教育者尝试在自己的机构内部进行调整。信息与通信技术则是在教育之外激发的变革，由于不可抵抗的原因才在学校内采用。其次，非常明显的是，经常是受教育的人要比他们的老师更愿意接受这些新的发展。最后，信息与通信技术的普遍深入对社会风气和整个学习环境都有着深刻的影响"。

现实而具体地看，随着移动信息化的普及和深化，一方面催生了现有教学中的新问题；另一方面，移动信息化也为人们解决这些问题提供了思路和工具。

## 一、移动信息化条件下暴露的教学问题

### （一）"数字原住民"对现有教学的挑战

目前我校的在校生已经是著名教育游戏专家 Marc Prensky（2001）所称的"数字原住民"了。他们是网络时代成长起来的一代人。他们生活在一个被数字科技包围的移动互联时代，并无时无刻不在使用信息技术进行信息交流和人际互动。这样的教学对象，其情感、认知和行为带有浓重的移动信息化的底色。他们已经习惯于时时刻刻（包括上课）都拿着手机或平板电脑等移动终端，并随时随地地获取终端上的信息传递。

学生们的这种状态造成了课堂教学中一个突出的带有普遍性的问题——上课玩手机。据 2014 年的一项调查显示[1]，"在课堂上使用手机的情况中，90% 的学生承认自己在课堂上玩过手机。经常玩的占 49%，有时玩的占 37%，很偶尔玩的占 12%，从来不玩的只有 2%。常玩的人中，超六成大学生 10 分钟以内就要看一次手机。在手机功能使用中，QQ、微信、打电话占 29%，刷朋友圈、微博占 28%，玩游戏占 9%，看电影、电视占 16%，看小说占 7%，学习占 4%，看新闻占 5%，其他占 2%"。

"上课玩手机"折射出了"数字原住民"的行为习惯，而这种习惯无疑对教学提出了挑战——现有的教学方式如何才能更加适应"数字原住民"的情感、认知和行为习惯从而取得更好的教学效果。从"以学生为中心的教学"角度出发，应对这种挑战恐怕就是要在承认"数字原住民"现实的前提下，对现有的教学方式进行改革。

### （二）教学环境基础条件好但学生使用有不当之处

我校的教学环境基础条件很好，不仅实现了 PC 互联、多媒体的普遍化，

---

[1] 引自媒体报道，链接地址：http://learning.sohu.com/20140427/n398869637.shtml。

还早已完成了无线网络的全覆盖。但现有的教学环境中对教学有效的部分主要由连接有线网的 PC 终端、连接 PC 的投影及物理黑板构成。在环境中存在但对教学而言基本无效的部分，包括教师和学生的移动终端（手机或平板电脑）及无线网络（3G 或 4G 网络和 Wi-Fi）。而学生在使用移动终端和无线网络时（上课玩手机）由于比较少地用于学习，常常成为课堂教学的干扰因素。

### （三）面授式教学有较大的局限性

移动信息化由于实现了移动互联，人们的交互可以随时随地地进行。这为师生之间的教与学互动提供了很大的潜力空间。而目前主流的面授式的教学方式，在教与学两方面都有比较大的局限性。比如教学场景局限于教室，学习方式主要是听讲，受课时资源限制，学生参与互动的程度比较低，课下的师生互动手段比较少，教学管理比如考勤管理费时低效，难以监控学生的课外学习情况，对学习绩效的评价主要依赖期末大考等。

## 二、基于蓝墨云班课的移动信息化初步解决方案

为解决在移动互联冲击下教学中产生的问题，教学改革的基本思路应该是将移动信息化与教学更紧密地融合，而不是简单粗暴地限制甚至禁止移动信息化在课堂中的存在。这样既符合趋势与潮流，又有利于因势利导地解决问题。

经过初步地探索，目前采用的方案是这样的：利用一个工具和云平台，构建移动信息化的教学环境，初步应用移动信息化的教学方式。

### （一）利用一个工具——蓝墨云班课

要达到完成教学活动且实现移动终端的互联互通和即时交互的目的，一个功能丰富的工具和云平台是必不可少的。依托阿里云平台的蓝墨云班课正好符合这样的要求。蓝墨云班课是一款兼容 PC 端和移动端的 APP，教师可以用它创建具体的班课（如管理学课程，某某班），学生同样应用这款 APP 加入班课后，一个班课就组建完成了。在班课里，师生可以开展签到、讨论答疑、投票问卷、随机提问、发送通知、推送资源（视频、文本、网页链接等）、组织测试、提交作业、跟踪评价等丰富的教学活动。

### （二）构建移动信息化的教学环境

教学环境是影响教学的重要因素。一个受教学对象欢迎的教学环境对于激发学习动机和兴趣、引致学习投入的保持和增加、提高教学效果发挥着积极的作用。

构建移动信息化教学环境，就是要实现所有终端在上课时是互联互通的

(即教师的移动终端既可以与投影同步,也可以与学生的移动终端互联互通),并且移动终端之间在课后也是互联互通的。这样做的目的是提高通知发布、考勤管理、材料推送、教与学互动、课下学习、学习监控、绩效评价的效率,将学生的终端由上课玩手机的干扰因素变为学习利器,并且使学生在课后也能够随时随地地进行移动学习。

教师的移动终端与投影同步可以借助同屏器和相关软件实现。师生之间的终端互联互通可以通过蓝墨云班课和无处不在的无线网络(Wi-Fi、3G 和 4G 网络)实现。

**(三) 应用移动信息化的教学方式**

在构建好云班课的教学环境之后,课程教学的展开融入了更多的移动信息化的元素。

1. 签到

由原先费时费力地拿着纸笔点名签到变为电子化签到(见图 1)。80 人规模的班级电子化签到可以 20 秒完成,签到效率大为提高。

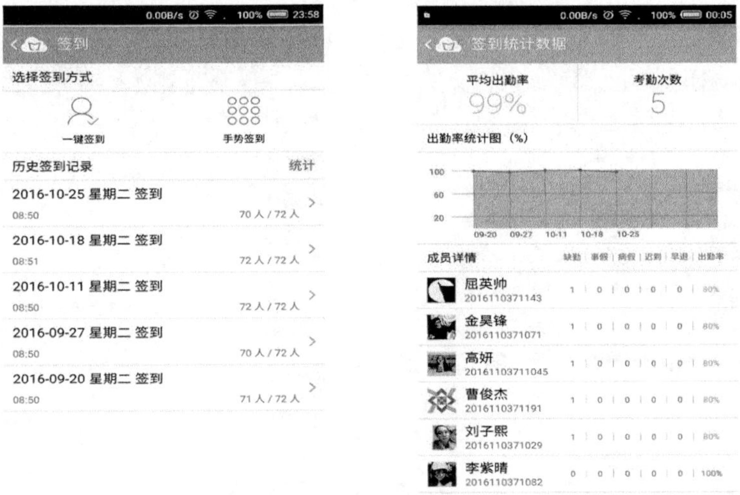

**图 1　电子化签到**

2. 课堂讨论

原先的课堂讨论因为时间限制,发言的人数屈指可数。使用云班课后,所有人都可以在班课里发言,而且发言可以获得积分奖励,学生发言的积极性普遍得到了提高(见图 2)。

图2 课堂讨论

3. 资源推送

在云班课里，可以将丰富的学习材料作为资源推送给学生，方便快捷，成本极低，并且非常便于同学们学习（见图3）。

图3 资源推送

4. 作业提交

在云班课里可以提交作业的电子版，作业提交情况一目了然（见图4）。

图4 作业提交

5. 测试

云班课具有录入题目、导入题库和组卷的功能，非常便于教师展开测试活动。云班课会自动显示每个人测试用时多少及得分情况，并可以生成测试结果分析（见图5）。

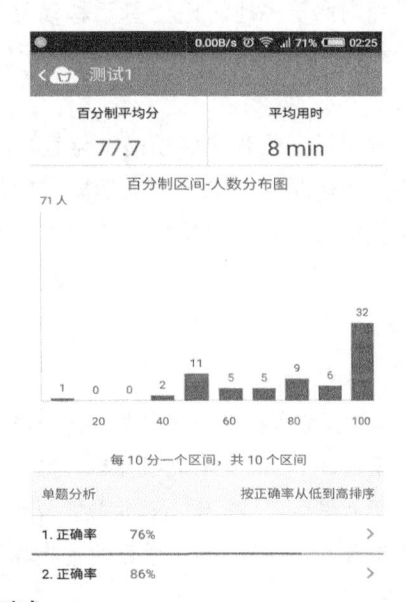

图5 测试

6. 综合评价

云班课会记录学生在班课里的所有学习活动，并能统计汇总生成评价报告，既可以客观地反映学生的学习状况，也有助于教师进行过程控制（见图 6）。

| 加权比例（可以修改） | | | 28.00% | 10.00% | 30.00% | 0.00% | 30.00% | 0.00% | 5.00% | 2.00% | |
|---|---|---|---|---|---|---|---|---|---|---|---|
| 学号 | 姓名 | 平时成绩 | 视频学习 | 非视频学习 | 签到 | 课堂表现 | 日常测试 | 讨论答疑 | 头脑风暴 | 投票问卷 | 百分制得分 |
| 2015110303002 | 孔令豪 | 24.40 | 0 | 18 | 40 | 0 | 15 | 0 | 8 | 285 | 89. |
| 2015110303010 | 程晓静 | 25.00 | 0 | 24 | 40 | 0 | 15 | 0 | 8 | 285 | 91. |
| 2015110303018 | 徐佳俊 | 26.64 | 8 | 24 | 38 | 0 | 15 | 0 | 8 | 285 | 97. |
| 2015110303020 | 彭韦欣 | 26.68 | 6 | 24 | 40 | 0 | 15 | 0 | 8 | 285 | 97. |
| 2015110303021 | 蒋定轩 | 18.10 | 0 | 12 | 26 | 0 | 10 | 0 | 8 | 285 | 66. |
| 2015110303024 | 刘挺 | 24.00 | 0 | 20 | 38 | 0 | 15 | 0 | 8 | 285 | 87. |
| 2015110303027 | 曾加 | 16.10 | 0 | 14 | 34 | 0 | 15 | 0 | 0 | 0 | 58. |
| 2015110303031 | 阿荣 | 23.50 | 0 | 24 | 40 | 0 | 10 | 0 | 8 | 285 | 85. |
| 2015110303033 | 刘钰洁 | 26.30 | 10 | 24 | 40 | 0 | 10 | 0 | 8 | 285 | 95. |
| 2015110303037 | 李瑛 | 26.30 | 10 | 24 | 40 | 0 | 10 | 0 | 8 | 285 | 95. |
| 2015110303038 | 贾永玲 | 26.30 | 10 | 24 | 40 | 0 | 10 | 0 | 8 | 285 | 95. |
| 2015110303046 | 郑玮 | 25.60 | 10 | 24 | 34 | 0 | 15 | 0 | 0 | 285 | 93. |
| 2015110303047 | 余兴明 | 19.50 | 0 | 24 | 28 | 0 | 10 | 0 | 0 | 285 | 71. |
| 2015110349001 | 夏小雨 | 19.70 | 0 | 20 | 30 | 0 | 10 | 0 | 0 | 285 | 71. |
| 2015110349040 | 干子威 | 16.00 | 0 | 10 | 40 | 0 | 10 | 0 | 0 | 0 | 58. |

说明 | 成绩汇总 | 总经验值 | 视频学习 | 非视频学习 | 签到 | 课堂表现 | 日常测试 | 讨论答疑 | ...

**图 6 综合评价**

## 三、存在的不足与今后的教学改革方向

国内关于移动信息化教学的研究，属于“信息技术与课程整合”这个大话题下的一个子话题。诸如多媒体辅助课堂教学模式、研究性学习教学模式、探究性学习教学模式、Webquest 教学模式等都曾经是热点话题。近几年的相关研究则比较多地讨论了基于移动互联网、云计算（平台）等背景而出现的新的教学方式或教学模式，如 MOOCs、SPOCS、微课、翻转课堂、JITT 教学模式等。

对照我们已有的移动信息化教学的初步尝试，显然对于 MOOCs、SPOCS、微课、翻转课堂、JITT 等教学模式的探索和实践还比较欠缺，这为我们进一步深化移动信息化的教学改革指明了方向。

## 参考文献

[1] 李睿. 信息技术与课程整合的新趋向 [D]. 上海：华东师范大学，2013.
[2] 王佑镁. 近二十年我国移动学习研究现状与未来趋势——基于中西方对比的研究综述 [J]. 现代远程教育研究，2013 (1)：49-55.
[3] 李玉顺，马丁. 移动学习的现状与趋势 [J]. 中国信息技术教育，2008 (3)：9-11.

# 客户关系管理课程教材建设的创新探讨[*]

■ 田 玲

**【摘 要】** 随着社会经济快速的发展和信息技术的不断提升,尤其是网络应用的快速发展,许多企业通过网络接触到了海量客户,企业正面临客户关系管理人才极度缺乏的情况。为了满足社会对客户关系管理人才的需要,为我校电子商务专业学生搭建适合社会需要的专业知识结构,根据课程背景、课程特色、企业需求和我校学生需求,在教材建设方面进行了创新探讨和改革,从而改善课程教学效果。

**【关键词】** 客户关系管理 教材建设 创新

## 一、引言

随着社会经济的快速发展和信息技术的不断提升,尤其是网络应用的快速发展,许多企业通过网络接触到了海量客户,企业正面临客户关系管理人才极度缺乏的情况。面对如此急切的企业需求,无论是以培养研究型学生为主,还是以培养应用型人才为主的高校,纷纷开设客户关系管理课程,该课程也逐步成为电子商务和管理信息系统等相关研究领域中一个非常重要的课题。

电子商务专业是我校应用性本科重点建设专业,也是亮点工程专业;客户关系管理课程是电子商务专业的专业限选课程,教材建设是其中的一个重点。因此,为了满足社会对客户关系管理人才的需要,为我校电子商务专业学生搭建适合社会需要的专业知识结构,根据该课程背景、课程特色、企业

---

[*] 项目来源:2016年北京联合大学"十三五"校级本科规划教材项目。

需求和我校学生需求，探讨了教材建设的思路和创新实践，采用项目驱动的主导方式，旨在加大教学过程中实践环节和理论联系实际的力度，方便学生融会贯通，促进学生自主学习，拓宽知识的操作层面，从而改善课程教学效果。

## 二、教材建设的需求分析

### （一）客户关系管理课程分析

从该课程的大背景来看，我校实施了"学术立校、人才强校、开放兴校"战略，不断推进内涵式发展，努力建设高水平、有特色、令首都人民满意的城市型应用型大学；学校以培养适应国家，特别是首都经济社会发展需要的高素质应用型人才为己任。

从该课程自身特色来看，客户关系管理课程是电子商务专业的专业限选课，课程的目的是使学生了解市场营销学的最新进展，系统地理解客户关系管理的理论、方法与策略，掌握客户关系管理的思想与工作技能，熟悉客户关系管理系统的操作流程。

通过上述分析可见，在教材建设中，需要根据我校的办学宗旨，以该课程的自身特点为基础，除了为学生提供丰富的客户关系管理知识外，还要加大实践环节和理论联系实际的力度，拓宽知识的操作层面，提高学生的自主学习能力，从而改善课程教学效果。

### （二）企业需求分析

为了探讨企业对客户关系管理相关人才的需求现状，以智联招聘网、51job 和中华英才网等人才招聘网站调研为主要方式，调研了 100 多个相关企业和职位，发现企业对于客户关系管理人才的需求主要存在于以下几个方面。

1. 懂得客户关系管理的基本方法

需要了解基本的客户关系管理的方法，比如客户拜访时间、客户拜访的内容、电话沟通的技巧等，这些看似比较基础的内容，往往是决定项目成败的关键，这也是客户关系管理最基本的要求。

2. 理解客户关系管理的内涵

要懂得客户关系管理的深层次内涵，包括如何进行客户经营，如何与客户进行有效的沟通。在客户关系管理工作中，理解了内涵就可以说成功了一半。

3. 能够运用目前常用的客户关系管理软件

需要有较强的动手能力。现在的大部分公司均有客户关系管理软件进行客户关系管理，因为客户是公司的财富，没有一个公司会任由公司职员随意管理客户。因此，具备客户关系管理软件实际操作能力将会为学生今后的工作增色不少。

4. 具有较强的客户信息搜集和整理能力

需要具备较强的客户信息搜集能力。客户信息不是一成不变的，是动态的信息，客户关系管理人员要具备较强的客户信息搜集和整理能力，以适应不断变化的市场环境。

5. 懂得客户资源的挖掘

客户关系管理人员不仅要对已有的客户资源进行维护、整理，同时还要具备客户资源的挖掘能力，将潜在客户和目标客户进行深入的分析，找出进入方向，以此扩大自己的客户范围。

6. 具有较强的沟通能力

客户关系管理人员因为需要经常与客户进行交流，因此需要有很强的沟通能力，这对于此行业从业人员也是一项基本要求。

7. 有团队精神

目前的企业需要全体员工通力合作，因此团队精神就显得尤为重要。

（三）学生需求分析

为了解我校学生的特点和需求，抽取本校相关专业的130多名学生，进行了学生需求情况的问卷调查和分析，分析结果如下：

（1）在教材的内容方面，有80%的同学希望教材内容理论知识和实验操作部分内容新颖、丰富，能顺应时代和社会的发展，满足社会人才的需求，能够做到更多的知识补给。

（2）在教材的设计方面，绝大多数同学希望在本课程的学习过程中，改善以往的被动学习方式，能提高学生的学习积极性和主动性。

（3）在教材的特色方面，80%以上的同学希望教材能够对学生自身发展有帮助，能使学生有的放矢地进行知识储备和拓展，对就业选择和职业发展也有所帮助。

（4）在教材的内容分配方面，有近40%的同学希望能精简理论知识环节，扩大实践操作环节，并能将实践操作环节与企业需求相结合，使学生能够做到学以致用；同时希望能将本课程知识与其他课程知识有机连接，做好课程间的潜在关联和分工。

通过学生需求分析可见，学生的需求和企业的需求类似，也希望能很好地将理论知识和实践操作紧密联系起来，并增加实践操作环节，同时期望参与到教师的相关科研项目中，以能更好地学以致用。

## 三、教材建设创新探讨

### （一）总体编写思路

综合以上，在该教材建设中，理论基础与实践技能的培养应该全方位立体式进行。基于以上分析，本着强调理论联系实际、注重理论运用和实际操作的原则，教材整体的编写思路是：案例分析—理论知识—示例应用—上机实践，每个章节都主要由以下几个部分组成：

（1）引言。引出本章的主要知识点，指导学生学习。具体的内容包括：本章教学要求、本章主要知识点、本章的重点和难点等内容。

（2）引导案例。采用真实的、最新的案例引入，一定要突出客户的特点和网络所带来的变化，提出案例的核心问题，从而引出本章的重点学习内容。通过案例分析来贯穿、指导本章的重点学习内容，帮助学生思考和学习，以锻炼学生独立思考、解决问题的能力。

（3）正文。一般按照章、节、目安排，叙述中可插入小案例（100~300字）、背景资料、重要的或较难理解的名词解释等，内容要精练，一些内容可用插图的形式加以形象化表述（形式灵活，语言精练）。对于需要重点掌握的内容，采用优秀和恰当的"示例分析"的形式，来配合理论知识做好讲解，不仅利于学生参考，还能更好地指导学生掌握相关的理论知识，培养学生的分析能力。

（4）本章小结。作为本章的学习总结，注意与引言的区别，设计对应本章理论知识的上机练习和实践环节，来锻炼学生对客户关系管理系统的应用能力。除此之外，还要引申阐述，如发展趋势、可能的障碍、问题以及解决方式等。

（5）上机练习与实践。在此环节中，采取任务驱动的方式，要结合每章的教学要求、企业实际技能需求和整体任务的部分环节分解，设置学生实际体验操作的内容，内容要联系实际，具体且容易操作；同时，根据该实践环节，给出相应的主要知识点和操作（或实践）要求等，锻炼学生的实际动手能力，加深学生对理论知识的理解和掌握。

（6）提高环节。结合本章的知识难点和重点，并结合相应的学生大赛或对应岗位需求，设置相应的思考题、案例分析题和操作任务，引导学生进行自主性、深入性和研究性学习。

### (二) 教材建设总体特色

（1）在教学上，以工作任务为导向，实现了项目驱动。

在教学过程中，以工作任务为导向，围绕一个总的客户关系管理工作任务展开，每一个教学单元为各个子工作任务的完成步骤和相关知识，每个子工作任务既相互独立又相互合作，全部子工作任务串联为一个完整的客户管理流程。在每个子工作任务中，学生的角色有所变化，学生不再是一个学生或消费者，而是一个企业的管理者，采用项目驱动的方式完成了角色换位，学生需要站在企业的角度来管理自己的客户，完成自己的工作任务，同时学习了相关的理论知识。

（2）理论教学与软件的实际应用相结合。在课堂授课时，以理论知识为基础，除了启发式、互动式、案例教学和学生分组讨论等多种教学方式，还配合讲解客户关系管理软件的实际应用，并指导学生课后的软件实践，突出了理论联系实际的特色，将理论基础与实践技能的培养全方位立体式地进行。

（3）突出了课程的实践环节和案例分析。课堂授课的理论内容做到精练、经典，以理论内容为基础的客户关系管理软件操作实践环节和案例分析为课程的重点内容，并根据企业的人才需求和企业的岗位群来确定实践教学内容，使得实践环节详细、具体。同时加大了实践与实训的教学比例，学生练习的时间达到了全部课时的1/2。

（4）注重职业素质培养。在课程教学中，注重良好的职业道德、团队精神、文字写作能力、组织能力和创新应变能力等方面的培养，特别为此设计了相关的学习练习环节和目标要求。如在课程实践中安排有团队形式的模拟项目设计和讨论，完成格式要求严格的设计小论文，学生组织课堂教学活动和软件应用竞赛等。

### 四、总结

教材不仅为教师提供了一个进行系统教学的参考，也为学生提供了一个可以随时随地自主学习的依据，为学生提供各类信息资源，还能极大地促进授课时教师与学生间的沟通交流，从而提高教学质量和教学效果。本文根据课程大纲、课程特色、企业需求和我校学生需求，结合我校实际情况，从内容、特色和思路等方面对客户关系管理教材进行了策划及建设，旨在提高学生的自主学习兴趣，扩展他们的知识面和视野，完善课程的教学效果，也为相关教材建设提供一定的参考和借鉴。

### 参考文献

[1] 尹新.客户关系管理课程项目教学法研究 [J].中国成人教育，2009（20）：127-128.

[2] 龚芳.职业岗位能力导向的客户关系管理课程改革探析——以电子商务专业为例 [J].电子商务，2016（7）：83-84.

[3] 谢丽彬.基于应用型人才培养的市场营销专业客户关系管理课程建设 [J].理论观察，2016（3）：171-172.

[4] 章宁，李峻.基于创新人才培养的大学课程优化策略 [J].教育与职业，2013（11）：141-142.

[5] 黄倩."客户服务"课程改革的基本内容及有效的课程模式分析 [J].教育与职业，2014（11）：152-153.

# 第五部分

# 教学环境改善

# 虚拟仿真实验资源公共云平台构建与运行机制研究[*]

■ 董 焱

**【摘 要】** 本文分析了高校虚拟仿真实验教学示范中心建设的现状及存在的困局，提出了应建设整体性的虚拟仿真实验教学资源公共云平台，以解决实验教学资源共享各主体的痛点和痒点，包括解决信息交流与成果展示、教学资源低水平重复开发、校园网络限制校外访问资源、校企合作形成实验教学资源利用新模式、教师实验教学管理等关键问题，并应用互联网思维提出解决公共云平台实施难点的具体对策。

**【关键词】** 虚拟仿真实验 教学资源 公共云平台 互联网思维

## 一、虚拟仿真实验教学示范中心建设及现存困局

### （一）虚拟仿真实验教学示范中心建设的意义及内容

进入21世纪以来，教育部大力推进国家级高等学校实验示范教学中心建设，目的是进一步推动高等学校加快实验教学改革，加强实验室建设，培养大学生的实践能力和创新精神，提高高等教育质量。

2013年起，国家级虚拟仿真实验教学示范中心建设启动。这是对原国家级高等学校实验教学示范中心建设的深化，旨在推进高等学校实验教学信息化建设，推动实验教学改革创新。

虚拟仿真实验教学示范中心（以下简称虚拟仿真实验中心）要形成结构

---

[*] 本文为北京联合大学教育教学研究与改革项目"大学生创新创业教育资源共建共享平台的构建研究"（JJ2016Y022）的阶段性研究成果。

合理的实验教学与管理队伍,完善管理体系,开发基于虚拟仿真的实验教学资源,构建管理和共享平台。

虚拟仿真实验教学的特点是:实现真实实验不具备或难以完成的教学功能。其适用范围为:高危或极端环境;不可及或不可逆操作;高成本、高消耗、大型或综合训练。建设的基本原则是:虚实结合、相互补充、能实不虚。

### (二) 虚拟仿真实验中心建设面临的困局

2013—2015 年,全国评选了三批共 300 家虚拟仿真实验教学示范中心,其中,理工农医军事类共 264 项 (占 88%),经济管理类有 27 项 (占 9%),人文社科艺术旅游运动合计 9 项 (占 3%)。

2016 年,教育部暂停了虚拟仿真实验教学示范中心评选工作,原因比较复杂,但虚拟仿真实验中心建设中暴露的一些问题却是调整的主因。

现阶段,虚拟仿真实验中心建设面临的困局主要包括:(1) 不少 3D 虚拟仿真实验项目的开发不够成熟,存在为虚拟而虚拟的现象;(2) 高校由教师科研及教研成果转化的、自主创新和拥有自有知识产权的虚拟仿真资源较少,难以开展收费服务,不能形成良性循环;(3) 3D 虚拟仿真资源投入巨大,低水平重复开发现象严重;(4) 各高校出于网络安全的考虑,对校外访问中心平台普遍采取限制的做法,使得各虚拟仿真实验中心的资源共享工作无法开展。

正是在这种情况下,国家级实验教学示范中心建设联席会尝试与企业合作,构建跨学校的实验教学资源共建共享公共云平台,以打破资源共享难这一制约虚拟仿真实验中心建设健康开展的困局。

## 二、建设公共云平台解决实验教学资源共享的痛点和痒点

建设整体性的虚拟仿真实验教学资源共建共享公共云平台,应考虑解决实验教学资源共享各主体的痛点和痒点。

笔者认为这样一个共建共享公共云平台,应当是集虚拟仿真实验教学信息门户、实验教学资源课程平台、实验教学和学科竞赛管理、网络虚拟社区等功能为一体的跨学校综合性信息平台。

### (一) 解决虚拟仿真实验中心建设的信息交流与成果展示需求

建设共建共享公共云平台,首先要解决教育行政部门和各高校虚拟仿真实验教学中心建设与申报活动中的信息交流与成果集中展示的需要。相对于微信群、微信公众平台和其他网络形式而言,专门的虚拟仿真实验教学公共

云平台作为门户网站，其信息展示更加专业，信息交流更有针对性，成果展示更为集中，相关数据的积累和可视化呈现也更方便。对于教育行政管理部门来讲，还能够全面掌握全国虚拟仿真实验中心建设的整体状况。

## （二）解决虚拟仿真实验教学资源低水平重复开发现象

各高校在建设虚拟仿真实验教学中心时，均投入大量经费开发3D虚拟仿真等实验教学资源，今后若引入虚拟现实（VR）、机器人等新型技术，开发建设的耗费将更为巨大。目前由于没有畅通的共享渠道，造成各高校已建成虚拟仿真教学资源的实际情况无法摸清，更难以共享。而共建共享公共云平台可以解决高校低水平重复开发的现象。

## （三）解决高校校园网络限制校外访问资源的管理难题

各高校虚拟仿真实验教学中心都建有网络平台，并把教学资源集成在平台上，按照理想状态，网上虚拟仿真实验教学资源应当能够实现校内和校外的共享。但各高校出于校园网络安全的考虑，对校外访问中心平台普遍采取限制的做法。这使得高校虚拟仿真实验中心的资源共享无法开展，甚至出现在网络评审阶段评审专家都无法打开中心平台查看资源的情况。跨校的共建共享公共云平台则可以解决高校校园网络限制校外访问资源的管理难题。

## （四）解决校企合作形成实验教学资源利用新模式的问题

对于企业研发的虚拟仿真实验教学资源和其他软硬件资源，传统上，各高校一般都采取购买的方式获得。这种做法存在一定的不足：首先，短时间的考察很难准确判断某一产品是否符合高校师生要求，采购后发现问题弃用，造成软件闲置；其次，由于课程安排、教师变化等原因，使得软件使用频率不高；最后，昂贵的价格使部分高校无法购置心仪的资源。共建共享公共云平台的建立，则可以集成企业和高校的虚拟仿真实验教学资源，采用租用的方式进行实验教学或开展学科竞赛，并按照使用的用户数或流量等方式付费。有助于形成实验教学资源利用新模式，同时由教师科研及教研成果转化的、自主创新和拥有自有知识产权的虚拟仿真资源通过网上服务共享和开展收费服务，能够形成良性循环。

## （五）解决高校教师虚拟仿真实验教学管理的问题

公共云平台上集成的3D虚拟仿真实验项目等实验课程或项目，应当以游戏思维、玩具思维为指导，使学生在使用时可以拥有类似游戏通关的交互式体验，同时在实验过程中和实验完成后，系统能够根据完成的结果和试错的频次自动给出实验评定成绩，减少教师批改和成绩评定的时间与精力耗费，以解决虚拟仿真实验教学管理的问题。

### 三、利用互联网思维解决共建共享公共云平台实施难点

针对虚拟仿真实验教学示范中心建设中存在的亟待解决的问题，教育行政部门希望通过校企合作，委托企业开发突破单一高校限制的虚拟仿真实验教学资源共建共享公共云平台。但从了解到的情况来看，这种合作进展并不十分顺利——平台开发进程缓慢，上线课程资源有限，平台的设计理念较为传统，特别是由于未能说清楚平台的运行机制，企业看不到盈利前景，所以缺乏合作的积极性。

解决整体化资源共建共享公共云平台实施难点，需要利用互联网思维。互联网思维主要包括：用户思维、简约思维、迭代思维、流量思维、社会化思维、大数据思维、平台思维、跨界思维。

（1）依据平台思维，共建共享公共云平台，不应是各高校、企业等重复开发、各自发展的孤立的平台，而应当是在整体规划基础上，集成各高校、企业资源和教育行政部门需要的总分结合、方便扩展的综合信息平台。

（2）依据迭代思维，不应指望平台一次开发建设到位，而是要在原型基础上，通过小步迭代，逐步改进，逐步强化功能。

（3）依据跨界思维，高校、各级教育行政部门、企业、投资机构等必须共同参与，各自承担不同的职能，才能充分发挥平台的功能。

（4）依据社会化思维，平台可以采用租用社会服务的方式进行建设，如由企业承担平台的开发和运营工作；政府和各高校通过租用云平台服务的形式发布实验资源和课程，开展远程实验教学和学科大赛，实现实验资源共建共享的目标。

（5）依据用户思维和简约思维，要注重用户的体验，使用流程简单，界面等设计要人性化。

（6）依据流量思维，平台必须有大量的用户使用，方能产生效益。教育行政部门应组织高校向平台提供教师和学生的基础信息，并研究基于用户体验的平台利用和盈利机制，充分调动平台开发与运营企业的积极性。

（7）依据大数据思维，平台要考虑平台用户及实验教学资源的使用与管理数据的积累和可视化呈现，利用大数据开展虚拟仿真实验中心建设及资源建设成效评价、资源推送服务等增值服务。

## 四、结束语

利用整体化共建共享公共云平台,理顺虚拟仿真实验中心建设机制与管理流程,提高建设绩效及用户体验,已成为当前示范中心建设工作的迫切需要及突破口。应通过校企紧密合作,在原型基础上研究平台的具体功能、模块、数据类型及来源、数据标准、协同机制、盈利模式等关键问题,尽快做好平台的开发与实现,并随着新型信息技术的进展,做好平台的拓展与完善工作。

# 大学生创新创业平台项目模块构建探讨*

■ 郭 峰

**【摘 要】** 本文基于大学生创新创业平台中项目模块的特点和面临的问题,探讨了其中项目模块的建设方法及思路,按照开放性和资源共享性原则设计模块构架,加强过程管理,增强大学生创新创业平台用户黏性,发挥平台作用。

**【关键词】** 大学生  创新创业平台  项目模块  构建

## 一、引言

提高创新创业能力,以创新带动创业,以创业带动就业,已成为社会各界的共识。大学生创新创业平台依托互联网优势建设网络资源平台,将实验、教学、实践、科研、创新相结合,形成一个无边界、多资源、多空间的生态,从多方面、多角度培养学生的创新创业能力。

建设大学生创新创业教育平台是高等教育的延伸,是完善高校大学生创新创业教育体系、培养大学生创新创业能力的重要环节。

## 二、创新创业平台项目模块建设现状

近年,我国高校大规模开展大学生创新创业项目,各类活动以实际项目为载体,学生作为主动的研究者,在指导教师的引导下发现问题、提出问题、收集资料、研究分析,最终得到解决问题的方法和途径,从而逐步培养科学

---

\* 本文为北京联合大学教育教学研究与改革项目"大学生创新创业教育资源共建共享平台的构建研究"(项目号:JJ2016Y022)的阶段性成果。

素养和创新思维习惯。仅国家级大学生创新创业项目就达到三万余项，同时受到省级立项和校级立项的项目更是繁多，再加上各类赛事活动，以项目团队为主体的活动数不胜数。

高校创新创业平台主要分为三种基本类型：学校机构、学生社团、创新创业项目。这三种类型的实践平台，在组织架构和活动上有非常明显的区别，但都能在不同层面帮助大学生树立创新创业意识，开展创新创业实践。高校创新创业平台是高校近几年发展出现的新事物，大部分高校的创新创业教育平台建设目前还处于摸索阶段，常常是三种类型的实践平台同时存在，相互作用。但大多数创新创业平台对各类项目的支撑作用渐显薄弱，在项目申报、团队管理、过程管理、成果展示等方面暴露出来的问题亟待解决，这些问题主要归纳为以下几个方面。

（1）创新创业平台利用率不够。现有大学生创新创业平台不够完善，这制约着学生的使用和创新。首先是平台使用目的不清，与课程平台、慕课平台、创新资源教育平台、创业平台、项目管理平台功能混淆。其次各类平台较多，平台利用率低，学生黏性不高。

（2）平台对各类项目的集成力度不足。对项目团队来讲很难实现统一的团队管理和项目过程管理。目前各个高校内的不同学院学生申报的项目数少则几十个，多则上百个。项目来源复杂多样，有教育部审批的特定项目，有学校联盟组织的创新活动，有社会组织的各类大赛，都有各自的宣传报名网站，有不同的要求。

（3）平台对教师的支持力度不够。现有平台难以实现对项目指导的过程控制。指导教师很难有足够的时间和精力对项目进行全程的指导，主要是因为缺少有效的方式来协助教师指导学生。

（4）平台缺乏对学生个人的成长管理。一方面，难以统计学生个人的所有参与项目，使得学生对个人成长的宏观认知不足。另一方面，缺乏优秀案例的集中展示，使得学生不能通过统一平台学习其他的优秀方法与知识，师生对平台的黏性不够。

### 三、创新创业平台项目模块建设思路

经过几年的发展，现在大学生创新创业平台不仅为创新创业服务，而且已经成为师生教育教学、项目管理、个人成长轨迹、资源交流共享的综合平台。本着开放性和资源共享的平台建设原则，建设思路主要有以下几个方面。

（1）提供一站式服务。创新创业并非是单独孤立，要以项目为连接，实现创新创业活动的一体化，在学生创新的意识和思路下，发现研究的商业价值，实现创新创业有机嫁接，而不是创新创业两张皮，造成资源浪费。实现创新创业资源获取的一体化，如创业中的建设，通过课程教学、网络信息建设、资源整合为学生创新创业提供一站式服务。

（2）集成创新项目一般经历的过程。如项目申报、项目文本、项目过程管理以及项目成果等。将所有项目的通用过程信息化，统一到平台中，仅将输出结果提交到各类赛事或项目的主办方网站中，达到资源统一管理和共享的目的。

项目模块将项目管理人员从琐碎的工作中解放出来，解决包括数据不安全、效率低下、难以统计分析等问题。

（3）构建统一的团队管理模块。将项目团队的组员管理信息化，不管是什么项目，都以人为主体。将指导教师、参与学生按不同角色分别授权，解决人员管理繁杂的难题。

（4）增强项目过程化管理。对不同角色授权后，指导教师可以在项目的各个环节对学生进行指导，增强平台对师生的支撑作用。

（5）对项目结果进行展示与分享。对成功和失败的项目进行统一展示，师生可以总结分享，真正地利用好平台资源，对所有师生有着重要的借鉴作用。大学生创新创业项目实施几年后，项目的重复率比较高，大部分学生无法确认自己的想法和思路是否已经有人进行了尝试。可以通过此平台将历年项目的详细情况展示出来，这样申报的学生一方面可以学习已有的成果，另一方面可以避免项目的重复申报。

（6）个人成长经历的轨迹汇总。通过平台，学生可以对自己所有的参与项目从整体上进行认识和把握，对个人成长有一个清晰明确的轨迹跟踪和前后对比，从而更好地认识和提高自己。

## 四、创新创业平台项目模块具体内容

大学生创新创业平台项目模块一定要符合实际需要，才能加强用户黏性，发挥其作用。平台按照开放性和资源共享性原则设计，主要包括项目团队、项目资源、项目成果子模块，如图1所示。

```
项目成果  ──→  图片、文字、视频
                ↕
项目资源  ──→  申报书、项目合同书、项目中期报告、项目验收书
                ↕
项目团队  ──→  项目申报人、项目组成员、指导教师、评审员、管理员
```

**图 1　大学生创新创业平台项目模块示意**

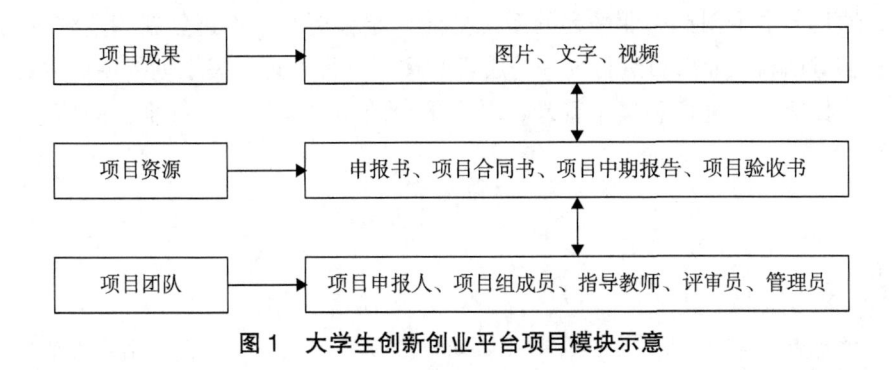

（1）项目团队子模块。此模块有项目申报人、项目组成员、指导教师、评审员、管理员五种身份。由项目申报人组建团队，添加项目组成员、指导教师。项目组成员和指导教师没有成员管理权限。评审为校内评审，一般由教务处老师授权。

（2）项目资源子模块。为保证其通用性和平台对各类项目、赛事的支持性，此模块主要为上传下载、在线预览和修改功能。可以将申报书、项目合同书、项目中期报告和项目验收书等文本统一管理，最后将最终结果递交给不同项目官方平台。增加平台的可用性和通用性。

不同团队成员有不同权限。申报人可以在线填写或上传自己的申报书，管理项目文本资源，更新自己的项目进度，完成项目中期报告和项目验收书。指导教师可以查看所指导学生的申报书，给出意见，跟踪项目进度。评审员可以根据要求评审项目，进行打分排序。管理员可以直接从网上按照自己的要求定制导出汇总表，查看相关信息。

（3）项目成果子模块。从所有大学生创新创业项目中评出典型案例，包含失败案例，将这些成果以图片、文字、视频等方式放在成果展示模块中。一方面可以展示高校大学生创新创业的成果，另一方面给其他申报的同学以激励和引导。

## 五、结语

通过平台积累项目、健全共享机制，不仅能够有效推动教学与科研互动，而且可以推动教学内容的更新和教学模式的转变，加速学校创新人才培养机制改革的进程和教学质量的提升。大学生创新创业平台是一个庞大的系统工程，学校在不断扩大项目数量和学生覆盖面的同时，应稳步提升项目的实施质量。

通过大学生创新创业平台的系统搭建，能够更好地推进创新创业教育的进程，对创新创业项目进行统一的成员管理、过程管理，展示创新创业内容，便于项目信息的分享和集中管理，增强平台的用户黏性，发挥平台的信息化作用。

## 参考文献

[1] 黄本笑，黄芮. 大学生创新创业实践平台建设文献综述［J］. 生产力研究，2014（1）：140-145.

[2] 于斌，颜贤斌. "大学生创新创业训练计划" 项目管理探索与实践［J］. 实验室技术与管理，2015，32（9）：30-33.

[3] 张剑宇，陈璐. 高校要加强大学生创业创新教育［J］. 文学教育，2012（11）：48.

# 教学资源建设在大学生创新创业教育中的作用探讨*

■ 陈 晨

**【摘 要】** 教学资源是大学生创新创业教育体系中必不可少的组成部分,建设符合其需求的教学资源可为高校教育教学提供优势环境,有利于完善高校创新创业教育体系,促进创新人才培养。本文分析了创新创业教育对教学资源建设的要求,提出了教学资源建设的建议,探讨了教学资源建设在大学生创新创业教育中的作用。

**【关键词】** 教学资源 创新创业教育 作用

创新创业教育是知识经济时代的一种教育观念和教育形式,积极有效的大学生创新创业教育是建设知识经济社会的迫切需要。教学资源是双创教育体系中必不可少的组成部分,认识大学生创新创业教育对教学资源建设的要求是构建创新创业教育体系、提升教育成效的重要前提。

## 一、教学资源建设与创新创业教育

### (一)教学资源及建设要求

教学资源是为教学的有效开展提供的如素材等各种可被利用的条件,通常包括教材、案例、影视、图片、课件等,也包括教师资源、教具、基础设施等。从广义上来讲,教学资源可以指在教学过程中被教学者利用的一切要素,包括支撑教学的、为教学服务的人、财、物、信息等。因此,在高校的

---

\* 本文为北京联合大学教育教学研究与改革项目"大学生创新创业教育资源共建共享平台的构建研究"(项目号:JJ2016Y022)的阶段性成果。

教育教学中，教师资源建设、课程及教材建设、教学环境建设、教学平台建设等都属于教学资源建设的范畴。

为实现创新型国家的长远发展规划，培养创新型人才，国家对高校教学资源诸多要素的建设提出了明确的要求。《国家中长期教育改革和发展规划纲要（2010—2020年）》中提出"营造独立思考、自由探索、勇于创新的良好环境"。"适应经济社会发展和科技进步的要求，推进课程改革，加强教材建设，建立健全教材质量监管制度。深入研究、确定不同教育阶段学生必须掌握的核心内容，形成教学内容更新机制。充分发挥现代信息技术作用，促进优质教学资源共享。""加强优质教育资源开发与应用。加强网络教学资源体系建设。引进国际优质数字化教学资源。开发网络学习课程。建立数字图书馆和虚拟实验室。建立开放灵活的教育资源公共服务平台，促进优质教育资源普及共享。"

（二）创新创业教育及重要性

创新创业教育是以创造性、创新性、开创性为内涵，以知识技能教育和创新创业实践活动为主体，以培养大学生的创新创业精神，增强大学生创新创业意识与创新创业思维，提高大学生创新创业能力和创新创业素质，使大学生敢于创新创业、善于创新创业、勇于创新创业为目标的素质教育。

现代社会，科学技术的迅猛发展使得知识的更新与转化速度大幅度提高，社会对创新创业型人才的需求越来越大，创新创业教育的重要性可从两个方面看出。（1）国务院在《国家中长期科学和技术发展规划纲要（2006—2020年）》中把"进入创新型国家"作为2020年我国科学技术发展的总体目标之一，这标志着自主创新这一国家战略已经从理论层面发展到实践层面。在此环境下，国家需要高等教育不断地为社会输送大量的具有创新精神、创业意识的大学毕业生，大学生创新创业教育已经被提到国家战略高度。（2）如何更加有效地通过开展大学生创新创业教育，以创新促进大学生创新精神的树立，以创业促进大学生就业，培养适合国家未来发展的创新型人才已成为各高校迫切需要解决的重大课题，同时也是高校人才培养面临的重要机遇。

## 二、大学生创新创业教育对教学资源建设的需求

（一）创新创业教育要求系统化整合教学资源

创新创业教育不仅要求对学生进行知识层面的教育教学，而且更加注重指导学生动手实践和进行社会检验，所以，创新创业教育需要建设系统、全

面、共享的教学资源体系。由于教学资源来源丰富、内容多、种类和数量庞大、更新快、形式多样，因此，在建设教学资源体系时，应首先对其系统结构进行全面规划，从总体设计入手，系统化整合各类资源，为教学资源开发、资源再造、资源共享和资源管理打下基础，为教师和学生利用教学资源提供便利条件。

### （二）注重教学资源建设的开放性

创新创业教育教学资源建设的开放性包含两个方面。一是指开发、建设的教学资源体系可以不断吸收校内外各类优质教学资源，如教师、教材、教学案例、教学设施、实践基地等，以使教学资源体系能够不断适应创新创业教育的需求变化；二是指教学资源可面向校内外有同类需求的师生开放，使教学资源体系不仅为校内师生服务，也能为社会提供资源。这样，教学资源的开发、建立和使用是开放式的，有利于教学资源的更新、共享，有利于提高教学资源在创新创业教育中的利用率。

### （三）对教学师资队伍建设的需求

在创新创业教育中，教师队伍肩负着教学改革、创新课程设计开发、教学实施、学生创新精神培养、创业指导等重任。知识结构单一：缺乏创新精神和创业经验的教师队伍难以满足创新创业教育中的多元化需求。因此，构建在知识结构体系、师资来源、专业实践能力、创业经验等方面多层次、多类型、多维度的教学师资队伍是创新创业教育的需求。

### （四）对课程体系及教材、教学案例、课件的需求

创新创业教育的核心是创新意识和创业能力的培养，这就要求必须有一套合理的课程体系来支撑。完善的课程体系、完备的教材和教学案例以及适合学生的教学模式有利于在学习中激发学生的学习热情，培养学生的创新思维、创新精神、创新能力和创业素质。因此，创新创业教育要求进行专业课程体系改革，建立和利用新型的教学模式，使教学科目渗透创新创业教育的思想和内容，将枯燥、填鸭式的教学方法和技能培训转变为自主的、综合的课程设计和教学，开设内容丰富的综合性、设计性、探索性实验项目，把创新创业教育内容融汇在课程教学中。

### （五）对实验教学中心、实践基地建设的需求

实践教学和学生课外活动是创新创业教育的重要途径，实验教学中心和实践基地是其重要的实施场所，创新创业教育要求实验教学中心、实践基地

等不仅要为计划内实验教学提供良好的环境保障，还要在实验教学之外为教师和学生提供课外实验、实践、科学研究和创新创业教育活动的条件和保障。

### （六）注重创新成果转化与激励机制的建设

纵观国外创新创业教育成功的高校，成果转化与激励一直都是其在环境建设方面的重要环节。通过参加创新创业大赛、进入创业孵化器，进一步激发大学生的创新思维，将创新创业大赛中那些创新性和实践性强的创新创业想法和项目进行成果转化，通过创新成果转化，能够有效地激发学生的创新创业热情和参与感，从而营造出积极向上的创新创业环境氛围。为此，在资源建设中应建立创新成果转化保障渠道和相关的激励机制。

## 三、教学资源建设对大学生创新创业教育的促进作用

### （一）有利于提升创新创业教育成效

教学资源建设是创新教育的基础，良好的实验教学平台是创新教育的后盾，多维度、优秀的师资队伍是创新教育的支撑，先进的信息化技术是创新教育的保障，虚拟实验教学平台是创新教育的新渠道。基于创新创业教育建设的全面、开放、共享的教育资源是培养学生的学科兴趣和学习欲望、引导学生的科研精神、激发学生的创新思维、保障学生创新成果转化的环境条件，建设优质的教学资源有利于双创教育的实施和成效提升。

### （二）为大学生的创业就业提供了更多的机会

教学资源建设不仅为大学生提供了丰富的学习资源，还为他们营造了有利于创新思维建立和实现的各类创新创意空间，同时，也为他们提供了能够展现其创新思维和创新能力的各类竞赛平台。创新创意空间的孵化和各类大赛能够激发大学生的创新思维，培育创业项目，通过成果转化，可促进大学生的创业和就业。

### （三）促进了教师职业素质的提升

开发、建设能够适应创新创业教育要求的教学资源的过程遵循了创新的原则，也是一个创新的过程。在参与教学资源建设中，教师需不断提升自主专业发展意识，增加专业知识，提高专业技能，这样才能适应和承担教学资源建设的任务；同时，通过教学资源建设质量对比，教师能够获知自己的不足之处，这对全面提高教师的职业素质起到了良好的促进作用。

### （四）促进了高校与企业的合作

在创新创业教学资源建设中，校企合作为师资队伍建设提供了丰富的、

具有创新精神和创业经验的课外教师，为课程体系改革提供了翔实的教学目标和案例资源，为实践环境建设提供了坚实的技术支持。同时，大学生在创新创业教育中形成的创新思维、创业项目和成果转化也为企业带来了新的发展机遇。因此，创新创业资源建设给学生成才、学校发展和企业进步带来了三赢，促进了高校和企业的合作。

## 四、结束语

优质、全面、共享的教学资源对培养学生创新创业能力、提升创新创业教育成效起到了重要的作用，教学资源建设是高校创新型人才培养中不可缺少的一项重要工作，还需要我们在今后的工作中不断地探索和实践。

## 参考文献

[1] 欧阳明，程军年，钟雨静. 基于"问题"导向的教学资源建设模式探索[J]. 中国教育信息化，2014（5）：36-38.

[2] 张天华，王绪龙. 高校创新创业教育的教学资源开发研究[J]. 辽宁工业大学学报（社会科学版），2016（5）：75.

[3] 王盛. 高校创新创业教育生态培育体系构建研究[J]. 人力资源管理，2016（9）：137-138.

# 浅谈创新创业教育下的开放性实验教学项目*

■ 周晓璐

**【摘　要】** 在创新创业教育的时代背景下，高校开放性实验教学已成为创新创业教育的重要保障手段，开放性实验教学项目是高校开放性实验教学的基础。各种类型的开放性实验教学项目在激发大学生创新热情、形成创新思维、培养创新能力等方面具备不同的特点和作用。

**【关键词】** 创新创业教育　开放性实验教学　开放性实验教学项目

近年来，随着我国高校办学规模和招生规模的扩大，高等教育实现了跨越式发展。在高等教育实现由"精英教育"向"大众化教育"战略转移的过渡时期，高校毕业生的就业形势日益严峻。在此社会环境下，开展大学生创新创业教育，以创业教育促进学生全面发展和全面成才，以创业促进大学生就业，将是各高校迫切需要解决的重大课题，也是各高校面临的重要机遇。

针对中国的大学生创业教育平均水平低于全球、创业意识比较低的现状，加强大学生创新创业教育是我国高校亟待研究的重要课题。在教学实践中，如何提高人才培养质量，进一步强化大学生的基本技能、创新精神、实践能力和创业意识，全面提升学生的综合素质，保证综合能力强的高素质创新人才培养，是高校教师在课内课外教学中必须坚持的奋斗目标。

---

＊ 本文为北京联合大学教育教学研究与改革项目"大学生创新创业教育资源共建共享平台的构建研究"（项目号：JJ2016Y022）的阶段性成果。

## 一、创新创业教育的内容体系

大学生创新创业教育是以培养具有创业基本素质和开创型个性的人才为目标，以培育学生的创业意识、创业精神、创新创业能力为主的教育。创新创业教育包括意识培养、能力提升、环境认知和实践模拟四方面内容。

（1）意识培养是指启蒙学生的创新意识和创业精神，使学生了解创新型人才的素质要求，了解创业的概念、要素和特征等，使学生掌握开展创业活动所需要的基本知识。

（2）能力提升是指解析并培养学生的批判性思维、洞察力、决策力、组织协调能力与领导力等各项创新创业素质，使学生具备必要的创业能力。

（3）环境认知是指通过引导学生认知当今企业及行业环境，抓住创业机会，识别创业风险，掌握商业模式开发的过程，设计策略及技巧等。

（4）实践模拟是指通过撰写创业计划书、开展模拟实践活动等，鼓励学生体验创业准备的各个环节，包括创业市场评估、创业融资、创办企业流程与风险管理等。

## 二、创新创业教育背景下的开放性实验教学

实验教学是高校教学的重要组成部分，是对课堂所学理论知识的直观认识。实验在整个教学过程中具有不可替代的重要地位，是学生理论联系实际的重要途径，它在培养学生综合素质、激发学生创新意识和提升学生创新能力等方面发挥着不可替代的作用。

虽然目前大学生实验教学形式多样，包括教学实验、课程设计、毕业设计、工程训练、科技活动、认识实习和生产实习、社会实践等，但是以老师讲授、学生验证为主的传统实验教学模式，受到实验地点、实验时间、软硬件环境等多方面因素的制约，已经无法满足学生参与形式多样的实验教学活动的需要，无法有效支持大学生创新创业教育。以学生为本的开放性实验教学有效弥补了传统实验教学的不足，通过开放教学内容、教学环境和教学资源，实现学生实践能力和创新精神的双重提升。学生可以依据实验教学目的和自己的兴趣爱好，自主选择实验内容、实验时间和实验地点。实验教学内容的来源具有多源性，有利于引起学生兴趣、激发学生的主动性和创造性。实验教学的形式和过程具有灵活性，有利于满足学生的个性化需要，有利于创造性人才的培养。

在开放实验教学中，让学生体验和掌握以问题为切入点、以实验解决问题的方法，主动建构知识、增长技能、发展能力，引导学生自主到实验室做实验、参与科研课题，进而发展到自主提出问题、自主设计课题、自主解决问题，在开放、宽松、自主的环境中，养成主动建构知识、发展能力的习惯。进而使学生体验到创新的快乐和自信，激发学生的创新欲望，并创造条件使这种可贵的品质保持下去，鼓励学生持续性地把发现的"新"深究下去，培养他们创新的能力。

### 三、创新创业教学背景下的开放性实验教学项目

实验室的开放关键是实验教学内容的开放。实验项目是实验教学内容的重要组成部分，是实验教学内容的基础。依据实验项目的不同类型，实验项目可以划分为：基础性实验项目、综合性实验项目、设计性实验项目、研究探索性实验项目和创新性实验项目。每类实验项目具有特定的实验教学要求和目标，需要完成不同程度的实验任务，帮助学生逐步了解实验项目、熟悉实验环境、激发创新意识、提升创新能力。

1. 基础性实验项目

基础性实验项目是基于基础性实验产生的实验项目。基础性实验项目是检验课程中某单一理论或者原理的实验，或基本实验方法，或基本技术操作的基础认知性的实验。此类实验是我国实验教学实践中一种传统的、常见的原理性质和基本方法、技能性的实验类型。通过这类实验训练，要求学生了解、理解和应用实验对应的某个概念、基本原理或者知识点，掌握基本实验方法和技能。认知性实验、演示性实验和验证性实验均属于基础性实验。

2. 综合性实验项目

综合性实验项目是基于综合性实验产生的实验项目。综合性实验是由多项实验任务组成，经过系列的实施程序，最终得到某种结果的实验。这类实验具有多重知识交融的特征，要求实验者综合应用所学知识，采取综合的方法去解决综合的问题，而这种综合思维方法和能力的形成正是综合性实验教学的主要目的。因此，综合性实验的内涵应该包括实验内容的综合、实验方法的综合、实验手段的综合。其中，实验内容的综合可以是学科内一门或多门课程教学内容的综合，也可以是跨学科的知识综合。通过知识、内容、方法和手段的综合，对学生的知识、能力、素质形成综合的训练与培养。

3. 设计性实验项目

设计性实验是基于设计性实验所产生的实验项目。设计性实验就是以培养学生"设计能力"为核心目的的教学实验。设计性实验的最大特点是以一个非常明晰的、需要解决的设计问题作为起点，在教师指导下或自主进行技术性、经济性、可行性设计，并进行制作、测试与验证等，以解决该问题，获得相应成果作为终点。设计性实验是设计，但更是教学。设计性实验所强调的是培养学生掌握如何进行设计的基本思路、基本流程和基本方法。设计性实验不仅要完成实物设计，更要强调设计思想。设计性实验中一个很重要的问题是设计方案，而不仅是设计出产品。设计性实验可以是实验方案的设计，也可以是系统的分析与设计。学生独立完成从查阅资料、拟定实验方案、设计实验方法和步骤（或系统的分析与设计）、选择仪器设备（或自行设计、制作）并实际操作运行，以完成实验的全过程，同时形成完整的实验报告，主要培养学生自主学习、自主研究的能力和组织能力。

4. 研究探索性实验项目

研究探索性实验项目是基于研究探索性实验所产生的实验项目。研究探索性实验是实验室设置的、在教师的指导下学生可以自主完成的研究性教学实验项目。这类教学实验项目的内容包括新理论的研究、实验方法与技术的革新、仪器设备的改进、大型软件的开发或二次开发等，一般是教师的科研项目，或是从科研项目分离出来的子项目。对于大学生而言，他们参与研究探索性实验重在研究过程，通过研究、探索、思考达到思维能力、动手能力及科研能力的强化训练，在研究过程中实现创新。研究探索性实验也是学生早期参加科学研究，教学科研早期结合的一种重要形式。这类实验具有实验结果的未知性和实验方法、手段的创新性。

5. 创新性实验项目

创新性实验项目是基于创新性实验所产生的实验项目。创新性实验项目是大学生自主提出的科研训练项目，训练的主体是大学生个人或创新团队。他们在导师的指导下，自主进行研究性学习，自主进行实验方法的设计，组织设备和材料，实施实验、数据分析处理、总结报告等工作，培养学生提出、分析和解决问题的兴趣和能力。创新性实验的训练，可以使大学生这种可贵的品质保持下去，鼓励学生持续性地把发现的"新内容"深究下去，培养他们创新的能力，这是创新性实验教学的本真目的。这类实验具有实验内容的自主性、实验结果的未知性、实验方法与手段的探索性等特点。

## 四、总结

不同类型的实验项目对实验室的开放有不同的要求。对于基础性实验项目和综合性实验项目，实验室应为学生提供时间、场地、软硬件环境等开放实验条件；对于设计性实验项目和研究探索性实验项目，实验室应给学生提供时间、场地、软硬件环境、实验内容、指导教师等开放实验条件。与此同时，对学生开展开放性实验项目进行满意度调研，充分了解学生的需求，改进开放实验教学环境及内容以满足学生的实验需求，营造以学生为主体的开放性实验教学环境。

## 参考文献

［1］戴玉蓉，熊宏齐. 适应开放式创新性实验教学的信息化建设与管理［J］. 实验技术与管理，2008，25（10）：14.

［2］熊宏齐. 凝练开放式实验教学核心要素，构建研究型大学实验教学体系［J］. 实验技术与管理，2010，27（12）：4.

［3］熊宏齐，戴玉蓉，郑家茂. 教学实验项目类型及其"开放内禀性"［J］. 实验技术与管理，2008，25（1）：5-6.

# 第六部分
# 教师队伍建设与学生教育管理

# 论高校教师的师德隐忧和重构策略

■ 陈 浩

**【摘 要】** 在经济全球化和社会主义市场经济的冲击下，大学教师所处的政治、经济、生活环境发生了重大变化，把握当前大学教师师德建设面临的困境，探寻造成这种困境的原因，尝试提出其重构策略，以期对促进大学师德建设、推动高校教师发展、推动高等教育的长足发展起到积极作用。

**【关键词】** 高校教师 师德 重构策略

大学肩负的任务之一是对人类文化进行筛选、提炼和融合，使人类优秀的文化得以传承和创新。大学教师是这一艰巨任务的践行者和执行者，大学教师自身的师德建设关乎着大学精神文化的建设和传承，教师队伍是大学改革与发展的中坚力量，他们对知识的追求、对工作的热忱、对职业操守的坚持推进了大学的可持续发展。如果大学教师面临着沉沦和危机，大学的精神家园将面临坍塌，整个大学精神将沦为荒芜。因此，分析和把握当前大学教师师德建设中面临的困境，探寻造成这种困境的原因及其重构策略具有重要意义。

## 一、师德的现状

师德，即教师的职业道德。《中华人民共和国教师法》规定，教师的职业道德，是指教师在从事教育教学工作中所应该遵守的道德规范。其主要内容包括教师的职业认知、职业情感、职业信念、职业行为表现等。我国历来重视师德建设，国家也出台了较多的相关法律和规定。2010年发布的《国家中长期教育改革和发展规划纲要（2010—2020年）》有关"加强教师队伍建设"一章中，对教师师德的要求是"关爱学生，严谨笃学，淡泊名利，自尊自律"。

在计划经济体制下，教师被视为知书达理的君子、道德的楷模、良知的榜样，有着远远高于基本道德标准的外在形象，而被剥夺了其作为经济人渴望拥有合法利益的权利。在市场经济等价交换原则的诱发下，消费主义和功利主义的价值取向对大学教师原有的价值观念、职业信念等产生了巨大的冲击，使之发生了重大变化，引发大学教师师德出现危机和沉沦。

### (一) 自我职业角色认同的淡化

改革开放以来，市场经济的冲击使教师对自身角色的认同出现了分化，导致了自我迷失。为了激发和调动广大教师的工作积极性，我国绝大部分高校实施了结构工资制度，即以量计酬、多劳多得的激励机制，但也造成了一些大学教师以市场化的规则重新衡量和定位自身价值，经济效益成为其工作的动机和初衷，任劳任怨的奉献精神和强烈的社会责任感逐渐淡化，教师传统的自我职业角色的认同逐渐淡化，职业奉献精神逐渐势微。

### (二) 价值取向的功利化与价值目标的短期化

大学教师师德的深层结构是由大学教师的价值观念系统建构的，是大学教师师德的核心部分，渗透并交织于教师师德的诸要素之中。在全球化经济浪潮和功利文化的影响下，伴随着中西方文化的冲突、现代与传统的交锋，大学教师的价值取向出现了一定的分化，出现了急功近利、弄虚作假、唯利是图等不良倾向。他们对经济利益和名誉的追求动摇了其对职业理想的坚守，有些人放弃了对学术操守的坚守，开始重视眼前的物质利益和实惠，学术也被演绎成追求功名利禄的手段，失去了促进大学教学和大学教师精神升华的意义。在名与利的驱使下，一些大学教师越来越趋于追求短期化的价值目标。在价值取向功利化的驱使下，教师教学方法单调、教学效果不佳、缺乏深度思考，这就影响了整个高校的教学质量，降低了大学品位，销蚀了大学精神。

### (三) 脱离师本，淡化天职

教书育人是教师职业角色的神圣职责，在教授给学生知识和技能的同时，教师要不断地修身养性、完善自我；要以自身渊博的学识、独特的人格魅力和个性化的教学模式去启发、感染学生自觉地汲取知识、探索世界；要引导学生主动追寻人生价值和生命的真谛并积极塑造乐观、健康的人格。

然而，为了获得职称晋升的机会和通过科研考核等，部分大学教师把主要精力放在论文的撰写、课题的申报和人情世故的走动上，较少研究教学方法、更新教学内容，从而导致教学质量下滑，更谈不上育人。育人是一个长久的过程，需要不断坚持方显成效，有些教师错误地认为其主要职责是知识技能的传授和训练。这种教育理念把教书与育人割裂开来，忽视了学生的思想状况、心理状况和精神状态，曾经令人羡慕的浓浓师生情也日益淡漠，甚至有学生对教师产生不满或对立的情绪。

## 二、大学教师师德危机的原因探析

### （一）高校教师管理与评价制度的缺陷

在我国高校现行的管理制度中，科层行政文化盛行，教师作为学校组织系统中最基本的构成元素，不可避免地会受到熏染。科层管理模式依赖建立理性化的规则、政策和程序，甚至以非人格化的外显形式否决了教师的情感需要和愿望达成。科层组织及规约以庞大的体系掩盖了教师的困惑，于是消极的无奈和惆怅成为很多教师的主导心境。尽管高校管理者意识到了这种管理模式的弊端，但在具体实施过程中，由于易操作，终结性评价还是占据了很大的比重，并且与经济性奖惩挂钩，质性评价往往被忽视。

很多高校根据职称和相应的级别对教师每年度的教学量和科研任务量做出了明确规定，并详细地制定了奖惩规则和办法。这些任务量的完成与否跟教师的职称评审、津贴发放和鼓励性的物质奖励紧密相关。这种做法导致了有些教师转而只顾个人物质利益的得失，对教学活动敷衍了事，把教书当成副业，平时更忙于写论文、跑项目，极大地削弱了教学质量，使得大学教师的师德陷入严重危机。

### （二）市场经济的冲击和价值取向多元化的影响

经济全球化使得不同文化间的交流和碰撞更加广泛和频繁，社会价值取向的多元化影响着作为主流文化传播和弘扬者的高校教师，导致了其对传统价值观的怀疑和否认，使得他们构建的价值体系内部出现了动摇。因为每一次利益观念的解放都会较大地冲击社会的道德观念，并由此引发道德价值与利益价值之间的冲突。一些高校教师改变了秉承的处世哲学和行为方式，逐渐淡漠了自我肩负的社会责任及奉献意识，商品化、世俗化之风吞噬着其对自由精神的追求，使得其原来坚持的高雅和独立日趋变得庸俗、没落，高尚的职业光环也失去了应有的光泽。

### （三）教师队伍的自身因素

近年来，在外界环境的影响下，有些高校教师的价值目标和行为选择偏离了主流价值观对教师的职业要求，高校部分青年教师面临着沉重的经济压力，尽管其教学积极性很高、科研成果不断，但他们容易忽视道德的修炼和思想理论的学习，导致职业信念和社会责任缺乏，对社会上的消极行为也缺乏应有的抵制力，不可避免地出现"趋名逐利"和"自扫门前雪"的不良倾向。还有部分教师的课堂教学沦为纯知识和技能的讲述，缺乏教师应有的独立思考和灵感启发能力，学生无法领略课堂学习的美妙之处。大学教师队伍整体素质的下滑必然阻碍大学精神家园的建设步伐。

### 三、大学教师师德的重建策略

大学教师师德危机引发了大学精神的萎靡不振，曾经充满活力和正能量的大学精神家园面临荒芜的危险。因此，重树中国知识分子的独立和批判意识、重塑大学教师文化，已成为当前我国高校及高校教师发展的当务之急。

#### （一）坚守为师之道，重塑师道尊严

教师的道德品质是其自我的内在本性和所处的外在环境相互作用的结果，但内因是本质。教师应该强化自我的道德修养，在自身的知、情、意、行等方面不断加以提高。"知"即知道师德的内容，是教师提高道德修养的基础。要做到"知"，就必须学习党的方针政策、时政热点、师德模范、专业知识，并在实践中检验知识，不断提升认识水平，使教师对师德内容产生由了解到理解的转变。"情"是指教师对社会向其提出的道德义务拥有高度的自觉意识和情感认同，这是教师提升师德形象的内在动力。时代在不断地变迁，教师需要的不仅是情感认同，更需要不断进行反思，要在实践中提高道德认知水平。"意"是"情"的深化，指教师将道德修养内化为自身的习惯与意志，是调节教师行为的精神动力。在实践过程中，当外部价值观与师德规范产生矛盾时，能够坚定自我操守。"行"即实践，指教师要培养一种自觉履行各种教育职责的使命感、责任感，并能够调控和评价自己的教育行为。"行"是师德规范的外在表现形式，是师德建设的最终目的。这也是最难的环节，要求教师将内在品质转化为一种行为，需要教师花费精力与时间，更需要教师在实践中不断调整自我，促进"行"的进步。

#### （二）鼓励教师回归教师之本

教书育人、淡泊名利等教师应有的职业精神正陷于前所未有的危机。所以应加强大学教师的师德建设，让其重新坚守为师之道，重塑师道尊严。这就要求大学教师自身要秉承高尚的职业信念和职业操守，提升内在的品行修养，以高度的责任感和强烈的使命感追求诲人不倦、铸造灵魂的崇高境界。

众所周知，传道的最佳途径是言传身教，因为传道不仅指传授为学之道，还指传授为人之道。教师的人格会对学生产生持久的吸引力和深远的影响力。唯有有人格魅力的教师方能于润物细无声中感染学生，影响学生人格的形成、志趣的选择，甚至其人生的选择。

现代大学肩负着多元化的职能，但其立根之本仍是教书育人，这是大学存在的根本前提与内在逻辑。古往今来，但凡载入史册的教师都是以教为本，因教而扬名，而不是其学术造诣和学术著作。大学教师应重新认识自己的天职和使命，认识到自身科研及其他综合能力都是为教学服务的。学校对教师工作的评价首先应体现在课堂教学效果和学生的评价上，以教为本应成为高校教师追求的首要职业理念。

### （三）守望师魂，捍卫学术尊严

学术研究不仅是学者主体创造性外显的知识成果，还是一种追求真理，以真理为归宿的精神，更是一种辨明是非和传播真理的过程。大学教师的学术研究不能简单地表现为一种外显的学术产出，更应该表现其对学术恪尽职守的态度以及其秉承科学精神和学术良知而对知识、真理的不懈追求。重构大学教师师德必须捍卫学术尊严，守望学术自由，进而实现大学教师身兼师者和学者的个体价值与社会价值。大学教师要树立崇高的职业理想，坚守崇高的学术信念，发自心底地热爱学术研究，遵守学术规范，全身心地投入科学研究。这是高校教师从事学术研究的立身之本，也是促进大学教学水平提升、大学教师精神升华的重要路径。

不同学科专业的教师，研究领域、讲授内容、教学方法各有不同，但育人的要求是一致的。对于青年教师，不能只满足于做传授书本知识的"教书匠"，而要立志成为塑造学生品格、品行、品位的"大先生"。教师要自觉肩负起国家使命和社会责任，牢固树立中国特色社会主义理想信念，自觉做中国特色社会主义共同理想和中华民族伟大复兴中国梦的积极传播者，把知识教育同价值观教育、能力教育结合起来，把思想引导和价值观塑造融入每一门课的教学之中，帮助学生筑梦、追梦、圆梦，用自己的学识、阅历、经验点燃学生对真善美的向往，身体力行地把社会主义核心价值观的要求融入日常的教育、教学、管理及与学生的交往中，以自己的点滴行为潜移默化地影响和激励每一位学生。

**参考文献**

[1] 吴文胜. 教师职业认同：困境与理性回归 [J]. 现代教育论丛, 2008 (6): 55-59.

[2] 兰久富. 社会转型与价值冲突 [J]. 北京师范大学学报 (社会科学版), 1999 (3): 97-102.

[3] 刘尧. 我国教师评价的现实困境与改革途径 [J]. 上海教育评估研究, 2013 (3): 35-38.

# 应用型高校创新创业教育师资队伍建设研究

■ 周春丽

**【摘　要】** 本文从应用型高校的大学生创新创业教育对师资队伍建设的需求入手，总结了应用型高校创新创业教育存在的问题，并结合实际列出了加强应用型高校创新创业教育师资队伍建设的措施。

**【关键词】** 应用型高校　创新创业　师资队伍建设

## 一、引言

应用型高校是面向区域经济，以学科为依托，以专业教育为基础，以社会需求为导向，培养高层次应用型人才的本科院校。创新创业教育中的创新教育是一种以培养人们创新精神和创新能力为价值取向的教育，而创业教育可以看作通过教育培养了创业意识，形成了创业能力和技能，最终促成个体的创业行为。我国高校创新创业教育实施始于20世纪末。1998年，清华大学举办首届清华大学创业计划大赛。2002年教育部确定9所院校为开展创业教育试点院校。2010年教育部下发了《关于大力推进高等学校创新创业教育和大学生自主创业工作的意见》。但是直到2014年，"大众创业、万众创新"理念的提出才让中华儿女加深了对创新创业的了解。目前"双创"已经成为我国在经济新常态下推动经济发展的新引擎之一；中央和各地政府及相关部门为推动"双创"制定和出台了众多政策和措施；各类媒体为"双创"宣传助力，营造氛围；各类"双创"大赛层出不穷，不断地激发着创业者的意识和激情；各类"双创"服务平台如雨后春笋般在大江南北破土而出，为创业创新者提供各种支持服务。作为培育和塑造大学生创新创业能力的师资人才，在大学生创新创业教育全过程中发挥着至关重要的引导和支撑作用。但是应用型高校创新创业教育师资人才队伍数量不多、质量不高，甚至教师个体及其队伍知识结构参差不齐、可供教育对象选择的知识内容极为短缺等问题制约着大学生创新创业发展。应用型高校"双创"教育师资人才队伍所存在的劣势无疑是对我国高校创新创业教育发展难题的真实反映。因此，深入研究应用型高校"双创"师资人才队伍建设对丰富和完善高校创新创业教育理论体系具有重要意义。

## 二、大学生创新创业能力素质对师资队伍建设的要求

创新创业教育是一门跨学科、跨领域的综合素质教育，涉及经济管理、工程技术、政府经济、创业投资、孵化管理等诸多方面，要求师资队伍的专业结构多元化。目前，我国大多数应用型本科院校并没有专门的创新创业教育师资队伍，师资力量的匮乏是制约创新创业教育发展的重要因素，构建一支"数量足、理论精、实践强"的创新创业教育师资队伍是应用型本科院校创新创业教育亟待解决的问题。创新创业教育对教师跨专业、跨领域的要求比较高，大部分应用型本科院校并没有专职的创新创业教育教师，急需引进高素质的专职教师，但由于大部分应用型本科院校办学经费不宽裕，教师的待遇不高，难以吸引优秀人才进校。

对于这个问题，笔者认为可以采取"外引内培"的手段。第一，引进若干核心教师成立教学组，对全校创新创业课程进行规划、组织和效果考评。第二，聘请校内相关专业教师承担"法律""经济""心理"等模块的专题教学。第三，在校内选拔一批青年教师，对其进行创新创业教育知识技能、教学方法的培训，使他们熟练掌握创新创业教育的基本方法和技巧，成为学校创新创业教育工作的稳定力量。这样三管齐下，建立起一支专兼职结合、数量充足的创新创业教育教师队伍。

创新创业教育还需要教师具有较强的实践能力，因此还要注重加强"双师型"教师队伍的建设。可以从以下两方面入手：一方面，要有计划、有针对性地组织教师到对口企业挂职，学习企业的管理运作、产品研发、市场开拓等内容，体验创业过程，提高实践能力，培养既有理论基础又有实际创业创新能力的双师型教师。另一方面，从社会各界聘请企业家、企业中高层管理人员、成功校友、创业典型人物等来校兼职或讲座，为学生讲解创业经历，丰富创新创业教育实践体系。

### 三、应用型高校双创教育师资队伍建设现状与存在的问题

1. 教师理论功底深厚，实践教学能力不足

随着教师队伍不断壮大，众多刚刚毕业的博士、硕士等高学历人才进入高校教师队伍，这些新教师大多是在学科型人才培养模式下培养出来的，虽具有深厚的理论功底，但缺乏一线生产工作经历和系统的实践锻炼，生产实践能力相对不足。在高校教师培养过程中，多是把年轻教师输送到国内外知名大学和科研院所进修，学习先进的教学方法，培养较强的科研能力，很少把他们送到生产一线、企业等实践性较强的部门学习和锻炼。由于严格的人事编制制度，限制了一些专业实践能力强的人才进入高校担任教师，许多具有扎实专业技能和丰富实践经验的人才由于没有高的学历、学位，无法进入高校教师行列，使很多高校的师资引进与培养缺乏多样性，无法满足"双创"教师建设的需要。

2. 相关政策还不完善

目前，我国尚未从法律或法规层面对创业教育的生师比做出规定，总量统计方面也没有社会公认的确切数据，但创业教育的实践证明，现有师资总量不足严重制约了创新创业教育的发展。但针对师资队伍建设的专项性政策，如教师资格准入制度、师资培养计划、兼职教师聘任制度、教师评价、激励制度等一系列制度还未落地。另外，应用型高校在绩效考核中侧重于教学、科研成绩考核，往往忽略了对实践与创新成果的考核，于是教师把大量的精力用于科研或理论研究上，对应用性学习和生产实践教学及指导缺乏积极性，这也不利于"双创"教师的培养。

3. 双创教育教师数量严重不足

我国高校的创新创业教育是因日益增大的大学生就业压力而生的。由于起步较晚，创新创业教育内容涉及多学科、多种能力和较强的技术性等多种因素，使得目前高校创新创业教育师资队伍不能适应创新创业教育又好又快发展的需要，成为制约高校创新创业教育发展的最大瓶颈。校内专职教师数量、校外兼职教师数量严重不足，远远落后于创新创业教育不断扩大的需求。

4. 双创教师队伍师资水平不高

创新创业教育不仅需要教师具备深厚的创新创业理论功底及跨学科领域知识的支撑，还需要具备丰富的创新创业实践经验以及将理论与创业实践有

效衔接的教学能力和教学方法。当前,高校创新创业教育的校内师资队伍多半由学工部门、就业指导部门的行政人员以及思想政治、经济管理类专业的教师构成。作为在传统教育体制下成长的他们,虽都具备各自从事领域内的专业理论知识,但没有受过系统的创新创业理论教育,或者大多是从书本中"自学成才",不具备创业或投资的经历,不熟悉企业的经营管理,缺乏实践经验或体验,在教学中很难做到理论联系实际,只能照本宣科,纸上谈兵,不利于学生创业素质的培养,教学效果大打折扣。在其他专业课程教学中,并未贯穿创新精神的培养,师资水平严重影响了创新创业教育的质量。师资队伍结构不合理,缺少校外兼职教师。

5. 双创教师队伍结构不合理

我国高校现有创新创业教育的师资主要由两类人员构成:原来从事经济管理类等专业理论教学的教师;从事大学生就业指导的政治辅导员和学生工作部门的管理干部。现有队伍的学历结构、专业结构、职称结构、年龄结构都不尽合理。据了解,在这两类创新创业教育教师中,学生辅导员和管理干部居多,多数都是思政专业,硕士研究生比例没有超过30%,博士研究生几乎没有;年龄多在40岁左右,具有副高以上职称的人数偏少,中级及以下职称的人数偏多。社会兼职教师几乎是空白,致使创新创业教育在高校与社会之间缺乏桥梁,不能有效利用社会资源。缺少专精创新创业教育的学科、专业带头人和学术骨干。创业教育薄弱的基础和并不浓厚的发展氛围使创业教育的研究相对缓慢,专精的学科、专业带头人和学术骨干不多,不足以形成优秀的教学、科研团队,影响了创新创业教育的发展。

## 四、应用型高校双创教育师资队伍建设的措施

1. 尽快完善应用型高校师资队伍建设总体规划

要以科学发展观为指导,以全面提高教育教学质量和人才培养质量为目标,以大力推进创新创业教育和促进大学生自主创业工作为任务,将创新创业教育师资队伍建设纳入学校师资队伍建设的总体规划,制定相应的配套制度。比如,制订创新创业教育教师培养计划、建立与健全教师评价指标体系、建立有效的创新创业教育激励机制等。

2. 立足校内挖潜组建专职教师队伍

创新创业教育是注重实践性的教育,对教师的要求相对较高。要深入开展创新创业教育教学,培养学生的创新精神和创业能力,教师既要有理论知

识的支撑，又要有一定的创新创业实践经验，成为从事创新创业教育的中坚力量。应用型高校应立足校内选拔一批以各专业教授和中青年学科技术能手为核心的骨干教师，作为稳定的教学师资。同时选送优秀中青年教师进行以提高创新创业教学水平为目的的学习深造，鼓励他们参加社会实践活动，深入企业和科研院所体验创新创业过程，亲身感受企业的运作、发展、管理，丰富实践经验，提高创业实践能力。

3. 在与产业界的合作中建立兼职教师队伍

创新创业教育是一种开放式的教育，其发展离不开社会和产业界的参与和支持。一方面，高校应该加强与产业界的合作，积极聘请企业家、创业成功人士或有过创业挫折的人士，从社会各界聘请专家学者及政府官员（包括科研类、经管类、法律类）等作为兼职教师，实现学校与社会资源的整合，建立一支专兼结合、层次类别齐全的高素质创新创业教育教师队伍。另一方面，高校要严格规范兼职教师的聘任机制，规定兼职教师的聘任条件、薪酬待遇、聘任程序、主要教学任务及评价。兼职教师应主要从事专业性强的专题教学，如创业心理、创业规划、创业融资、法律知识等，讲授一些创业实践课程，让学生在创业道路上获得丰富的知识和有效的指导。教师聘任是动态的、开放的，要在学校创新创业教育管理部门的统一协调管理下开展工作，做到良性循环。

4. 引导全体教师树立创新创业教育理念

要在专业教育基础上，以转变教育思想、更新教育观念为先导，以提升学生的社会责任感、创新精神、创业意识和创业能力为核心，以改革人才培养模式和课程体系为重点。教师应坚信每一个学生都有创新和创业潜能，把学生作为创新和创业教育的主体，把培养学生的创新能力、创业能力作为教学的中心任务，通过教学活动帮助学生形成创业意识、创业心理品质、创业能力等创业基本素质，进而把学生身上所蕴含的创造潜能开发出来。当然，要培养出创新创业人才，在校园文化的塑造中就不能缺少创新和创业的元素。为此，要通过开展科研专题讲座、讨论沙龙、创业经验交流研讨、学科竞赛、创业计划大赛，以及设立创业专题网站等创新创业活动，积极营造出一种人人、事事、时时都有创新的氛围。

5. 加强与国内外高校的交流与合作

我国高校资源长期封闭运行，在总量不足的情况下，于校际间实行教师互聘，将有限的优质创新创业教育师资资源共享，不仅能够让教师的才华得到更大程度的释放，而且可以使优质师资的使用向培养青年教师等方向延伸，并对提高创新创业教育教师水平和积极性有重要作用。

6. 建立创新创业教育交流与合作制度

形成相对稳定的创业教育师资资源库，建立国内外优秀创业教育人才合理流动机制。通过讲学、访问、国际学术和科研合作、开展国际合作办学等多种方式，有计划地组织教师到创新创业教育开展得比较好的一些国家去学习访问和交流经验，使教师拓宽国际视野，在流动中提高他们的教学科研水平。针对我国目前创新创业教育教师总量不足，整体素质不高且发展不平衡的情况，国家层面也应尽快考虑建立创新创业教育师资培训体系，尽快制定创新创业教育教师任职条件规范，并实施创新创业教育教师资格准入制度；通过建立创新创业教育师资培训体系，以专家讲座、备课会、案例剖析等形式定期定点开展国家级及省级系列培训活动，加大创新创业教育教师的培养和培训力度，点面结合，分层推进，力争在短期内培养一大批能够适应创新创业教育要求的专职教师；加强对专业教师的创新创业实践和能力培养，推动专兼结合的创新创业教育师资队伍的快速成长；注重对创新创业教育教师队伍的学科结构、职称结构和年龄结构的调整，加强创新创业教育教师队伍的团队建设。同时，国家级和省级教育主管部门应支持有条件的高校建设创新创业教育学科，开办创新创业教育类专业，培养专业人才，使创新创业教育形成一定规模；加强创新创业教育学科带头人和学术骨干的选拔和培养。此外，地方政府应通过多种形式整合各方优势资源，建立省级大学生科技创业实习和孵化基地，为高校开展创新创业教育和大学生自主创业提供实践平台，开展创业指导和培训，接纳大学生实习实训，提供创业项目孵化的软硬件支持，为大学生创业提供支撑和服务，并从中造就和培养一批善于创新创业的专家型教师队伍。

## 参考文献

[1] 蒋德勤.高校创新创业教育师资队伍建设探析 [J]. 中国高等教育，2011 (10)：34-36.

# "双创"背景下大学生创业精神培育研究

## ——以应用型大学为例

■ 詹小冷

**【摘 要】** 国家着力于推进"大众创业、万众创新"的新趋势，打造经济社会发展新引擎，推动我国创新型国家的建设。大学生正是新型国家建设的重要力量，因此对大学生开展创业精神培育具有深远的现实意义。本文从创业精神的角度分析应用型大学大学生创业精神培育中存在的主要问题，探讨大学生创业精神培育的有效路径。

**【关键词】** 大学生 创业精神 培育

## 一、"双创"背景下大学生创业精神培育存在的问题

### （一）创业教育起步晚根基较浅

由于我国高校创业教育起步较晚，教育部在2002年才确定了9所高校进行试点，一些普通院校尤其是西部的高校甚至都没有开展创业教育。而一些实施了创业教育的高校，也仅停留在职业指导课程中的一部分涉及创业精神的培育或者只开设一门创业学或创业管理的选修课，在第二课堂中组织部分同学参加"创业计划大赛"的层面。大多数学校没有将培育学生的创业精神列为人才培养目标。这些都体现了高校对于创业教育的态度很消极，不重视，这也是目前创业教育难以很好开展的重要原因。

### （二）创业教育课程体系尚未完善

创业教育涵盖的知识面相当广泛，其中涉猎的内容包含了市场营销、工商管理、财务管理、投资决策、心理学等企业管理的各个方面的知识。目前，

国内高校进行创业教育普遍缺乏科学、完善的课程体系。往往将工商管理类的课程照搬过来作为创业教育的基础教材，教授诸如商机的选择、创业团队的构建、资源需求、财务管理、商业机会、创业融资等创业技能，而对于创业精神的培育力度不足，这种只注重一般创业技能的培养，而忽视创业精神培养的课程安排违背了创业教育的内在规律，偏离了创业教育的目标。

### （三）学生创业实践未融入人才培养方案

创业实践意在培养学生创新创业意识，锻炼学生的综合实力。但目前各大高校开展的创业竞赛活动只是简单的创业形式大赛，鼓励学生参加。没有将创业实践活动纳入相应的教学计划和人才培养方案中，理论实践脱节。创业大赛还仅停留在活动本身，还不能称为完整意义的活动课程。并且在各个高校中，创业计划大赛等活动课程往往针对少数学生，不能得到广泛的推广，实际的教育效果有限。

### （四）创业教育没有与社会接轨

我国的创业教育还基本停留在校园理论知识传授的层面上，没有真正与社会接轨，或者说我们的创业教育还是孕育在象牙塔里的小花朵，没有经历过市场的洗礼，是不可能长成参天大树的。目前我国的创业教育理论与实践严重脱节，往往是学生在课堂上学习了创业的知识，但当他走向社会时发现手中的知识根本不能应对复杂的市场环境，更有甚者，课堂的知识跟不上社会的发展，早已过时。

## 二、"双创"背景下大学生创业精神培育的策略

培育大学生创业精神不是要求人人都去创办企业，而是教育引导大学生树立创业意识，以敢于冒险、善于实践、追求卓越的精神面貌和坚韧不拔的意志品质面对生活和工作。"双创"背景下大学生创业精神培育的具体途径有二：一是环境与氛围对大学生的导向有重要影响，可以通过大学生评价机制创新，进行大学生创业精神培育；二是社会、高校、家庭因素都对大学生的价值观、择业观等有重大影响，高校是大学生培育的第一线，拥有较新的教育理念，更能将时代要求与大学生实际相结合，所以应建立高校主导的大学生创业精神培育"社会支持网络"。

### （一）完善支持服务体系，创造良好的政策环境

创业精神培育工作是一个系统工程，在我国现有政治经济体制下，要实现"大众创业、万众创新"的目标，需要全社会的积极参与和大力支持。国

家大力弘扬创业精神，全面深化政治经济体制改革，是创业精神培育的基础；国家重视创业精神和创业教育，是创业精神培育工作发展的前提条件。在此基础上国家建立健全创业精神培育支持服务体系，为高等教育开展相关教育实践活动清障搭台，是大学生创业精神培育工作顺利开展的关键环节。因此，我国要从国家战略高度上予以重视，大力弘扬创业精神，通过政府完善支持服务体系，为大学生创业精神培育工作提供优质的服务。

### （二）营造创业舆论环境，树立正确的舆论导向

1. 构建良好的社会创业精神风尚

中华人民共和国成立初期，我国高度集中的政治经济体制对人们思维方式、行为习惯的影响根深蒂固，就业过程中进入体制拥有"铁饭碗"的思想至今在广大人民群众中普遍存在。这就要求我们加强创业精神的宣传工作，大力弘扬中国传统文化中自强不息、艰苦奋斗、积极进取的创业精神，同时吸收国外敢于冒险、勇于打破常规的创业精神，逐渐建构中国特色社会主义创业精神。

2. 营造和谐的创业型家庭环境

鼓励家长更新教育理念，践行科学的教育方法，别让家长因为"害怕伤害"而禁锢了学生的思想、捆绑了学生的手脚。努力营造相互了解、充分沟通、民主和谐的家庭氛围，鼓励学生独立思考、敢于创新、勤于实践、坚持学习，锻炼学生知难而进、坚韧不拔的意志品质，让创业精神融入工作和生活。

3. 建造浓厚的校园创业文化氛围

应用型大学是创业精神培育的重要载体，具有创业氛围的校园环境，对大学生创业精神的形成和发展有潜移默化的作用，有利于引导和鼓励大学生的创业热情，增强创业能力，促进教育效益的提高。营造创业文化氛围，一是着手于校内外全体师生员工，形成全方位创新创业的文化氛围；二是从生活点滴入手，围绕"创业精神"组织丰富多彩的具有思想性、学术性、娱乐性的校园文化活动，充分激发学生的创新精神和创造性思维；三是充分发挥网络等现代媒体和科技成果的作用，创造信息共享平台，积极普及创新创业知识，宣传创新创业典型、国家鼓励政策、学校实践活动，构建一种开放、包容的校园文化环境和严谨、踏实的学术氛围。

### （三）优化创新教育实践，健全创业精神培育体系

培养应用型大学生创业精神，关键是创业教育，创业教育的关键是构建

科学、合理的课程教学体系和教学模式,在理论教学、实验实习、毕业设计等环节中融入创业教育内容,改善教学方法及优化教学评价机制,把大学生创业教育课程融入学校整体课程建设之中。

1. 创业课程建设是核心

教学课程作为学生理论培养的基本环节,对于大学生基础创业素质的形成起着关键性的作用。现代化创业教育课程体系的形成有赖于将课程建设模式与内容有机结合。创业课程教育在注重理论的同时更要重视实践的重要性,应加强与社会和企业的联系与合作,建立创新创业实习试点。在创业教育过程中,大学生所获得的精华便是企业的创业思路和模式以及管理经验。

2. 师资团队建设是关键

高素质的教师队伍是应用型大学本科创业精神培育的领路人,在创业教育中发挥着重要的作用。首先,必须培养组建一支优秀的专职的创业教育的专业化教师队伍,保证创业教育体系的建立、课程开发、师资培训。其次,"双师型"教师队伍的创建,是应用型大学创新创业教育成功的重要条件。"双师型"教师是指专业课教师既具有传统的理论课教师具备的较高的学术素质,又具有传统的实验实训教师应具备的较强的实际工作能力。因为"双师型"教师队伍的培养需要一个相当长的周期,应用型大学在实际操作层面上,可以尝试聘用原有的理论课教师,采取企业培训的方式丰富其实践经验,使其承担创业教育课程的理论教学任务,聘用原有的实验实训教师承担创业教育课程中的实训课程的教学任务,创业教育课程中的其他实践课程则从校企合作中的企业一方邀请既有丰富的教学经验又有实践经历的企业家来讲授,逐步构建一支专兼结合、动态发展的"双师型"教师队伍。

3. 创业教育实践是保障

应用型大学的目标是"学以致用",而学习过程中注重"做中学,依靠做来学"的教育理念,决定了其加强实践教学的重要性。创业精神是一些高度行为特征的集合,作为行为特征需要在行为的多次、反复的强化中才能形成。因此,创业心理品质的形成、创业精神的激发必须基于各种有效的实践活动,大学生创业精神的培养以实践活动为重要手段和途径。创业教育实践一方面可以通过校企合作,创立实习基地和创业园,实现产、学、研一体化;另一方面可以通过开展各种形式的创业教育活动,如开办"创业计划大赛",举办"创业论坛",组建"创业社团",开展渗透创业教育内容的学术活动等形式,强化自身的行为特征,培育创业精神。

**4. 创业教育学科融入是方向**

创业教育的重要一环便是将创业教育融入学校的综合性学科教育中。综合性的教育体系是在高校的学科建设中经过长期的改革和完善逐步形成的。学科之间都存着很大差异，学生在学习过程中都形成了自己专业性的技能，但学科之间也存在着互通性，如很多学科中都包含着创业教育中素质教育的内容，如创业精神和意志、创业专业知识等方面。因此，将创业教育融入其他的学科教育中，更有利于创业教育的开展，同时，也有利于学生综合素质的提高。

总之，在大众创业、万众创新的今天，应用型大学应高度重视创新型人才的培养，要致力于通过建立"社会支持网络"的途径，进行大学生创业精神培育，激发他们创业兴趣和创业理想，增强其环境分析和机会识别意识、创业规范和团队合作精神、不断创新的战略性思维，促使更多的大学生将创业作为一种人生理想、一种职业选择、一种生活方式。

## 参考文献

[1] 王燕, 黄韬. 高等院校创新创业教育存在的主要问题与对策 [J]. 科技创业月刊, 2013 (6): 18-19.

[2] 于淑玲, 张占国. 高校创新创业教育教学机制研究 [J]. 科技创新导报, 2013 (5): 179.

[3] 许晓平, 张泽一. 大学生创业精神培育初探 [J]. 中国高校科技, 2016 (6): 84-86.

[4] 刘蓓蓓. "双创"背景下大学生创曲镇巧培育研究 [D]. 济南: 山东大学, 2016.

[5] 杨旭辉. 高校大学生创业精神培育研究 [D]. 石家庄: 河北师范大学, 2009.

# 浅谈大学生创业心理素质的培养

■ 孙旸

**【摘　要】** 本文在国家倡导的"大众创业，万众创新"的大背景下，从大学生创业的现状入手，分析了大学生创业必备的心理素质，也探讨了如何在社会、学校、课堂及心理团体辅导活动中对大学生创业心理素质进行培养。

**【关键词】** 大学生　创业　心理素质　培养

近年来，在国家倡导的"大众创业，万众创新"的大背景下，大学生自主创业方兴未艾。鼓励和扶持大学生自主创业有助于加快转变经济发展方式，实现科技成果转化，增强我国的自主创新能力，而且大学生自主创业作为传统就业的一种补充，是缓解当前就业压力的重要途径。大学生在进行自主创业的过程中，除了要具备必要的知识和能力储备外，还要具备一定的创业心理素质，可以说，大学生创业心理素质培养是当前亟待探讨和研究的重要课题。

联合国教科文组织在"面向21世纪教育国际研讨会"上将创业能力列为继学术教育和职业技能教育之后，大学生应具备的第三种能力。在高校培养创业人才势在必行。当前，我国高校创业教育普遍存在侧重创业知识和技能的教授，相对弱化了创业心理素质的培养。而大学生是否能够成功创业，在很大程度上取决于心理素质，因此培养大学生良好的创业心理素质是大学生成功实施创业的必要前提，也是创业过程中的重要环节。

## 一、大学生创业心理素质的内涵

最早在2014年9月的达沃斯夏季论坛上，李克强总理在公开场合发出"大众创业、万众创新"的号召。当时他提出，要在960万平方公里土地上掀起"大众创业""草根创业"的新浪潮,形成"万众创新""人人创新"的新势态。

创业是创业者对自己拥有的资源或通过努力对能够拥有的资源进行优化整合,从而创造出更大经济或社会价值的过程。简单来说,创业可以认为是一个人发现了一个商机并加以实际行动转化为具体的社会形态,获得利益、实现价值的实践过程。

创业心理素质是"创业"和"心理素质"结合而成的复合概念。创业心理素质是在心理素质的基础上,在创业环境和创业教育的共同影响下形成和发展起来的,它对个体在创业实践过程中的心理和行为起调节作用。大学生创业者要想成功创业,必须具备良好的创业心理素质。

## 二、大学生创业必备的心理素质

### (一)敢为人先,勇于创新

敢为人先、勇于创新是大学生创业必备的、最重要的心理素质。敢于去构想前人没想过的创业项目,敢于去将自己独特的想法付诸创业实践,并将自己在课堂上学到的专业知识运用于创业活动中,是大学生创业成功的必要途径。当今大学生创业活动应紧随市场变化,时刻关注国家政策及市场环境等因素,创业过程中风险与机遇并存,非常富于挑战性,大学生创业者不仅要敢为人先,更要有创新精神。

### (二)独立思考,团队合作

对大学生来说,能够独立思考并建立自己的创业团队进行团队合作,是创业所必备的。大学生创业首先要敢于摒弃平时学习和学校生活中的惯性思维,遇到问题和困难的时候既要能够独立思考,有自己的主见和决断,更要学会和自己创业团队的伙伴精诚合作,完成创业目标。除此之外,想要在创业中如鱼得水,还要与周围的各种企业及其他创业者建立良好的人际关系。有效的人际交往与沟通可以帮助大学生创业者及时获取信息,有助于规避和化解创业过程中遇到的困难与问题。提高创业团队的合作意识,加强互助协作,群策群力,更可以集思广益,提高工作效率,有利于创业的顺利进行。

### (三)乐观坚韧,不怕失败

大学生创业并不是一件十分容易的事情。在创业初期,一般的大学生创业者都对创业有强烈的行动力,往往为了完成目标能够超过正常承受能力进行创业活动,有时候会为了完成任务而超能力地发挥。然而,他们缺少持久行动的能力。创业活动过程中会出现多种无法预测的困难和问题,大学生心理适应能力缺少足够的调适,在困难面前,心理上会出现波动,产生焦躁、忧虑、抑郁等心理问题。一旦心理调适不足,往往会影响大学生创业者的心理健康,甚至影响创业活动的进行。在创业过程中,只有乐观坚韧、不怕失败的态度才能使大学生创业者保持良好的心态,充满斗志与干劲,才能使他们战胜各种困难和挑战,最终收获创业成功的喜悦。

### 三、大学生创业心理素质的培养途径

#### (一) 社会氛围营造

我国近年来相继出台了很多有关创业的帮扶和优惠政策,以鼓励大学生进行创业。除了国家的政策指导外,各级地方政府和有关单位也要在审批办理、资金扶持、专家指导、税费等方面给予更多的优惠和便利,帮助大学生创业者解除后顾之忧,切实为大学生创业者创造宽松有利的社会环境,这些都是增强大学生创业心理素质的强大社会动力。此外,社会媒体也要积极发挥舆论导向作用,树立先进典型,加大对优秀创业者的宣传和成功案例的报道,引导新一代大学生创业者以积极的心态投身于创业活动中,实现自身的人生价值。

#### (二) 高校重视渗透

高校对大学生创业者的重视及培养会影响创业意识和创业热情。大学阶段正处于人生重要的成长期和转折点,这一时期的青年学生很容易受到周围环境和新思想、新观念的影响。因此,高校应积极营造有利于大学生创业心理健康发展的校园文化和创业氛围,通过建立浓郁的校园创业氛围,对学生的创业心理素质培养进行全方位渗透。例如,开展创业大赛、企业观摩访问、建立仿真实践中心、模拟实训中心、企业专家进课堂、创业创新成果展等创业实践活动,激发大学生的创业激情,培养大学生的创业意识和实践能力。此外,高校还可以通过多种渠道和途径加大对创业实践教学基地、校企合作基地的建设与管理,对学生进行创业思维训练,帮助学生积累创业经验,从而帮助大学生创业者增强创业心理素质,坚定创业信心。

#### (三) 心理素质教育及培养

心理学认为,人的体验和情感来源于人的活动。所以积极向上的心理素质教育活动可以促进大学生创业者的心理健康,提高抗挫折能力。因此,可以设计多种多样的针对大学生创业者的心理素质教育训练及课程,课程设计

内容也要注重相关活动的设计，可以引入翻转课堂和共振课堂的模式，增强学生的兴趣，引导大学生创业者以积极的心态投入到创业活动中去。还可以组织大学生创业者定期进行团体辅导训练，团体心理咨询中就有丰富多彩的活动可供实施，例如，体验关注的"问与答"，学会信任、理解、接纳、减少防卫心理的"信任之旅"，解除创业过程中情绪紧张、减轻创业焦虑的"轻柔体操"等，这些活动都十分有利于大学生创业者心理素质的培养，从而帮助大学生创业者更好地投身创业实践。

# 浅析大学生网络思想政治教育存在的问题及对策

■ 陈芊锦

【摘 要】当今时代网络新媒体技术的迅猛发展对大学生思想政治教育提出了新的要求和挑战，但是机遇与挑战并存，高校辅导员在提高自身能力的同时也要把握时机，顺应时代发展，根据当代大学生的性格特征，充分利用网络平台加强对大学生的思想政治教育，进一步推动高校思想政治教育高效、持续和健康发展。

【关键词】网络新媒体 大学生 辅导员 思想政治教育

根据中国互联网络信息中心（CNNIC）发布的《第41次中国互联网络发展状况统计报告》显示，截至2017年12月，我国网民规模达到了7.72亿，互联网普及率为55.8%。其中以10~39岁年龄段的网民为主体，占总人数的73%，并且20~29岁年龄段的网民占比达到30%。网络技术的迅猛发展给高校对大学生的教育方式和管理工作带来了革命性的影响。网络新媒体也日益成为高校大学生获取资讯以及交往沟通的主要方式，学生在思想上和行为上产生的新特点和新问题给传统的高校思想教育方式带来了前所未有的挑战。

根据相关的调查报道，网络新媒体技术已经逐渐运用到辅导员的思想教育工作中，但是由于多方面的原因，如辅导员日常工作量较大，对网络新媒体重视不够，加之受年龄结构的限制，思想教育观念比较传统，对网络新媒体技术不够了解，导致了网络新媒体在思想教育工作中还停留在较浅的层次，没能充分地应用。辅导员为学生们建立的QQ群、微信群等大多时候只是用来发布一些通知和公告，并没能充分地通过该平台与学生们进行互动与交流，也没能很好地解答学生们提出的问题与困惑。

因此，辅导员应当顺应形势、与时俱进，结合当前网络新媒体迅猛发展的特征及当代大学生新的认知特点和个性特征，将网络媒体更好地运用到思想教育工作中，用更能贴近学生们的方式，提高学生们的参与度，创新工作思路，抓住机遇，开辟一条通过网络新媒体进行高校思想政治教育工作的新途径。

## 一、网络时代大学生思想政治教育存在的问题

### （一）网络环境复杂、监管难度加大

网络媒体已经成为当下大学生获取信息、交流互动的主要途径，在接收正面信息、获取知识的同时，网络上也充斥着大量的负面、低级和不健康的信息，对一部分自控能力较差、自制力较弱的大学生产生了极为不良的影响，如沉溺于网络游戏不能自拔，荒废学业，影响成绩。而且大多数时候，大学生对于网络信息只是接收，消费现成的网络快餐式文化，这使得大学生的思维变得被动和僵化，导致大学生个体思维空间片面化，尤其缺乏探寻事物本质的精神。同时，面对大学生的网络诈骗事件也层出不穷。日益复杂的网络媒体环境对大学生的人生观、价值观产生了非常重要的影响，而且这种影响因为网络信息快速地更新换代，使得辅导员们很难做到时时了解学生们的思想动态。所以，对于任何问题，我们都要做到不拖延、不逃避，并采取一定的方式提前进行预防和及时应对。

### （二）网络教育形势不够创新、吸引力不足

高校已经逐渐开始将网络新媒体技术应用到思想政治教育中，大部分的学生也会在学校及老师的要求下浏览相关的思想教育网站或平台，但是学生们普遍认为类似平台仍旧枯燥无味，教育内容与学生们的需求仍有差距。大学生们喜欢网络平台带给他们的新鲜感及互动性，如果仅将思想教育的内容放在网络平台上是完全不够的，因此，通过网络媒体平台进行的思想政治教育更需要创新性，让思想政治教育改变过往的形象，通过与热门话题的融合引导学生在其感兴趣的领域受到教育，进一步拉近与学生的距离，提高学生的参与感与认同感。

### （三）辅导员与学生通过网络平台的交流不够、互动太少

随着网络信息技术的发展和应用，学校与社会之间的界限被打破，学生能通过网络媒体了解到当今社会文化、政治、经济等的发展状况，这种情况对辅导员的知识面、消化接受新事物的能力提出了更高的要求。但是由于辅导员日常工作量大，新形势下新问题层出不穷，辅导员很难及时解答所有学生面临的问题与困惑，对学生们发来的微信、QQ消息常常无法做到及时回

复,这在一定程度上会对学生造成挫伤,后续更无法与学生进行深度的互动和交流。同时,辅导员在应用网络媒体平台的时候仍然带有一定的说教色彩,与网络新媒体的平等互通性相违背,使得学生的参与度变得更低。所以,开展对辅导员队伍的网络新媒体技术应用的培训是非常有必要的。

## 二、应用网络新媒体对大学生开展思想政治教育的对策

### (一)建立网络思想政治教育队伍,对辅导员进行相应的网络新媒体技术应用的培训

在网络技术迅速发展形势下的思想政治教育工作对辅导员队伍提出了更高的要求,要求辅导员不仅要有较高的思想理论水平、较强的业务能力水平,更要掌握网络新媒体应用的技术,以切实保障高校思想政治教育顺利推进。新形势下的辅导员不仅需要加强马克思主义基础理论的学习和研究,更要时时关注网络上的思潮发展方向,把握当下舆情发展的趋势,将网络新媒体技术与传统的思想政治教育更好地结合起来,更加灵活、高效地开展思想教育工作。同时,在网络新媒体技术的学习与应用中,辅导员也应该时刻提醒自己坚持正确的价值观,不被负面的网络舆论等误导,提高自身的辨别能力,在实践中不断进步,以身作则,更好地引导和教育学生。

### (二)建立多层次、多方面的思想教育网络平台

枯燥的理论学习已经不再适用于当代的大学生,网络思想政治教育成为能让辅导员联系学生、时刻关注学生思想动态的更高效、便捷的平台。因此,网络思想政治教育并不仅是将思想政治教育内容放在网络平台上,更多的是利用网络新媒体技术的特点与优势,例如,创建专题网站,优化模块设置,将思想性、知识性和趣味性更好地融入其中,吸引更多的学生来关注;同时,建立有针对性的资料库,可以让学生在网络平台进行自主学习与交流,达到共性问题可随时解决,个性问题有针对性地解决;也可以建立更多的可互相交流沟通的平台,如论坛、微博和微信公众号等,设置相关的栏目,对当下热点或身边发生的能起到正面引导作用的事件进行宣传和推送,更便捷、高效地加强对学生的思想政治教育,并鼓励学生积极发表自己的观点,对正能量进行传播,实现师生互动交流,让辅导员更好地掌握学生情况,以便更好地解决问题。

### (三)线上线下教育活动相结合

网络思想政治教育为辅导员提供了一个新的阵地与平台,但传统的思想

政治教育方式仍是主力,因此,辅导员应该做到思想政治教育线上线下相结合、相辅相成,线下帮助学生学习理论知识,线上将理论与实践相结合,解读热点问题,做到与学生互动交流,把握学生思想动态,具体问题具体分析,具体问题具体解决,使线上线下形成合力。网络思想政治教育为课堂上的思想政治教育进行服务,增强思想政治教育的实效性、广泛性与针对性。

总而言之,完善大学生网络思想政治教育平台刻不容缓,这既是顺应时代发展的需要,也迎合了当代大学生的特点。作为一名高校的辅导员,在提高自身思想政治水平、业务能力的同时,还要正确利用网络,掌握先进技术,在实践过程中不断探索,不断提高,总结经验,发掘高校思想政治教育更加有效的方法方式,推动大学生思想政治教育工作持续健康发展。

## 参考文献

[1] 中国互联网络信息中心. 中国互联网络发展状况统计报告 [EB/OL]. 2015-02-03. http://www.cnnic.cn/gywm/xwzx/rdxw/2015/201502/t20150203_51631.htm.

[2] 卢翠荣,李志远,孙冠婴,等. 搭建网络平台,促进大学生思想政治教育 [J]. 学周刊,2016 (8):70-71.

[3] 文译,张媛媛,于淼,等. 网络微时代高校思想政治教育工作的研究和探索 [J]. 科教导刊,2016 (1z):70-71.

[4] 姬世祥. 网络环境下提高高校思想政治教育实效的路径探析 [J]. 科教导刊,2016 (1):80-81.

[5] 姜慧敏. 辅导员应用网络媒体开展学生思想政治教育分析 [J]. 科教导刊,2016 (3):177-178.

# 微信公众平台用于高校思想政治教育工作的机遇与挑战

■ 徐 娟

【摘　要】微信运用于高校思想政治教育工作是创新高校网络思想政治教育工作的重要方法,而微信公众平台已经逐步成为各高校大学生思想政治教育开展工作的重要平台和载体。本文旨在通过探讨校园微信公众平台发展带来的机遇与挑战,寻找校园微信公众平台与大学生思想政治教育工作的契合点,以达到使微信公众平台在大学生思想政治教育方面发挥出更大的作用的目的。

【关键词】微信公众平台　高校思想政治教育

随着互联网信息技术日新月异的发展以及3G/4G时代的到来,以手机即时通信软件为载体的新媒体深入社会各界。功能日益强大的智能手机已成为手机网民的日常必备工具,使得智能手机网络成为传播知识和信息的宽广平台。2011年腾讯公司推出一款为手机智能终端提供即时通信服务的免费应用程序——微信,引发了人们生活的巨大变革。根据中国互联网信息中心发布的第38次报告,截至2016年6月,我国网民总数达7.10亿,手机网民达到6.56亿,微博用户为2.42亿,手机端微博用户数为1.62亿,微信活跃用户数为5.49亿。各品牌的微信公众账号已经超过800万个,微信深刻地改变着信息传播的总体格局。

在网络技术高速发展的今天,大学生的学习、生活都发生了巨大的变化。大学生群体已经成为当前微信最活跃的用户群体之一。微信公众平台的运营主体根据用户需求推送各方面多样化的信息,用户在接受信息后进行浏览和分享,微信公众平台以文字、图片、语音等方式实现了全方位沟通互动,具备了网络思想政治教育载体的基本要求,如果利用恰当,将会实现高校的思想政治教育者与学生之间一种全新的知识传播与学习交流的方式。因此，将微信公众平台应用于高校思想政治教育工作是顺应时代发展潮流的，也是实现高校思想政治工作现代化的重要体现。

## 一、当前高校微信平台的发展现状

**1. 校园微信公众平台尚处于起步阶段，但潜在客户群庞大**

微信作为一款新型的手机聊天软件，自推出以后，用户数量迅猛增长。随着微信功能的不断完善，微信已经成为大学生手机中的"必备软件"，微信在给他们的生活与学习带来便利的同时，也对他们的生活方式和思维方式产生了一定的挑战。据"掌上大学"官方统计，从2012年至2015年，高校微信平台从175个增加到15056个，覆盖大学生人数从7万余人激增至1749万余人，高校微信公众平台迅速成为高校宣传教育的主流媒体。

然而，目前各高校校园微信公众平台发展不平衡，总体来说仍处于起步阶段，不少平台的发展状态多限于"有"的层面，许多高校虽然可以搜到其校园微信公众平台，但是微信平台发布的内容较为空泛，不能充分发挥微信公众平台的信息传播功能。总体来看，校园微信公众平台在内容设定、版块设计以及应用拓展等方面都有很大的提升空间。

**2. 从发展规模上看，校园微信公众平台已在全国高校范围内广泛建立**

作为学生教育管理主体的大学，绝大部分高校都已经开设了属于自己的微信公众平台，也开始尝试将微信公众号作为学校的日常管理、服务以及思想政治教育工作的工具。微信公众平台主要包括两种账号，即服务号和订阅号。公众平台需通过严格的申请流程注册申请，微信用户一旦添加了服务号和订阅号就可以稳定地获取相关信息，微信用户也就成为公众号的服务对象之一。服务号每个月可推送一次信息，订阅号则是在微信粉丝人数达到500人以上并获得认证通过的基础上"可每天发送一条微信"，一条微信内部可容纳多条内容。不同高校可以根据自己的实际情况开设不同用途的公众平台，发送个性化内容，同时对于以往发送的信息，用户可以在任意时段回看，调取该账号发送的历史信息内容。

**3. 从发展趋势上看，校园微信公众平台呈"组团式"发展**

高校内部一般根据信息发布主体的不同设立多个校园微信公众号，多账号运作功能区分明确。每个公众号有针对性地发布相关领域信息，帮助信息阅读者更好地甄别并筛选符合自身需求的信息，提高信息发布的准确性。一般而言，多以一至两个公众号为主体"同时辅之以多个功能账号"，总体上呈现"组团式"发展的态势。以北京联合大学为例，以"北京联合大学"公众平台、"青春联大"为信息发布主体，同时还开设了北京联合大学就业指导中心、北京联合大学校园助手、北京联合大学学生会等有针对性和不同功能的公众号。此外，除了此类功能公众号外，还包括青春文理、博雅快讯、青春特教、青春机电等各二级学院的公众号。

## 二、校园微信公众平台为高校思想政治教育带来的机遇

1. 用户黏性较强，为大学生思想政治教育开创了新的工作平台

校园微信公众平台是基于学校建立的，其发布的相关信息与学生校园生活紧密相关。对学生而言有直接的指导和借鉴意义。目前，各高校的微信公众平台主要囊括了校园新闻、图书馆服务、学生活动以及社会实践等内容。学生对这些信息有着较强的需求和依赖性，这种直接需求就成为学生与校园微信公众平台之间强有力的纽带。在以往的思想政治教育工作中，经常会出现的一个尴尬问题就是学生在主观情感上对大学生思想政治教育的形式和内容有抵触心理，从而回避正面教育。而公众平台具有较强的用户黏性，可将部分大学生思想政治教育内容植入信息中，达到一定的教育效果。

2. 传播模式利于提升大学生思想政治教育信息传播的准确性与效率性

微信公众平台在大学生思想政治教育中的尝试改变了以往"学校—学院—辅导员—班级—班干部—学生"的信息传播模式，实现了信息在学校和学生之间的一步抵达。在学校层面依托微信公众号发布信息的同时，大学生思想政治教育工作者可根据自己班级情况有目的地转发一些信息作为补充，从而为学生获得信息上了"双保险"，这就可以使信息传递时间大大缩短，准确性也随之提升，避免传递中的信息损耗。此外，在学校层面设立微信公众平台可以集合和利用学校的多方面资源，一方面，使平台获得的资源更为优质，通过资源的集中分配和利用可以达到 1+1>2 的效果；另一方面，信息和资源的集中投放可以避免很多重复劳动。

3. 存储查询便捷，有助于实现教育信息的再传播

从信息储存上看，微信平台使用户对以往重要信息的查询更为容易实现，微博信息更新速度很快，对于一些关键信息很容易被大量的无用信息冲刷，给信息查询造成困难。与微博相比，微信公众平台具有群发文字、图片、语音、视频的功能，使发送的信息更为生动、形象，符合大学生对信息的认知

需求和偏好。学生用户可以将平台发送的有用信息再次转发到自己的朋友圈，实现信息的再传播，扩大教育效果。此外，对于一些重要的讲座、通知等信息，即便没有转发，学生依然可以通过登录公众号查找到历史信息，同时不需要另外保存，节省空间。

4. 朋辈教育寓于微信公众平台运营活动之中

在微信公众平台的运营过程中，学生的参与是必不可少的。在此期间，学生一方面作为信息的编辑者、发布者，另一方面又作为信息的接收者，自身对学生群体的心理较为了解，在信息整理和发布时更接地气，能提升学生的阅读兴趣，切中要害；同时，通过学生运营、服务学生的方式实现朋辈教育，让学生成为教育群体的一员。思想政治教育要想维持其生命力，就要充分挖掘和利用学生群体本身，通过对少部分人的教育和引导实现对更广泛学生群体的教育目的。

### 三、校园微信平台用于高校思想政治教育面临的挑战

1. 单向性的信息传递特点，决定其以发布为主要功能

微信公众平台主要是以被阅为主要方式，用户主动到通讯录中查看已经订阅的公众号。公众号不会自行主动弹出提示信息，而且公众平台很难实现一对一的会话，信息发布方不能完全做到对用户的个性化信息反馈。

2. 以手机为主要载体，受限于网络信号和流量

由于微信收取信息的主要载体是手机，手机的网络信号会存在一定的不稳定性，且依靠手机登录微信和接收发布信息需要耗费一定的流量。由于目前很多学生购买的是专门为学生定制的话费套餐，所以在月初流量包充足的情况下浏览查看公众号的次数较多，而到了月末已有流量包用完，学生就会自动减少查看公众号的次数，从而不能保证学生及时获取公众号发布的信息，有可能在时间上造成延误。

3. 信息多头发送，内容存在重复

高校设立多个微信公众平台，虽然在设计初衷上定位各有不同，但是在实际的信息发布中会出现信息重复发布的情况。学生群体对校园微信公众平台的信息接收度是有限的，如果同时出现很多校园微信账号，发布的信息又有雷同，学生就会自动删除部分学校微信公众号。而且，同一所学校的不同微信公众号在粉丝数量上有着巨大的不同，最后就会出现微信公众号从多个

到少数一两个的情况。信息发布效率高、粉丝数量最多的公众账号将最具价值。

4. 运营团队成员流动性大，稳定性较差

目前大部分拥有校园微信公众号的学校，主要是采取"教师指导，学生具体运营的模式"，但是在学生团队管理公众号的过程中，人员的频繁更替和流动会使微信平台运行受到一定影响，而微信公众号相关信息的收集和整理工作需要保证一定的连贯性。同时，在寒暑假及在一些节假日期间也很容易出现校园微信的推送中断，在此期间很多校园微信平台就进入了休眠阶段。

## 四、校园微信公众平台用于高校思想政治教育的对策

微信公众平台用于高校思想政治教育理论工作是学校工作的一个重要组成部分，把微信与高校思想政治教育相结合是时代发展的需要。微信公众平台是高校开展思想政治教育的重要载体，而思想政治教育也对微信平台的建设提出了新的要求，也成为高校思想政治教育开辟的新阵地。

学校要重视对使用微信平台开展思想政治教育的教育方法和内容的建设，应主动介入微信平台这一大学生思想政治教育新阵地，制订教育计划，加强管理、教育和研究，加强对大学生使用微信平台的管理、教育、培训和研究，加强微信平台的内容建设和人才队伍建设，相互监督、规范使用，为正确使用微信平台提供足够的保障。

总之，高校中的微信平台正在深刻地影响和改变着当代大学生，这给大学生的思想政治教育带来了很多的机遇和挑战。基于微信平台的大学生思想政治教育是高校思想政治工作和大学生自身成才的需要，也是大学生思想政治教育的新载体和新阵地，对大学生思想政治教育提出了新要求和新内容；为提升运用微信平台开展大学生思想政治教育的效果，通过加强教育管理、平台建设、内容建议与队伍建设，规范个人管理等方面为微信平台的使用提供保障，对大学生思想教育具有积极意义。

## 参考文献

[1] 中国互联网络信息中心. 中国互联网络发展状况统计报告 [EB/OL]. 2016-06-30. http://www.cnnic.net.cn.

[2] 刘莹. 大学生网络思想政治教育初探 [J]. 兰州教育学报, 2012 (6):

84-85.

[3] 刘际飞,吴慧.应用微信公众平台开展大学生思想政治教育工作的四个着力点[J].思想教育研究,2015(12):96-99.

[4] 车车.校园微信公众平台在大学生思想政治教育工作中的价值研究[J].宁波工程学院学报,2015,27(1):123-127.

[5] 张馨文.基于微信平台的大学生思想政治教育研究[D].衡阳:南华大学,2015.

# 高校创业型勤工助学模式研究

■ 郭开宇

【摘　要】高校传统的勤工助学模式主要以劳务型、体力型和服务型岗位为主，工作层次较低，覆盖面较窄，学生积极性不高，培养锻炼效果不明显。而采取与企业共建校外基地等方式，调动了学生的积极性和主动性，增长了才干，提升了能力，开创了高校勤工助学的全新模式，这对提升学生综合素质，完善资助体系发挥了重要作用。

【关键词】创业型　勤工助学　模式

随着高等教育的改革深入，高校逐渐形成了"奖、助、勤、贷、免"等一系列的高校贫困生资助体系，勤工助学作为资助工作的重要组成部分，是受大学生欢迎也是最有效的资助方式。它不仅解决了学生的经济困难，缓解了经济压力，更重要的是通过勤工助学树立和强化了学生自立自强的精神，提高了自信心和工作热情，从而实现了帮困与育人的有效结合。特别是在新时期新形势下，学生的自主创业的勤工助学的模式，利用大学生的知识技能替代过往简单的劳务输出模式，将勤工助学与创业实践相结合，拓宽勤工助学渠道，提升学生勤工助学的主动性、积极性，更加有效地实现了高校勤工助学的资助及育人功能。

## 一、我国现有高校勤工助学模式现状分析

### （一）勤工助学的概念及特点

勤工助学是由勤工俭学发展而来的，是指在校大学生在学校或教育部门的组织指导下，利用课余或假期时间在校内外通过合法劳动取得合理报酬的

一种社会实践活动。

其主要特点表现如下：

第一，勤工助学是学生自愿报名、自愿参加、自由选择的过程。

第二，勤工助学可以说是社会实践的一种形式，但是它不同于义务劳动以及公益和志愿活动，它是一种经济活动，它是国家为使学生完成学业而提供的一种资助政策，是靠学生的劳动而获得的有偿性资助。当然，它在追求经济效益的同时，也注重社会效应。可以说，它是一种全方位、多层次的社会实践活动。

第三，"工"与"学"的不可分割性，"学"不仅指专业知识、书本知识，还指步入社会所应该具备的人际交往能力、管理能力以及服务意识、责任感、自立自强精神和价值观等综合一体的素质和能力。勤工助学在学生参与劳动的过程中，培养了学生的综合素质和能力。

第四，勤工助学的最初目的，是通过在校内的劳动达到完成学业的目的，更加注重对人的培养，这里主要包括对学生思想、心理、能力的培养，它是学校德育工作的重要组成部分，最终培养学生的全面协调和可持续发展的能力。

**（二）现有勤工助学模式存在的问题**

1. 岗位设置单一，不利于学生综合素质的提升

勤工助学是高校资助的重要环节，对学生缓解经济压力起到了重要作用。但是勤工助学的岗位设置较为单一，当前我国勤工助学按岗位设置主要是校内和校外勤工助学两种，类型主要包括劳务型、体力型、智力型、管理型等几种。在校内以劳务型为主，主要表现在收发信件、帮食堂打扫卫生、保安清洁等，这些虽然锻炼学生的吃苦耐劳精神，但是从长期来看，对于拥有专业知识的大学生而言，缺乏吸引力和挑战性，更使得大量学生纷纷将目光投向校外兼职，但是因校外勤工助学未形成有效机制，工作内容单一，不能有效发挥学生的专业特长，学生很难获得综合素养的提升。

2. 资助功能功利化，不利于激发学生的创新能力

勤工助学过程中，因其在校以劳动报酬为主，能尽快解决学生的经济困难，又能在一定程度上锻炼学生的能力，故受到学生的青睐。但是在勤工助学过程中，因从事的工作相对来说简单，学生在工作中只要保质保量完成工作，就能拿到相应的工资，故学生长期从事此类工作，很难激励和维护学生的创新精神和创业热情。而在大学生创新创业过程中，大学生在得到经济资

助的同时，更希望获得能力的提升，而目前的勤工助学往往很难将工作内容与就业、创业相结合，工作岗位与专业知识、能力培养、品质提升相结合，这影响了勤工助学的效果。

3. 资助范围有限，不利于培养学生自强自立精神

勤工助学作为高校学生资助工作的重要组成部分，它面向的不应只是贫困学生，而应该面对全体学生。但是由于各高校对勤工助学的认识不到位，未提供足够的岗位来满足大学生的要求，学校将大部分的岗位提供给学校认定的家庭经济困难的学生，部分高校只允许一小部分的非贫困生参与勤工助学。勤工助学学生参与面不宽，覆盖率较低，这是高校勤工助学在资助及育人工作中所面临的资助困境。

## 二、创业型勤工助学资助模式的现实意义

### （一）创业型勤工助学的概念界定

高校创业型勤工助学是指在学校经济场地支持和专业老师指导下创建的勤工助学实体，由学生负责经营管理，同时进行创业实践的一种学生勤工助学活动。

高校校内创业型勤工助学是指在校园范围内创建勤工助学实体，以学生为主体，由学生自主经营管理，学生通过创造性劳动获取一定的报酬，同时进行专业实习和创业实践的学生兼职创业活动。高校创业型勤工助学工作要坚持勤工助学与学生的专业实习、创业实践、就业教育、思想教育和服务师生相结合，实现其育人功能。

### （二）设立创业型勤工助学资助模式的意义

1. 创业型勤工助学有助于满足学生自身发展的需要

目前高校勤工助学资助的范围较小，还主要局限于家庭贫困的学生，这些学生大多来自老、少、边、穷地区和城镇低保家庭，他们一方面经济贫困，同时也面临着因贫困而造成的自卑、抑郁等心理问题；而另一方面，他们因对外面的世界缺乏认识，各方面能力有所欠缺，也迫切需要能力素质协调发展。创业型勤工助学通过创建经济实体来提供勤工助学岗位，能充分发挥大学生的智力资本，帮助学生克服自卑心理，减轻大学生的心理压力，满足学生对社会的认知及对自身的了解，有助于学生的全面发展。

2. 创业型勤工助学有助于满足高校资助育人的需要

高校资助的出发点是基于教育公平、教育机会均等的基础上，缓解学生

的经济压力，兑现"不让一名学生因为家庭经济困难而辍学"的承诺，但资助的根本目的是通过资助，提升学生的思想素质、使其巩固专业知识、提高学生的就业能力。创业型勤工助学以学生需求为导向，满足学生的个性发展，改善原有的资助模式，由学生单方面提供岗位的局面，变成由学校提供资金和场地，学生自主创造岗位的"创业生钱"的新模式，能够满足学生对勤工助学智力型、开拓型、技术型、研究型、创新型的岗位要求，在学生获得经济报酬的同时，更多地获得思想素质的提升、能力的发展、心理的帮扶以及综合素质的全面提升，将助困与育人相结合，把专业学习、创业实践、思想教育、服务师生融合为一体，符合创新型人才建设的要求，满足高校资助及育人的需要。

3. 创业型勤工助学有助于满足高校创业教育的需要

21世纪的竞争是人才的竞争，其核心能力就是创新创业能力。近年来，高校十分重视对学生的创业教育，不断开发与创业相关的理论和实践课程，在校园里营造出浓厚的创业氛围，创业教育取得了一定的成果，但同时也存在一些问题，如高校开设的课程仅停留在理论层面，与创业实践结合程度还有待提高，师资队伍还需加强，以及创业实践推广还处于较小的范围等问题。而高校的创业型勤工助学对创业教育起到促进作用，在创业型勤工助学中，学生通过大赛形式，将比赛的结果用于实践，在学校生根发芽，帮助学生强化创业意识，掌握创业的基本知识，从而提高创业能力，形成理论与实践相结合，激发学生参与创业活动的热情，拓宽大学生就业、创业的视野，有效促进高校创业教育的良性发展。

### 三、高校创业型勤工助学资助模式的实现途径

党的十八大报告指出，鼓励多渠道多形式就业，促进创业带动就业。创立创业型高校勤工助学的模式，不仅可以充分激发学生创新创业热情，还可为更多的大学生实现创业提供有力的保障。

1. 在岗位设置上，设立创业型岗位，实现勤工助学岗位多样化

在传统的勤工助学岗位设置上，存在岗位层次较低、覆盖面较窄的问题，岗位多以劳务型、体力型为主。创业型勤工助学的岗位设置除了有服务型岗位，还可以有智力型、开拓型、技术型、管理型岗位。这些岗位，在学校的大力支持和专业教师指导下，以学生为主体，利用大赛的项目作为创业项目，吸引更多风险投资，创建勤工助学的经营实体，这些实体的建设为校内勤工

助学提供了大量工作岗位，如管理岗位、人力资源岗位、财务管理岗位、电子商务岗位，等等，营造了浓厚的创业教育氛围，同时创造了良好的经济效益和社会效益，充分实现了济困育人功能。

2. 在经营理念上，实现勤工助学岗位的品牌化

在勤工助学的过程中，要加大培训，树立品牌意识。学生要积极参与，实现自我管理、自我教育、自我服务，使学生真正成为主导者。要有质量观，积极学习成功企业的管理经验，不断总结，加强和完善创业型勤工助学实体的管理经营，积极参与市场竞争，促使其更加积极健康发展。要形成勤工助学品牌机制，由党团组织带领，学校各部门协同运行，专业教师以及辅导员老师指导，以社团形式，创建公司运营方式，形成勤工助学体系，打造社团类勤工助学品牌，树立品牌价值，实现经营所得收益，由学生来支配，实现了由"输血型"向"造血型"的转变，使勤工助学各项工作在学校的发展与建设中发挥作用。

3. 在整合资源上，实现勤工助学岗位基地化

在传统的勤工助学过程中，勤工助学的岗位类型比较单一，校内覆盖面窄，校外未形成实习基地，勤工助学效果较差。在创业型勤工助学建设中，可以一方面依托校内资源，为学生自主创业搭建平台，加强校内勤工助学基地建设，共同承担相应的财务和社会风险；另一方面，积极和政府与企业合作，建设校外勤工助学基地的同时，将校内成熟的创业品牌延伸到校外，创立校外创业型勤工助学基地，提供更多的勤工助学岗位，提升学生专业知识水平和就业竞争力。

4. 在市场推广上，实现创业型勤工助学基地产业化

创业型勤工助学实现由投资到产出的转变，关键就是将特色品牌的勤工助学创业项目推向市场。因此高校在开展创业型勤工助学时要注重创业项目的品牌建设，发挥创业项目的品牌效应。通过学生自主创业的模式，建成后按照市场规律运作，学生自主参与独立核算，参与市场竞争，按照企业化、实体化、基地化的企业运营模式，通过线下的产品展示，线上的网络推广、网络营销等手段，将自身优良的产品和服务推向市场，主动适应市场的需求和变化，从而达到创业型勤工助学产业化的目标，同时利用媒体，长期关注，在校园里进一步推广高校大学生创业型勤工助学模式的成功经验，起到勤工助学济困育人的示范作用。

总之，我国创业型勤工助学模式的研究还处于探索阶段，研究只限于表

面的问题分析,还需要更进一步的探讨和研究。从各高校开展的创业型勤工助学的趋势来看,创业型勤工助学模式的推广,对优化勤工助学模式、完善资助体系、提高学生的综合素质、引导学生树立正确的资助理念具有更重要的意义。

## 参考文献

[1] 姚圣梅,肖莉. 创业型勤工助学资助模式研究的回顾与展望 [J]. 青年探索,2010 (4):93-96.
[2] 张立民,李恩广,李宏宇. 高校创业型勤工助学模式研究 [J]. 科教导刊,2013 (13):228.
[3] 许国彬,杨敏生. 高校创业型勤工助学模式与其济困育人功能的研究与实践 [J]. 广东外语外贸大学学报,2009,20 (4):22-25.

# 大学生创新学分实施中出现的问题及对策研究

■ 吴印玲

**【摘　要】** 在"大众创业，万众创新"的背景下，创新创业教育在高等教育中备受关注。高等院校基本均已将创新学分纳入人才培养体系，学生必须获得教学计划中规定的创新学分方能毕业。然而在创新学分实施过程中却出现了一些问题，有违创新学分设立初衷。因此，研究和分析创新学分实施中出现的问题，找到解决方法，对切实提高大学生创新能力有着非常重要的意义。

**【关键词】** 创新创业教育　创新学分　实施情况

创新创业教育在欧美等发达国家起步较早，教育理念相对成熟和先进。创新是社会前进的动力，是创业的基础。近年来，在创新型社会和就业压力的背景下，创新创业能力已经成为评价人才社会竞争力的重要指标，大学生创新创业教育备受关注，提高大学生的创新创业能力势在必行。高等院校为激发学生的创新热情，发掘学生的创新潜力，陆续将创新学分纳入人才培养体系和学分管理系统。

## 一、创新学分的定义及内涵

"创新学分"一般被定义为全日制本科生在校期间根据自己的特长和爱好从事超出本专业教学计划要求的科研和实践活动而取得具有一定创新意义的智力劳动成果或其他优秀成果，经学校创新学分专家评审委员会评审认定后被授予的学分。通常创新学分是作为学生创新成果的一种记载，是对学生创新成果的量化考核和对学生创新能力的物化肯定。学校推行创新学分制度，旨在加强对学生创新意识、创新精神和创新能力的培养，鼓励和倡导学生积极参加学科竞赛、课外科技和科研活动、创造发明活动和各类社会实践活动，提高学生的综合素质，促进学生的个性发展。

具体创新学分的内容，每所大学有所不同。一般认定的创新学分主要包括：学科竞赛学分、科研学分和实践学分三类。（1）学科竞赛学分是指参加学校认定的大学生学科性竞赛，获校级或以上奖励所获得的相应学分。根据竞赛的层次特点，分为A、B、C三类：A类指政府部门、教育主管部门组织的学科竞赛；B类指省级以上专业协会组织的专业竞赛；C类指学校组织的学科竞赛。（2）科研学分是指参加经学校认可的各类科技活动获奖，学生在校期间主持或参加教师的科研项目，公开发表学术论著、在国家正式出版学术刊物上发表的科研学术论文作品，研究成果获奖，获国家专利，参加学术讲座等所获得的相应学分。（3）实践学分是指考取各类专业资格证书、参加社会科技文化实践活动、文艺表演和体育竞赛等取得优异成绩，并受到校级或以上表彰而获得的相应学分。学校通常根据学生参与创新的不同种类、不同层次及参与程度设定其可获得创新学分的具体分数。

## 二、创新学分实施中出现的问题

由于目前基本上所有高校都将创新学分纳入培养体系，规定学生必须修够一定数量的创新学分方能毕业。因此，近年来，出现了一些大学生因未修满学校规定的创新学分而不能按时拿到毕业证的现象。因而造成个别学生为了"挣够"创新学分不择手段，为挣学分而挣学分，让创新学分变了味。虽然每所院校在实施创新学分过程中都会出台"创新学分认定实施办法和认定标准"，但有些学校在所规定的毕业须获得的创新学分中并未规定每类创新学分的比例，于是有的学生就会投机取巧，专门找容易获得学分的项目，比如有的学校规定学生参加由学校或学院组织的学术报告会即可获得一定数量的创新学分，有些学生为了凑够创新学分可以听几十个讲座，而且讲座类型种类繁多，涉及多种学科方向，学生根本不考虑对自己创新能力有无帮助和提高，有些学生甚至刷卡睡觉，并没有学习到讲座内容。更有甚者，有些学生在即将毕业的一个月内集中听十几个讲座，突击获得创新学分，效果可想而知。各种职业资格证书也是学生热衷申请创新学分的项目，申请创新学分的资格证书可谓五花八门，如普通话水平考试、驾照等，这样的证书与创新能力又有多大的联系呢？还有一些学生在创新学分申报中弄虚作假，有些专利、企业营业执照是家人或朋友发明或创立的，但为了获得创新学分署上了自己的名字。这些现象的出现有违创新学分设立的初衷，造成了创新学分的畸形发展，没有达到锻炼和提高学生创新创业能力的目的。

### 三、改进创新学分实施中的问题及建议

1. 树立大学生提高创新能力的正确观念

国内高校基本均已设置创新学分或者类似的学分激励手段，创新学分制增强了大学生开展创新实践活动的主动性和积极性，取得了一定的成效。大部分学生对取得创新实践学分很重视，积极参加各种各样的创新实践活动，完成学分要求，认为在本科生中实施创新学分有必要，且认为创新实践学分对提高自身的实践能力有着一定帮助。创新学分的实施在提高学生创新能力方面收到了良好的效果。创新学分的实施是将培养创新人才的要求由原来的定性化上升为定量化，由原来的弹性指标上升为硬性指标，由鼓励学生创新变为要求学生创新，最终达到自主创新的目的。因此，引导学生充分认识创新学分实际上是对学生创新成果的量化考核，创新成果的创造和完成过程才是创新能力得以提高的根本，获取创新学分并不是人才培养的真正目的和追求的结果。

2. 合理设置创新学分标准和实施细则

虽然很多高校都制定了"创新学分实施办法"和"创新学分认定标准"，但有些创新学分标准设定不太合理，从收集到的数据看，学科竞赛、论文和专著、职业资格证书、外语等语言类证书、专利、创业、创新实践活动、学术讲座八种创新学分类型中，学生的创新学分的获得主要集中在讲座和学科竞赛，有很多学生所获得的创新学分只有学术讲座一种，而相关认定标准并没有规定学生所应获得的学分中必须涵盖哪些种类，于是给一些学生创造了"偷懒"的机会，而这些学生也失去了提升创新能力的机会。因此，创新学分认定标准应该合理，让学生得到多方面的创新实践能力的锻炼，如可以在总创新学分中规定各类创新学分的比例，对讲座类创新学分应规定每学期最多申请分数及其在总创新学分中最多累计分数。再如，对于证书类创新学分要严格筛选，不能切实提高创新能力的资格证书不能纳入获取创新学分的标准。同时，专业负责人和教学管理人员要严格审核，使学生在创新学分获得过程中实践创新能力同步提升。

3. 提高教师对创新学分的认识，发挥教师的指导和引导作用

教师是学生创新活动的直接引导者和指导者，兼顾专业教师和学生管理人员的双重身份，对学生创新学分获得情况及具体指导比较全面和具体。但

目前不少教师对创新学分的重要性认识不足,没有深入认识学分制的功能和内涵。教师应首先认识到引入创新学分的目的在于优化高校学分内部结构,改变其原有的单一性,真正有利于学生创造性的发展。创新学分与学科课程学分都是高校学分的有机组成部分,共同作用于学生的创造性发展。教师要分析班级学生的个性特点、学业状况,针对不同层次的学生设定不同的创新标准,鼓励全班学生参加适合学生个人状况的创新活动,如各类竞赛、各类学生科技社团、各种社会实践等,保证每个同学都有获得参加创新实践活动的机会,对于学有余力或对创新创业有兴趣和能力的同学,可以鼓励其参加教师科研项目和创业活动,充分发挥学生的个性和创造性,因材施教,培养学生的实践创新能力。

## 四、结语

本文通过研究和分析高等院校在创新学分实施过程中出现的问题,总结创新学分制度的实施效果,并从学生观念、创新学分认定标准、教师等方面提出了改进措施,希望能对高校更好地推行创新学分制度、提高学生的创新能力有一定的借鉴作用。

**参考文献**

[1] 程墨. 创新学分,不为"创新"只为"分"[N]. 中国教育报,2016-08-26.
[2] 赵环宇. 大学"创新学分"制的内涵及实施[J]. 内蒙古师范大学学报(教育科学版),2008(11):17-18.
[3] 黄蕾. 学分制下引入创新学分的实施情况及效果分析[J]. 大学教育,2017(1):148-150.
[4] 邰枫. 以创新学分为抓手强化学生创新实践能力培养[J]. 实验技术与管理,2013,30(3):157-159.